お値打ち和食の一品料理

割烹あらかると

柴田書店編

柴田書店

はじめに

「割烹」はいうまでもなく日本料理店のスタイルの一つであり、カウンター席を主体に気軽な利用動機を吸収する店のことだ。メニューは一品料理が中心で、決まった献立に加えてお客さまの要望に合わせて料理をアレンジしたり、カウンター越しにお客さまと会話をしたりといった自由さが割烹の魅力である。

コース料理主体の会席料理店などと比べて、客層や利用動機の点で〝裾野が広い〟のがこのスタイルの特徴。割烹と一口にいっても、客単価が2万円を超える店から数千円の店まで幅は広いが、最近では低価格の割烹の人気がとくに高まっている。「何をどのように注文すればいいかわからないし、敷居が高い高級割烹には行けない」という方も、居酒屋感覚で日常使いができる。

もちろん、居酒屋と比べれば価格は高いが、それを十分に納得させるだけの価値がある。加えて、和食のよさが見直されていることも割烹人気を後押ししている。「だし」への注目度の高さはその好例。にぎやかな居酒屋も楽しいけれど、きちんとだしをとった、ちょっと美味しい料理を求める成熟したマーケットが確実に存在するということだ。

本書は東京都内にある客単価が8千円以下の繁盛割烹10店（2013年以降に開店および移転、増床した店）にご登場いただいた。各店とも毎日予約で埋まり、おそい時間には2回転目のお客さまも来店する。客層も利用動機も実に幅広い。

注目したいのは、リーズナブルな価格で美味しいものを提供するための工夫だ。固定費を抑え、少人数で店を運営していくための店づくりや、仕込みと調理の段取りなど。各店で実際に提供している人気の一品料理を収載したが、それらのレシピは仕込みと提供時の作業に分けて解説している。さらに、ドリンクの主力である日本酒の上手な売り方、メニュー表のつくり方なども各店の事例をもとに紹介した。

本書がこの先、独立を目指している方、事業拡大をしようとしている方にとって、参考になり、夢を実現する一助となれば幸いである。

二〇一七年十一月

柴田書店書籍編集部

割烹あらかると　目次

第一章　割烹の定番

刺身盛合せとポテトサラダ

刺身盛合せ

「築地 竹政」　お造り盛合せ　10
「酒膳 蔵四季」　おすすめ刺盛　11
「おわん」　刺盛り　12
「星火」　刺身五点盛り　13
「稲水器 あまてらす」　御造り　14
「三鷹 和食 日なた」　お造り3種盛り合わせ　15
「目白 待つ宵」　お造り盛り合わせ　16・17
「鈴しろ」　刺身盛り合わせ　18
「ゆき椿」　お造り　19
「根津 たけもと」　季節の刺身盛り合わせ　20

ポテトサラダ

「おわん」　海老とそらまめのポテトサラダ　21
「酒膳 蔵四季」　北あかりのポテトサラダ　22
「星火」　いぶりがっこポテトサラダ　23
「築地 竹政」　ソーセージの吟醸粕漬け　ポテトサラダ添え　24
「ゆき椿」　ポテトサラダ　25
「鈴しろ」　そら豆とカラスミのポテトサラダ　26
「根津 たけもと」　海老芋のポテトサラダ　27
「稲水器 あまてらす」　ポテトサラダ　28

第二章　割烹の一品料理

「築地 竹政」　30

初鰹の藁炙り 土佐塩造り　35
蛍いかと金柑 京水菜のサラダ仕立て　35
帆立貝と菜の花の芥子和え　36
墨烏賊と筍の木の芽味噌和え　36
鶏笹身と生麩の蕗味噌なめろう　37
浅蜊と九条葱の芥子酢味噌和え　37
百合根と愛魚女の桜餅 椀もの　38
泉州水茄子の生ハム巻き 塩レモン　38
黒毛和牛シャトーブリアンの叩き 生海胆包み　39
寒鰤の照り焼き大根　40
鶏手羽先の西京焼き　40
地金目のソテー 下仁田葱のクリーム仕立て　41
蚕豆と芝海老すり身の挟み揚げ　41
殻付き牡蠣の天ぷら ぽん酢、紅葉おろし　42
京筍と蛤の出汁蒸し　42
莫久来　42
堀川牛蒡の唐揚げ　43
香箱かにめし　43
鰻の倶利伽羅 まんめし　44
土用の丑の鰻重　44
半熟とろとろオムライス　45

「おわん」 54

[酒肴] ホッキ貝と山あさつきのぬた 59
[酒肴] 鰻ざく 59
[酒肴] 旬菜の盛り合わせ 2月 60
[酒肴] 旬菜の盛り合わせ 6月 61
[酒肴] ずわい蟹と三つ葉の玉子焼き 62
[おすすめ] 和風ローストビーフとクレソンのサラダ 62
[おすすめ] 温野菜の味噌チーズ 63
[おすすめ] 鰆の瞬間燻製 岩塩焼き 63
[おすすめ] 三河湾直送大あさりの醤油焼き 64
[おすすめ] 国産たけのこ炭焼き 64
[おすすめ] 姫竹の炭焼き 64
[おすすめ] アボカドの西京焼き 65
[おすすめ] 大長茄子 炭火焼き 65
[おすすめ] 黒毛和牛の炭焼き 66
[おすすめ] ホタテ貝と大根のクリームコロッケ 66
[おすすめ] 青豆豆腐とかますのお椀 67
[おすすめ] とうもろこしの天婦羅 67
[おすすめ] 金目鯛のかぶら蒸し 68
[珍味] カマンベールもろみ味噌漬け 68
[ごはん物] 金目鯛と山菜の炊き込みごはん 69
[ごはん物] お茶漬け 塩きり鰹 70
[ごはん物] チャーシュー丼 70

「星火」 82

[燻製] 燻製の盛り合わせ 87
[一品] もずくの酢の物 87
[一品] 夏野菜の土佐酢ジュレ 88
[一品] 揚げ出し胡麻豆腐 88
[一品] 湯葉とくるみの白和え 88
[一品] マダイ兜香草バター焼き 89
[一品] ハマグリの天ぷら タラの芽の化粧揚
ホタルイカの磯辺揚 90
[一品] 桜エビと三つ葉のかき揚 90
[一品] 椎鮎の磯辺揚 沢ガニの唐揚 91
[一品] 夏の煮物 91
[一品] ホタルイカのあひ～じょ 92
[石焼] 黒毛和牛の焼きしゃぶ 92
[一品] のどぐろ煮付 93
[一品] 真鯛の蕪蒸し 93
[一人鍋] 鴨のつくねとろろ鍋 94
[一人鍋] カキのクリーム鍋 94
[御食事] 桜エビと山菜の土鍋御飯 95
[御食事] 大山鶏の土鍋リゾット 95
[御食事] 鮭イクラ土鍋おこわ 95
[御食事] 星火ラーメン 96
[御食事] 燎原ラーメン 96

「酒膳 蔵四季」 108

[お通し] 前菜盛り合わせ 茄子素麺 113
[一品料理] ホワイトアスパラガスの蛍烏賊ディップ 113
[一品料理] ふき味噌豆腐 114
[一品料理] 初夏トマトの冷製だし 114
[一品料理] 鱧と冬瓜、夏野菜の冷やし鉢 115
[一品料理] 白バイ貝の煮浸し 116
[一品料理] 鰹のにんにく醤油 116
[一品料理] 鯖と茗荷の胡麻よごし 117
[一品料理] ずわい蟹と雲丹の湯葉刺し 117
[一品料理] 毛蟹と蓴菜の酢の物 117
[一品料理] 牡蠣と白菜、せりの冬のおひたし 118
[焼] 天然真鯛の焼き浸し 118
[揚] 銀鮭の唐揚 初夏野菜の餡掛け 119
[揚] えび芋唐揚 せりと蟹の餡かけで 119
[揚] 目光り南蛮揚 120
[一品料理] 穴子と茄子の湯葉餡かけ 120
[一品料理] 鰊と春野菜の炊合せ 120
[一品料理] 黒毛和牛の肉じゃが 121
[一品料理] 根菜の炊合せ 121
[一品料理] 京鴨と芹たっぷり小鍋 122
[一品料理] 天然真鯛の柚庵とろろ蒸し 122

「稲水器 あまてらす」 134

［本日のお通し］ずんだすり流し ピータン豆腐 6月 139
桜胡麻豆腐 139
トマトの蜜煮 139
蛸と白瓜の湯葉梅和え 140
じんたの南蛮漬け 140
あまてらす風とりわさ 141
豚バラ肉香味焼き 141
鶏モモ肉の黒胡椒焼き 142
シラスのオムレツ 142
出汁炊き玉子 143
空心菜と豚肉の豆鼓炒め 143
粒貝の練ウニ炒め 144
筍の唐揚げ 蕗味噌添え 145
房付きヤングコーン天ぷら 145
燻製春巻きコロッケ 146
牛かつ なめ茸ソース 146
鯛蕪 147
合鴨のロース煮 147
筍豆腐芹餡かけ 148
生ホタルイカ醤油漬け 148
レバーパテ 148
甘エビ酒盗和え 149
あん肝の旨煮 149
筋子の粕漬 149
あまてらす特製漁師丼 150
穴子の棒寿司 151
柿バター 151

「三鷹 和食 日なた」 164

［お通し］長いも素麺 さくらんぼのラム酒漬け 6月 169
枝豆の山椒風味 169
地蛤と春野菜のポン酢がけ 170
真つぶ貝と焼き葱の辛子酢味噌 171
かもわさ 171
アボカド焼海苔酒盗和え 172
イチゴと煎り胡麻のサラダ 172
桃と朝どりレタスと塩昆布のサラダ 173
蛍烏賊と若布の玉子とじ 174
ぎんだら西京焼き 174
山形牛いちぼ肉焼き 175
新筍と芝海老のかき揚げ 175
ハモかつ 176
煮穴子と胡瓜 176
牛しゃぶと島らっきょうの銀餡 177
鶏せせりとそら豆の茶碗蒸し 177
太刀魚のばってら 177
赤身と中トロの海苔巻き寿司 178
［お食事］蕗の薹の炊き込みご飯 178
［お食事］焼きアユご飯 179
［お食事］鯛素麺 179
［甘味］和三盆ブリュレ 180
［甘味］自家製キャラメルアイス 180

「目白 待つ宵」 190

［お通し］胡麻豆腐 2月 195
［お通し］水無月豆腐 6月 195
［特撰］自家製唐墨 195
［特撰］大根と牡蠣のステーキ 白菜味噌ソース 196
［酒肴］茄子揚げ浸し 夏野菜添え 順才土佐酢ジュレ 197
［酒肴］鳥貝とアスパラの酢味噌和え 197
［酒肴］ロースト鴨と葱の冷製 198
［酒肴］白子と安肝ポン酢 198
［酒肴］安肝と鶏そぼろの焼き味噌 199
［サラダ］蒸鶏とトマトのサラダ 黒オリーブドレッシング 199
［サラダ］豚しゃぶサラダ 黒酢ドレッシング 200
［揚物］海老真丈のふわふわ揚げ 海老塩まぶし 200
［揚物］いちじく変わり揚げ サワー味噌クリーム 201
［温物］新じゃがとズッキーニの塩辛焼 201
［温物］甘鯛唐墨焼き 202
［温物］稚鮎と蕪の香草バター焼き 202
［温物］鮎一夜干し 203
［温物］牛タンと根菜の味噌煮込み 204
［温物］岩中豚と春キャベツの旨塩煮 204
［お食事］太刀魚とすり胡麻の冷汁ごはん 204
［お食事］しらすと生海苔の炊込ご飯 205
［甘味］黒豆きな粉のレアチーズケーキ 205
［甘味］吟醸粕のムース 日本酒ジュレ掛け 205

「鈴しろ」 218

［お通し］菜の花と海苔の温かいおひたし 223
［本日のお勧め］焼きナスとミョウガのお浸し 223
［本日のお勧め］鳥レバーと金柑の最中 223
［本日のお勧め］赤貝と新ワカメのヌタ和え 224
［本日のお勧め］イチジクとホワイトアスパラの白和え 225
［本日のお勧め］ホタルイカのお粥 225
［本日のお勧め］とうもろこしのすり流し椀 226
［本日のお勧め］ミンククジラのユッケ 226
［本日のお勧め］真鯵の梅なめろう 227
［本日のお勧め］焼き胡麻豆腐とウニ 227
［本日のお勧め］豚肩ロースと春キャベツの生姜焼き 227
［本日のお勧め］鶏モモ肉の炙り焼き 夏野菜おろし 228
［本日のお勧め］鳥唐揚げ二種 カレー風味と塩昆布 228
［本日のお勧め］鯖の燻製とじゃが芋の揚げ春巻き 229
［本日のお勧め］アサリのおから煮 229
［本日のお勧め］豚スペアリブの角煮 230
［土鍋ごはん］三種のとうもろこしと
カルピスバターの土鍋ごはん 231
［本日の土鍋ごはん］和牛とタケノコの土鍋ごはん 231
［本日のお勧め］レンズ豆のお汁粉 232
［本日のお勧め］牛乳とスイカのプリン 232
［一品料理］こだわりだしの春おでん 233
［一品料理］こだわりだしの夏おでん 233

「ゆき椿」 244

［お通し］なまり節と万願寺唐辛子 7月 249
［前菜］キウイとクレソンのサラダ 249
［前菜］うるいとジャコのラー油和え 249
［前菜］前菜三種盛り 250
［前菜］日向夏とアスパラの金山時味噌和え 250
［前菜］たことコリンキーの黒糖そら豆和え 251
［前菜］プラムとクレソンの白和え 251
［前菜］たたきモロヘイヤと山芋 252
［前菜］冬瓜の桜海老あんかけ 252
［前菜］よだれ鶏 252
［揚物］蛤と春キャベツのコロッケ 253
［揚物］ぬか漬けの天ぷら 254
［揚物］イカとニラの春巻き 254
［揚物］とうもろこしとゴーヤのかき揚げ 255
［揚物］カツオの竜田揚げ 255
［揚物］へしこのクリームコロッケ 256
［強肴］トマト玉子炒め 256
［強肴］トマト肉豆腐 256
［強肴］豚バラのコンフィ 炙り焼き 257
［酒肴］ほたるいかのなめろう 258
［酒肴］稚鮎のパテ 258
［食事］すだち素麺 259
［食事］スープカレー 259
［甘味］金柑大福 259

「根津 たけもと」 270

［酒肴］根三つ葉と九条葱のおひたし 275
［酒肴］山菜の湯葉白和え 275
［酒肴］鮪とうるいのぬた 276
［酒肴］蛍烏賊とフルーツトマトの土佐酢ジュレ 276
［酒肴］枝豆のすり流し 277
［酒肴］汲み上げ湯葉の香味ジュレ 278
［酒肴］バフンウニの泡醤油 278
［焼き物］岩牡蠣の田楽焼き 279
［焼き物］鮎の焼き浸し 279
［焼き物］鴨モモ肉のガリネギ焼き 280
［揚げ物］筍の土佐揚げ 281
［揚げ物］桜海老と青海苔の薩摩揚げ 281
［揚げ物］鱧と夏野菜のフリット カレーの香り 282
［煮物］飯蛸の桜煮 282
［煮物］蕨と帆立の卵とじ 283
［煮物］おからの炊いたん 283
［ご飯もの］バフンウニの炊き込みご飯 283
［珍味］ボタン海老の大吟醸漬け ふり柚子 284
［珍味］ばくらい 284

［コラム］

コラム1　まず「店の看板になるメニュー」を持とう　81
コラム2　原価のかけ方――「一品が生む利益」が重要　107
コラム3　選びやすさを考慮してメニュー数を決める　132
コラム4　ドリンクの売り方もお客さまの立場で考える　163
コラム5　メニューブックはコミュニケーションツール　189
コラム6　店の小型化は時代の流れ。少人数で回せる店を　217
コラム7　〝立地がすべて〟の時代から販促重視の時代へ　243
コラム8　店主の経験が店の「幅と奥行き」を広げる　269

さくいん　292

撮影　天方晴子
デザイン　中村善郎（ｙｅｎ）
図面作成　㈱アド・クレール
編集　佐藤順子

凡例

・本書は２０１７年２月より２０１７年７月の料理を収録した。料理内容については取材当日のものである。また冒頭の店舗データおよび店舗解説については２０１７年10月現在のものである。
・本書では開業年度が早い店から順に掲載している。
・料理分類、料理名については、各店で使用している表記に準ずる。
・一般的な刺身醤油は材料表から省略している。
・料理解説頁の材料表において、カッコ内に（アク抜き済）（せん切り）などの調理工程や切り方を示しているときは、その作業を終えた状態の材料を用意する。
・ＥＸＶ．オリーブ油は、エクストラバージンオリーブ油を指す。

第一章 割烹の定番

刺身盛合せとポテトサラダ

刺身盛合せ

「築地 竹政」

お造り盛合せ（5人前） 4月

大皿に5人分の造りを盛り込んだ春の7種盛合せ。刺身は厚めに切ってボリューム感を出している。生ウニは小鉢に入れて盛り合わせた。掻敷には桜花を使い、この季節ならではの華やかな演出。

◎刺身
ボイル蛸
鰹叩き（→46頁・初鰹の藁炙り）
ほうぼう
桜鯛（マダイ）
金目鯛
甘鯛昆布〆（アマダイ、昆布）
生うに

◎けん・薬味
ダイコンけん、ニンジンけん、ニンニク（薄切り）、万能ネギ（小口切り）、大葉
ワサビ

［仕込み］
1 カツオは節おろしにしてワラであぶる。ホウボウ、マダイ、キンメダイ、アマダイはそれぞれ三枚おろしにして皮を引いてサク取りする。
2 甘鯛昆布〆。アマダイは昆布ではさんでラップフィルムで包み、1日冷蔵庫で締める。

［提供時］
1 タコはさざなみ造り、カツオは平造り（ニンニクと万能ネギを添える）、ホウボウはそぎ造り、サクラダイはそぎ造り、キンメダイはそぎ造り、アマダイは昆布から取り出してそぎ造り、ウニは小鉢に入れて盛り合わせる。
2 ダイコンけん、ニンジンけん、ワサビを添えて、桜花の枝をあしらう。

「酒膳 蔵四季」

おすすめ刺盛（1人前） 2月

1人前の刺身盛合せ。旬の魚5種を盛り合わせた。仕入れの都度魚種は入れ替わるが、白身、青魚、イカ、エビ、貝類など、色と味と食感に変化がつくように取り合わせている。

◎刺身
寒ぶり
寒平目
やりいか
真鯛
活ほっき貝
〆さば（サバ、塩、酢）

◎けん・薬味
芽ネギ、ミョウガけん、ダイコンけん、大葉、よりニンジン（黄色）、花穂紫蘇
本ワサビ、紅タデ

［仕込み］

1　ブリ、ヒラメ、ヤリイカ、マダイはそれぞれおろしてサク取りして冷蔵庫で保管しておく。ホッキ貝は殻をはずして掃除しておく。

2　〆さば。サバは三枚におろしたのち、ベタ塩をあてて1時間おく。その後酢洗いして生酢に25分間浸け、取り出して冷蔵庫で保管。

［提供時］

1　ブリは平造り、サバは飾り包丁を入れて切り落とし、マダイ、ヒラメはそぎ造り、ヤリイカは飾り包丁を細かく入れて平造りにする。サバはその日のうちに使いきる。白身は締めた翌日か翌々日くらいが旨くなる。

2　大葉、ミョウガけん、ダイコンけん、芽ネギ、よりニンジン、花穂紫蘇をあしらい、紅タデ、ワサビを添える。

「おわん」

刺盛り（2人前）　2月

早春の魚介4種盛り。あぶり、昆布〆、酢〆、皮霜など、各種技法を取り混ぜて、味と食感にバラエティを出した。

◎刺身
寒ぶりわらタタキ（ブリ、塩）
墨イカ昆布〆（スミイカ、塩、昆布）
真鯛皮霜造り
こはだ酢〆（コハダ、塩、酢）

◎けん・薬味
大葉、ダイコンけん、穂紫蘇、紅タデ
ワサビ、青海苔（浜名湖産）

［仕込み］

◎刺身

1　寒ぶりわらタタキ。ブリを三枚におろし、1晩冷蔵庫におく。皮に多めに塩をふる。ワラに火をつけ、直火で皮側をサッとあぶり、香りを移す。リードペーパーで包み、冷蔵庫で保管。

2　墨イカ昆布〆。スミイカをおろし、胴体とゲソに薄塩をふる。利尻昆布は表面の汚れを布巾などでふき、スミイカの胴体とゲソをはさんで丸1日以上おく。2、3日はこのままおいしく食べられる。

3　真鯛皮霜造り。タイは三枚におろし、ザルに並べて皮目に熱湯をかける。一旦皮がキュッと締まるが、さらに湯をかけると皮がフワッと開いてくる。皮が開いてきたら氷水にとって急冷して、リードペーパーで包み、冷蔵庫で保管。

4　こはだ酢〆。コハダは三枚におろし、小骨を残さずに抜き取る。両面に薄塩をふって20分間おき、酢洗いしたのち、生酢に20分間ほど浸ける。脂ののりがよいものや、やや大きいものは少し時間を長くする。リードペーパーで包み、冷蔵庫で保管。

［**提供時**］

1　ブリ、マダイは平造り、スミイカは昆布をはずして飾り包丁を細かく入れて平造りに。コハダは飾り包丁を入れてそぎ造りにする。

2　大葉、ダイコンけんをあしらって4種の造りを盛る。穂紫蘇を飾り、紅タデ、ワサビ、青海苔を添える。

「星火」

刺身五点盛り（2人前）　3月

煮付けと仕入れが共通のキンメダイと、人気の生ウニは「星火」の刺身の定番。そのほかは季節の魚介を盛り合わせる。〆鯖はサバの脂がのっているときは長めに塩をあてる。

◎**刺身**
〆鯖（サバ、塩、酢）
金目鯛
生雲丹
鮪
平目昆布〆（ヒラメ、昆布）

◎**けん・薬味**
ダイコンけん、アイスプラント、オカヒジキ
レモン、揚げ昆布、ラディッシュ、よりニンジン
ワサビ、生海苔、刺身醤油、藻塩

［**仕込み**］

1　〆鯖。サバは三枚におろし、身が埋まるくらいたっぷりの塩をふり、45分間おく。塩から取り出して酢洗いし、生酢に45分間浸ける。取り出して冷蔵庫で保管する。

2　金目鯛皮霜。キンメダイは三枚におろしてサク取りする。皮目に熱湯をかけて皮霜造りとする。冷蔵庫で保管する。

3　平目昆布〆。ヒラメを五枚におろす。サク取りをして皮を引く。軽く水にくぐらせて戻した昆布でヒラメをはさみ、冷蔵庫で半日おく。

［**提供時**］

1　サバは八重造り、キンメダイはそぎ造り、サク取りしたマグロは平造り、ヒラメはそぎ造りにする。

2　ゆでたオカヒジキ、揚げ昆布（平目昆布〆で使った昆布を四角く切って素揚げする）、アイスプラント、ダイコンけん、レモン、ラディッシュ、よりニンジンをあしらい、ワサビと生海苔を添える。刺身醤油と藻塩ですすめる。

「稲水器 あまてらす」

御造り（1人前）　4月

季節の魚を7種盛り合わせた、刺身盛合せ。「あまてらす」名物の海鮮丼（→150頁）は、造りの魚の端を使っている。合わせたい日本酒は三重の「而今 大吟醸」。

◎造り
あいなめ
はた
平目昆布〆（ヒラメ、昆布）
かんぱち
鯛焼霜造り
石鯛
真子鰈

◎けん・薬味
ダイコンけん、ミョウガけん、大葉、穂紫蘇
ワサビ、藻塩

［仕込み］

1　アイナメ、ハタ、カンパチ、マダイ、イシダイは三枚におろし、ヒラメ、マコガレイは五枚におろす。

2　平目昆布〆。ぬれた布巾でふいた昆布でヒラメをはさんで重しをし、2時間冷蔵庫において昆布〆する。

3　鯛焼霜造り。タイは皮を残し、皮をサッとあぶって冷凍庫に10分間程度入れて急冷し、焼霜造りとする。

4　それぞれをサク取りしてリードペーパーに包んで冷蔵庫で保管する。

［提供時］

1　サク取りした魚を平造りにする。ヒラメとタイは皮目に包丁目を入れて平造りにする。

2　ダイコンけん、ミョウガけん、大葉を敷いて造りを盛りつけ、穂紫蘇をあしらう。藻塩とワサビを添える。

「三鷹 和食 日なた」

お造り3種盛り合わせ(1人前) 4月

旬の白身魚のお造り盛合せ。2種盛り、3種盛り、4種盛りがあり、いずれも単品の刺身メニューから、お客さまが選んだ種類を盛り合わせている。

◎造り
桜鯛昆布〆(マダイ、昆布)
太刀魚炙り
目抜湯引き

◎薬味・あしらい
ワサビ、藻塩、芽ネギ

[仕込み]

1 桜鯛昆布〆。マダイを三枚におろし、皮を引いてサク取りする。皮は湯引きにして水気をふく。サク取りした身はそぎ造りにする。昆布の上に身と皮を並べ、昆布ではさんで1日おく。

2 太刀魚炙り。タチウオを適当な長さに断ち切って、それぞれを三枚におろす。キッチンペーパーで包み、冷蔵庫で保管する。

3 目抜湯引き。メヌケを三枚おろしにしてサク取りをする。皮側にガーゼをかぶせて熱湯をかけ回し、氷水にとる。水気をふいてキッチンペーパーに包んで冷蔵庫で保管する。

[提供時]

1 マダイの切り身を昆布から取り出し、皮を添えて盛りつける。

2 あぶったタチウオを平造りにして盛りつける。

3 メヌケを平造りにして盛りつけ、芽ネギを添える。

4 ワサビと藻塩を添える。

「目白 待つ宵」

お造り盛り合わせ（2人前）　6月

夏の造りに欠かせないハモやイサキを入れた造り盛合せ。ハモはさっぱりと梅肉、ちり酢ですすめる。この季節、イサキは脂がのってくるので、皮目をサッとあぶってこうばしく仕上げた。

◎刺身

才巻海老湯引き（サイマキエビ、塩水）
鱧落とし（ハモ、梅肉）
鯛松皮造り
黒むつ
伊佐木皮霜造り（イサキ、塩）

◎けん・薬味

ミョウガタケけん、ハスイモ（薄い輪切り）、穂紫蘇、大葉
ワサビ、酒海苔

［仕込み］

1　才巻海老湯引き。サイマキエビは頭を取り、殻をむく。湯を沸かし、エビにサッと火を通し、氷を入れた塩水に落とす。冷めたら塩水を入れた密封容器に移す。頭は水気をきって別の容器に入れ、ともに冷蔵庫で保管する。

2　鱧落とし。ハモはおろして骨切りをし、霜降りをして冷蔵庫で保管する。

3　鯛松皮造り。マダイは三枚におろし、皮目にキッチンペーパーをかけて湯をかける。

4　クロムツは三枚におろす。

5　伊佐木皮霜造り。イサキは三枚におろして、身が反らないように串を打ち、皮目に軽く塩をふる。バーナーであぶって焼き霜にする。

6　3〜5をサク取りして、乾かないように容器に入れて冷蔵庫で保管する。

7　けん、薬味を切って掃除し、密封容器に入れて冷蔵庫で保管する。

［提供時］

1　マダイ、イサキは皮目に包丁を入れて、平造りあるいはそぎ造りとする。クロムツは皮を引いて平造り、あるいはそぎ造りにする。

2　ハモは天に梅肉を少量のせ、ハモ用にちり酢を別皿で用意する。

3　サイマキエビ、ハモ、マダイ、クロムツ、イサキを盛り合わせ、けんや薬味を添える。

お造り盛り合わせ（2人前）　2月

エビは盛合せに変化をつけるためには欠かせない。赤、青（青魚）、白（白身）などいろどりよく合わせ、掻敷などを使って華やかに。

◎造り
甘海老（アマエビ、アマエビの卵、塩水、煮きり酒、淡口醤油）
しめ鯖（サバ、塩、甘酢＊）
金目鯛皮霜
太刀魚あぶり（タチウオ、塩）
水蛸湯引き（ミズダコ、ミズダコの吸盤、塩）

◎けん・薬味
ハスイモ、大葉、ラディッシュけん
花穂紫蘇、紅タデ、ワサビ

＊砂糖40g、酢100cc、水100ccを混ぜ合わせておく。

［仕込み］
1　アマエビは卵を取り出して別にしておく。殻をむいて塩水でサッと洗い、水気をきって保管。頭は熱湯でゆでて氷を入れた塩水に落とす。水気をきって保管。
2　アマエビの卵は塩水で洗って水気をきり、煮きり酒と淡口醤油を加えて味をつける。
3　しめ鯖。サバは三枚におろして、両面にベタ塩をして1～2時間おく。塩を洗って水気をふき、甘酢に1時間浸ける。生酢を使わないのは、酢を過度に効かせたくないから。甘酢から取り出して冷蔵庫で保管。
4　金目鯛皮霜。キンメダイは三枚におろす。皮目にキッチンペーパーをかぶせて湯をかけ、皮霜にして冷蔵庫で保管。
5　太刀魚あぶり。タチウオは等分に切って、それぞれ三枚におろし、皮目に浅い切り目を入れて薄塩をあて、バーナーであぶって冷蔵庫で保管。
6　水蛸湯引き。ミズダコは皮をはいで、サッと湯にくぐらせて氷水にとり、身を締める。
7　タコの吸盤は皮からはずして、身よりも長めに湯に通して氷水にとる。汚れを洗い、水気をきって薄塩をあて、バーナーであぶって、6とともに冷蔵庫で保管。
8　ハスイモは皮をむいて薄切りに、ラディッシュは繊切りにして密封容器で保管。そのほかの薬味類を用意する。

［提供時］
1　アマエビの上に地をきった卵を添える。サバは八重造りに、キンメダイは皮目に縦に浅い切り目を入れてそぎ造りに、タチウオは平造りにする。ミズダコは浅い包丁目を細かく入れてそぎ造りにする。
2　ラディッシュけん、大葉を敷いて刺身を盛り合わせ、ハスイモ、花穂紫蘇を飾る。ワサビと紅タデを添える。

「鈴しろ」

刺身盛り合わせ（2人前）　7月

4～5種の旬の魚介を盛り合わせた2人前の盛合せ。カツオはワラであぶったもの。

◎刺身
鰹藁叩き（カツオ、塩）
白烏賊
伊佐木あぶり（イサキ、塩）
鯛松皮造り

◎けん・薬味
ミョウガけん、大葉、花穂紫蘇、スダチ、ワサビ、大根おろし、藻塩

［仕込み］

1　鰹藁叩き。カツオは節おろしにし、串を打って塩をふる。中華鍋にアルミホイルをかぶせてワラを丸めて、火をつけ、カツオの全面をあぶる。そのまま冷ましてキッチンペーパーとラップフィルムで包み、冷蔵庫で保管する。
2　白烏賊。キッチンペーパーとラップフィルムで包み、冷蔵庫で保管する。
3　伊佐木あぶり。イサキは三枚におろす。キッチンペーパーとラップフィルムで包んで冷蔵庫で保管する。
4　鯛松皮造り。タイは三枚におろし、皮目にサラシなどをかぶせて熱湯をかけて、まんべんなく湯を回す。氷水にとって急冷する。水気をふいてキッチンペーパーとラップフィルムで包んで冷蔵庫で保管する。

［提供時］

1　カツオは平造り、シロイカは皮をむいて表面に包丁目を入れて平造り、タイはそぎ造りにする。イサキは塩をふり、バーナーで皮目のみをあぶってそぎ造りにする。
2　薬味やけんとともに、それぞれ4かんずつ盛りつける。

「ゆき椿」

お造り（1人前）　7月

1種2かんずつ、5種10かんが1人前のベース。希望があれば2種、3種盛りにも対応する。

◎刺身

鰹
真子鰈
かますあぶり
墨烏賊
鰯、酢、卯の花和え衣＊（オカラ300g、酢45cc、砂糖大さじ1、塩適量）

＊オカラを水でほぐし、サラシで漉す。水気をきったら鍋に入れ、調味料を加えてよく煎る。

◎けん・薬味

ダイコンけん、ミョウガけん、玉ネギ（スライス）、スプラウト（カイワレとラディッシュ）、大葉
スダチ、ワサビ、ショウガ、塩

［仕込み］

1　カツオは節おろし、マコガレイは五枚おろし、カマスは三枚おろし、スミイカはゲソと内臓を抜き、それぞれサク取りして、キッチンペーパーとラップフィルムで包んで冷蔵庫で保管する。

2　イワシは三枚におろして薄塩をあてたのち、酢に1時間浸けて〆る。取り出して冷蔵庫で保管する。

3　けんや薬味などの準備をしてそれぞれ密封容器に入れて冷蔵庫で保管する。

［提供時］

1　カツオは平造り、カマスは皮目をサッとあぶって一口大に切る。マコガレイはそぎ造り、スミイカは表面に包丁目を格子に入れてそぎ造りにする。イワシは皮をむき、皮目に縦に飾り包丁を入れてそぎ切りにして、卯の花衣をまぶす。

2　各種けんや薬味などとともに造りを2かんずつ盛りつける。

3　スダチ、ワサビ、ショウガ、塩を添える。別皿で醤油をつける。

「根津 たけもと」

季節の刺身盛り合わせ（2人前） 3月

季節の魚介や、人気のあるマグロやウニなどを使った贅沢な刺身盛合せ。昆布締めや焼き霜など、一手間加えたものも加えて、単調にならないような工夫をする。

◎刺身
本マグロ大トロ
ヒラメ昆布〆（ヒラメ、昆布）
金目鯛
ボイル子持シャコ
エゾバフンウニ
ボイル鳥貝

◎薬味・あしらい
花穂紫蘇、紅タデ、木ノ芽
ワサビ

［仕込み］
1 本マグロはサク取りし、冷蔵庫で保管する。
2 ヒラメ昆布〆。ヒラメは五枚におろし、サク取りをする。昆布ではさんで冷蔵庫に1日間おいて〆る。
3 キンメダイは三枚におろし、皮を残してサク取りする。

［提供時］
1 マグロは平造り、ヒラメは昆布をはずしてそぎ造り、キンメダイは皮目をサッとあぶって平造り、子持シャコとトリ貝は食べやすく切る。
2 6種の魚介を盛り合わせ、木ノ芽、花穂紫蘇、紅タデをあしらい、ワサビを添える。

ポテトサラダ

「おわん」

海老とそらまめのポテトサラダ

おわんのポテトサラダは注文後に仕上げる温かいタイプ。少々時間がかかる旨をお伝えしている。

ジャガイモ80g、卵1個、ベーコン10g、ソラマメ12粒程度
エビ（ブラックタイガー）2尾、マリネ液（塩・コショウ・ニンニク・赤唐辛子・ローリエ・オリーブ油各適量）
マヨネーズ・醤油ドレッシング各大さじ1、塩、コショウ、溶き芥子

［仕込み］
1　ジャガイモは丸ごと蒸し器で蒸す。皮をむき、1人前80gに切る。ラップフィルムに包み冷蔵庫で保管。
2　卵は水から火にかけ、沸いたら8分間加熱して半熟にし、水にとる。
3　エビは背ワタを抜き、マリネ液をもみ込んで冷蔵庫に1時間おく。
4　ソラマメは熱湯でゆでておく。

［提供時］
1　小分けにしたジャガイモは蒸し器で温める。
2　ベーコンと、マリネ液を落としたエビを炭火で焼く。ベーコンは角切りに、エビは殻をむいてぶつ切りにする。
3　ボウルにジャガイモを移してスプーンでつぶし、2を合わせる。マヨネーズ、醤油ドレッシング、塩、コショウ、溶き芥子で味を調える。
4　最後に皮をむいたソラマメ、大きく切ったゆで卵をざっくり混ぜて盛りつける。

「酒膳 蔵四季」

北あかりのポテトサラダ ベーコンオイル

キタアカリ種でつくるポテトサラダはジャガイモの甘みが増しておいしくなる冬のみの限定メニュー。

ジャガイモ(キタアカリ)1kg、玉ネギ(薄切り)1/2個、ニンニク2片、塩・コショウ・マヨネーズ各適量
ベーコンオイル*(みじん切りのベーコン、EXV.オリーブ油適量)
サニーレタス、黄パプリカ、トマト(くし形切り)
*ベーコンにかぶるくらいのEXV.オリーブ油を注ぎ、弱火で1時間温める。冷めたら冷蔵庫で保管する。

[仕込み]

1 半分に切ったジャガイモ、ニンニクを蒸し器で蒸す。ジャガイモは半つぶしにし、ニンニクはみじん切りにする。

2 ジャガイモが熱いうちに、ニンニクを加え、塩、コショウで味をつける。冷めたら玉ネギとマヨネーズを混ぜて仕上げる。

[提供時]

1 葉野菜を敷いてポテトサラダを盛り、ベーコンオイルを上からかける。黄パプリカとトマトを添える。

「星火」

いぶりがっこポテトサラダ

ジャガイモは丸のまま皮つきで蒸すので、短時間で火が通る小粒を選ぶ。仕上げたら、冷蔵庫で1日おいて味をなじませる。

ジャガイモ(小)1kg、卵4個、キュウリ(小口切り)1本、いぶりがっこ(半月切り)1本
マヨネーズ350g、塩4g、コショウ2g
フライドオニオン、ラディッシュ

［仕込み］

1　ジャガイモは丸のまま蒸し器で蒸し、皮をむいてすりこぎでつぶす。
2　卵を水から火にかけて、沸いたら10分間加熱。水にとって殻をむき、粗みじんに刻む。
3　キュウリは薄い塩水に浸けてしんなりさせて水気を絞る。
4　2のゆで玉子といぶりがっこと3のキュウリを1に合わせる。
5　マヨネーズ、塩、コショウで味を調える。冷蔵庫で1日おく。

［提供時］

1　サラダを盛り、フライドオニオンを散らし、ラディッシュを飾る。

「築地 竹政」

ソーセージの吟醸粕漬け ポテトサラダ添え

ポテトサラダに粕漬けウインナーを添えて、付加価値をつけた一品。冬に酒蔵から届く吟醸の酒粕に15日間漬け込んだ。

◎ウインナー吟醸粕漬け

ウインナーソーセージ3本
粕床（酒粕1：西京味噌0・5：味醂0・5）

◎ポテトサラダ

ジャガイモ（メークイン中玉）3個、ロースハム（小角切り）10g、キュウリ（輪切り）1本、玉ネギ（薄切り）1／2個、ニンジン（薄切り）1／2本、塩
マヨネーズ＊（卵黄3個、米酢10cc、フレンチマスタード小さじ1、サラダ油200cc、塩・コショウ・砂糖各適量）

＊卵黄、米酢、フレンチマスタード、塩、コショウ、砂糖をボウルに入れて泡立て器で混ぜ、サラダ油を少量ずつ加えながら攪拌する。

［仕込み］

◎ウインナー吟醸粕漬け

1　粕床にウインナーソーセージを直に漬ける。このまま15日間冷蔵庫で漬けると、中までしっかり味が入る。

◎ポテトサラダ

1　ジャガイモは皮つきを丸ごと蒸し器で蒸す。熱いうちに皮をむき、塩を少量ふって粗くつぶして冷蔵庫で1晩ねかせる。しっかり冷ますとイモの甘みが出てくる。ニンジンも丸のままジャガイモと一緒に蒸して薄切りにする。

2　キュウリ、玉ネギは塩もみし、しんなりしたら水にさらして、布巾などでしっかり水気を絞る。

3　100gのマヨネーズに1のジャガイモ、ニンジン、2のキュウリ、玉ネギ、ロースハムを加えて和える。密封容器に入れて冷蔵庫で保管する。

［提供時］

1　ウインナーを粕床から取り出し、粕を落として網焼きにする。

2　器にウインナーを盛り、ポテトサラダを盛り合わせる。サラダにパプリカパウダーをふり、イタリアンパセリを添える。

「ゆき椿」

ポテトサラダ

ジャガイモはホクホクした男爵やキタアカリを使用。ゆで玉子はざっくりと大きく割って素材感を出す。

ジャガイモ（男爵系中玉）800g、塩、コショウ
ベーコン＊（みじん切り）80g、卵2個、玉ネギ1／2個、塩水（塩分濃度3％）
マヨネーズ100g

＊豚バラ肉のブロック（800g）をソミュール液（塩分濃度7・5％の塩水と黒粒コショウを合わせた液体）に3日間浸けたのち水気をふいて乾かし、中華鍋の底に桜のチップを入れて網をわたし、上にのせて蓋をかぶせ、火にかけて1時間燻す。中心まで熱が入るようしっかりと。

［仕込み］

1 ジャガイモは洗って丸ごと蒸し器で1時間ほど蒸す。熱いうちに皮をむいてつぶし、塩、コショウをふってこのまま冷ます。
2 ベーコンは十分炒めて脂を出し、脂とともに冷めた1に加える。
3 卵は水から火にかけて、沸騰後10分間ゆでてかたゆで玉子をつくる。殻をむき、卵白は大きくちぎって、卵黄はつぶす。
4 玉ネギは繊維を断つように薄切りにし、水にさらす。塩水に浸けて1時間おいたのち、水にさらして塩分を抜いてよく絞る。
5 2の中に4の玉ネギと3のゆで玉子を混ぜる。
6 最後にマヨネーズを加えて味を調え、密封容器に入れて冷蔵庫で保管する。4日間ほど日持ちする。

［提供時］

1 器に盛りつけ、粗挽きの黒コショウをふる。

「鈴しろ」

そら豆とカラスミのポテトサラダ

ベシャメルソースと合わせたポテトサラダ。双方熱いうちに混ぜ合わせるのがポイント。上からマメと相性のよいカラスミをふると味が締まる。

ジャガイモ（男爵）1kg、塩
ソラマメ（塩ゆで）
ベシャメルソース（牛乳250cc、バター30g、薄力粉15g）
カラスミパウダー

［仕込み］

1　ジャガイモは丸ごと蒸し器で蒸す。柔らかくなったら皮をむいてイモの食感を残すようにすりこぎなどでつぶす。少し強めに塩をふる。
2　ベシャメルソースをつくる。鍋にバターを溶かし、薄力粉を加えて木ベラで炒め、粉気をとばす。サラサラになったら冷たい牛乳を少しずつ加えて練る。
3　熱いイモとベシャメルソースを混ぜ合わせ、ソラマメを混ぜ込む。冷めたら冷蔵庫で保管する。3〜4日間は日持ちする。

［提供時］

1　小高く盛りつけ、カラスミパウダーをふる。

「根津 たけもと」

海老芋のポテトサラダ

エビイモは水分が少ないので、冷めるとぼそぼそになりやすいが、マスカルポーネチーズを加えるとなめらかさが保たれる。シンプルを極めたポテトサラダ。

エビイモ、塩、砂糖
マスカルポーネチーズ
有馬山椒

［仕込み］

1　エビイモを丸のまま、弱火の蒸し器でゆっくりと蒸す。
2　粗熱をとってから皮をむき、ポテトマッシャーでなめらかにつぶす。
3　マスカルポーネチーズを少しずつ加え、ヘラで練って粘りを出す。少量の砂糖でコクをおぎない、塩で味を調える。
4　密封容器に入れて冷蔵庫で保管。

［提供時］

1　オーダー分を取り分け、有馬山椒を適量加えて均等に混ぜる。器に小高く盛りつけて提供する。

「稲水器 あまてらす」

ポテトサラダ

日本酒に合うようワサビを加えている。ジャガイモが熱いうちに味をつけるのがポイントだ。冷蔵庫で5日間ほど日持ちする。

ジャガイモ（キタアカリ）1kg、クリームチーズ100g、マヨネーズ400g、おろしワサビ50g、塩、コショウ、濃口醤油
ベーコン（薄切り）10枚、ニンジン1本、卵6個、パセリ適量
バゲット、ベビーリーフサラダ

［仕込み］
1　ジャガイモは塩を加えた水で丸のままゆでる。柔らかくなったら熱いうちに皮をむく。
2　冷めないうちにクリームチーズ、マヨネーズ、おろしワサビを加え、木ベラで混ぜながらつぶす。
3　調理した具材を加えて、塩、コショウ、濃口醤油で味を調える。完全に冷まして保管する。

◎具材
1　ベーコンを焼き台で焼いて脂を落とし、細切りにする。ニンジンはいちょう切りにして塩ゆでする。
2　卵は水からゆで、沸いたら12〜15分間ゆでてかたゆでにする。皮をむき、みじん切りにする。
3　パセリはみじん切りにして、よく乾かしておく。

［提供時］
1　器にポテトサラダを盛り、ベビーリーフサラダと焼いたバゲットを添える。

第二章 割烹の一品料理

「築地 竹政」

店名／築地 竹政
主人／原田活利
住所／東京都豊島区南大塚3-35-7
電話／03-3983-1103
営業時間（L.O.）／17：30～23：00（L.O.22：00）
定休日／日、月

開店年／1997年8月。2014年石神井より移転
店舗規模（坪）／14坪
客席数／18席（カウンター7席、テーブル3卓11席）
従業員数／厨房1名、サービス1名
料理価格／350～4500円
酒／日本酒中心。主銘柄は鍋島、奥能登の白菊、大信州を中心に32種
客単価／5000円
食材原価率／45%
ドリンク比率／30%
酒の価格の決め方／原価の3倍。原価が高い酒は2倍。90ccは原価の3倍＋50円。

毎日仕入れ、よい魚を使い続ける

ボリュームのある刺身や、身厚のタチウオやブリの切り身など、鮮度と質のよい魚介を使った料理が評判の「築地竹政」。

自店で仕入れ可能な価格の範囲で最高の魚介を仕入れ、素材のよさを全面に出した料理を提供して人気を博している。

店名の前に「築地」とつけているのも魚への思い入れの

入口から左手がカウンター席。右手がテーブル席。正面に日本酒の冷蔵庫が設置されている。カウンター内の棚にも日本酒の瓶が並べてある。

表れ。（店前に停めた築地通いに使う車にも「魚河岸」の文字を入れて、さりげなく魚介をアピールしている。）

練馬の石神井からこの地に移転して3年目。ここにきてやっと毎日予約客で埋まるようになり、週末には2回転目の来店も見込めるようになった。

鮮魚の仕入れは毎日。そのうち最低でも週に3回は朝7時半に築地に出かけて、それ以外の日は、築地の仲買の魚を配送してもらう方法をとっている。いくらつきあいのある仲買がいるにしても、実際に自分で足を運び、話をし、見ておくと、送ってもらうものの質が違ってくるという。

「魚には魚種ごとに一番おいしいサイズがあり、これは当然高い。このサイズから少しはずれると、価格は下がるのですが、高くても私はベストのサイズを選んでいます」と店主の原田活利氏。

魚を仕入れるときは、この料理に使うと決めて選ぶので、当日もし売れ残ったとしても再利用をせずに廃棄するという。とくに青魚など鮮度がおちやすいものを仕入れたときは翌日には持ち越さない。

「当然私が想定していた使い方はできないし、鮮度も落ちるので再利用はしないことにしています。もちろん大型魚のクエやマグロなど、ねかせることでおいしくなる魚は数日使いますが。残った魚介の再利用を考え始めると、どんどん店で出す料理のレベルが落ちてしまう」

徹底して魚介の鮮度と質を落とさず、魚料理のレベルをきっちり維持することにこだわり続ける。これが原田氏のやり方である。

メールマガジンで予約をとる

「竹政」ではだいたい20～25品の料理をそろえているが、

このうち15品程度は魚料理である。その調理は素材のよさを引き立てるシンプルなもの。

席数は18席、組数にしたら6～9組程度となるのだが、1品について10食分を毎日用意しておく。もちろん仕入れ状況によっては、5食分しか用意できないものもある。そういう場合はメールマガジンで事前に数量限定をお知らせするという。

メールマガジンは「うまいものメール」といい、現在100名近くの登録会員がいる。当日の仕入れを終えた時点で、その日に仕入れた魚とおすすめ料理を配信して予約をとっている。

たとえば「秋田の天然鰻」や「噴火湾産の毛蟹」など、当日仕入れた魚と産地と食べ方を、読者の心をくすぐるような絶妙な語り口で解説している。もちろん仕入れた魚の写真つきである。「来店当日にメールを見て、電話で料理を予約してくれる方も多いんですよ。文字だらけの長文はダメ。短いけれど食べたいと思わせる内容でないと、読んでもらえないから」

竹政ファンならば、毎日欠かさずにチェックするであろうメールマガジンは、強力な販促ツールの一つになっているようだ。お客さまの中には、自分のフェイスブック内でうまいものメールの内容をアップして拡散してくれている人もいるという。

「記憶に残るほどのおいしいものを食べれば、覚えていてくださって、また来年同じものを注文してくださいます。それほどまでに旨いものを出すことが料理の予約をとるコツです」

店のファサード。竹政が力を入れている「鍋島」「奥能登の白菊」「大信州」の樽をディスプレイしている。

日本酒専用の冷蔵庫。両扉の冷蔵庫3段にぎっしり、常時30以上の種類をそろえている。

30歳での独立開業

原田氏は17歳で洋食店に入社し、10年間同じ店で働いた。しかし10年間料理修業を積んでも、趣味で釣った魚を満足におろすことができないことに呆然とした。原田氏が洋食からの転身を決意したのは、これがきっかけだった。ちなみに10年間の洋食修業で習得した仕事は、「竹政」で人気のオムライスやソース類などに上手に活用されている。

北海道を拠点に展開する鮮魚居酒屋に26歳で入社。ここで4年間、毎日念願の魚に触れるとともに、魚の目利きは取引のある市場の仲買に徹底的に教えてもらった。しかし経営母体が変わり、経営方針も変わってしまったので、これを機に独立しようと決意した。

「自分が食べたいと思う魚ならば、お客さまも食べたいと思うはず。人によって好みは違うだろうけれど、ぶれることなく、店で出す料理は自分の好みで決めよう」と考えた。

「最初に開いた石神井の店は駅から徒歩15分、バスに乗って来ていただくくらい離れた住宅街の一角にありました。8坪で20席。カウンター席と小上がりという構成でした」

店の2階に住まいを移して、夫人と二人で朝まで営業していたという。居抜きのリース物件だったので、初期投資はそれほど必要なかった。

「ここで17年間営業しました。最初の13年間は泣かず飛ばずでしたが、魚の質だけは落とさずに頑張った。最後の4年でやっと軌道に乗り、バスに乗ってわざわざ遠方から来店してくれるように

カウンター席(上)。
サービスを担当する夫人。その時期においしいお酒をすすめるセールストークは「竹政」を脇からしっかり支えている(右)。
店主の原田活利氏。魚に対する思い入れは深い(左)。

もなりました」

お客さまのかねてからの要望もあり、石神井駅の近くに移転するつもりで物件をさがし始めたのだが、折りしも駅前再開発のために断念せざるを得なかった。そのあと、なじみのある練馬、杉並方面もあたったが、条件に合う物件はなかなか見つからなかった。

そんなときに、常連客から大塚の物件を紹介された。当初、家賃のおりあいがつかなかったのだが、1年間交渉を続けた末、大塚駅から徒歩3〜4分の好立地にもかかわらず破格値で契約できた。もとはマンションのガレージだった場所を店舗に改装して開店した。

よい魚を扱うために

和食で一番食材費がかかるのは魚介類だ。それもよいものを仕入れるとなると、当然原価率も高くなる。実際「竹政」の食材原価率は45%とかなり高い。

よい魚を出し続けるためには、家賃を抑え、夫人と2人で働いて固定費を抑えなければならない。

「厨房は私1人。仕込みも営業時も1人です。うちの料理の性格上、魚の仕込みに関してはおろすところまでにとどめておきます。つくり込む料理はあまりないのでなんとかやっています」

手をかけずにおいしく出せるのは、素材がいいから。魚の仕入れと加熱技術で勝負している。しかし魚種によってどこまで下ごしらえするかはまちまち。キンメダイならば骨までとっておくが、

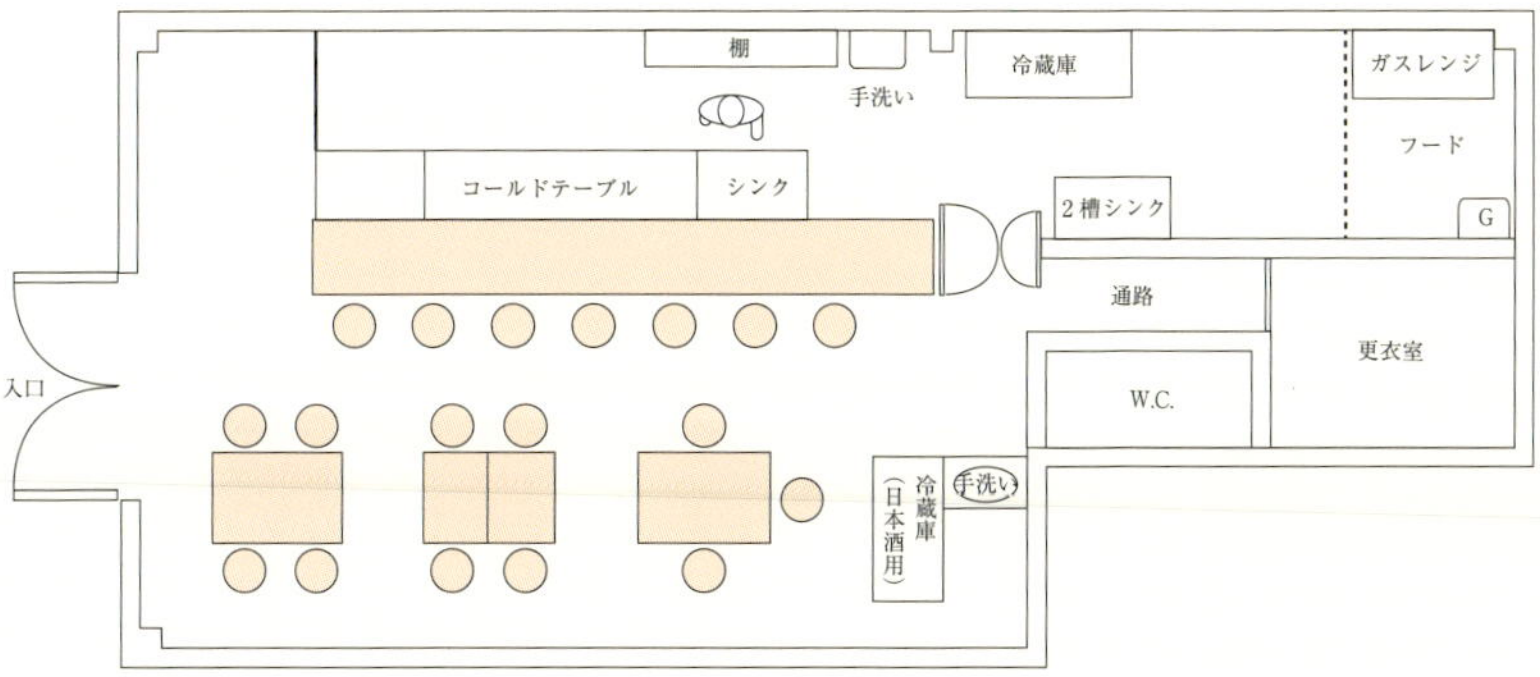

既存のマンションの1階ガレージを改装した店舗はカウンター席を設けた結果、横長の厨房になった。火元は奥に集中。竹政の売り物である鮮魚を刺身に引くときはカウンター席のお客さまと会話ができるのだが、加熱調理中は様子を見ることができないのが気になるという。その分、接客の要となる夫人のお客さまへのアプローチが大切になる。
どの席からも見える位置に日本酒専用の冷蔵庫をおき、鍋島、奥能登の白菊、大信州の各銘柄をはじめ32種の銘酒をそろえている。

カツオならば半身はワラであぶり、半身ははねつきのままとっておく。ちなみにカツオは仕入れるときに中を見て善し悪しを判断しているという。

「カツオは遠洋漁業のため、市場に出るまでにすでに2〜3日経っていて身の状態がわからないので、割ってもらって、確認してから仕入れています」

魚をめぐる気候変動や状況は毎年変化している。こうした情報をいち早くキャッチして、よい魚を入手するには、築地に出かけることが一番だという。

写真上：料理メニュー（左）とドリンクメニュー（右）は冊子にして配置する。
写真下段右：原田氏の手書きの料理のメニューは毎日書き換える。その日に仕入れた魚が登場する。
写真中段、写真左：ドリンクは日本酒中心。大きな文字でわかりやすく表記している。こちらも手書き。

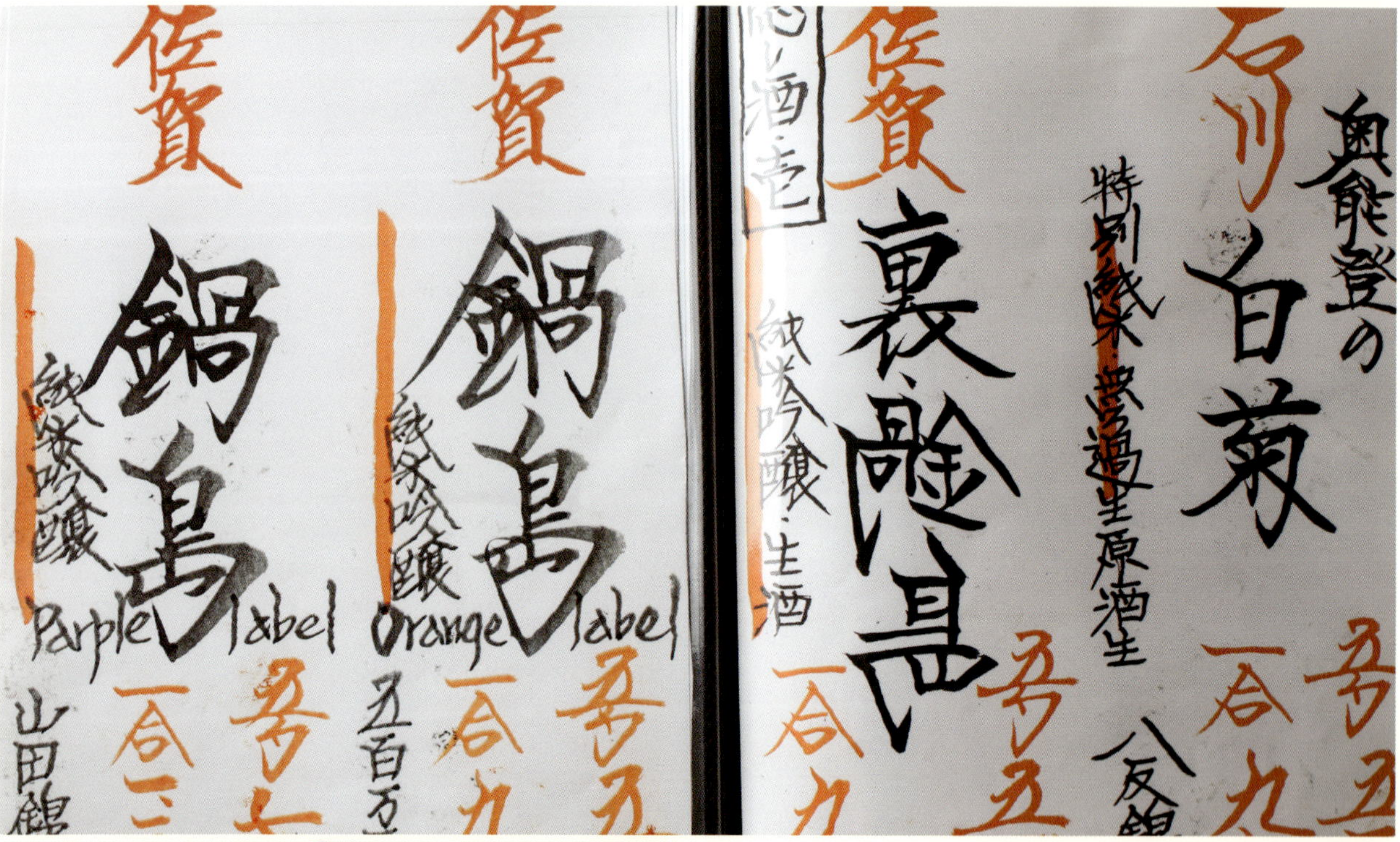

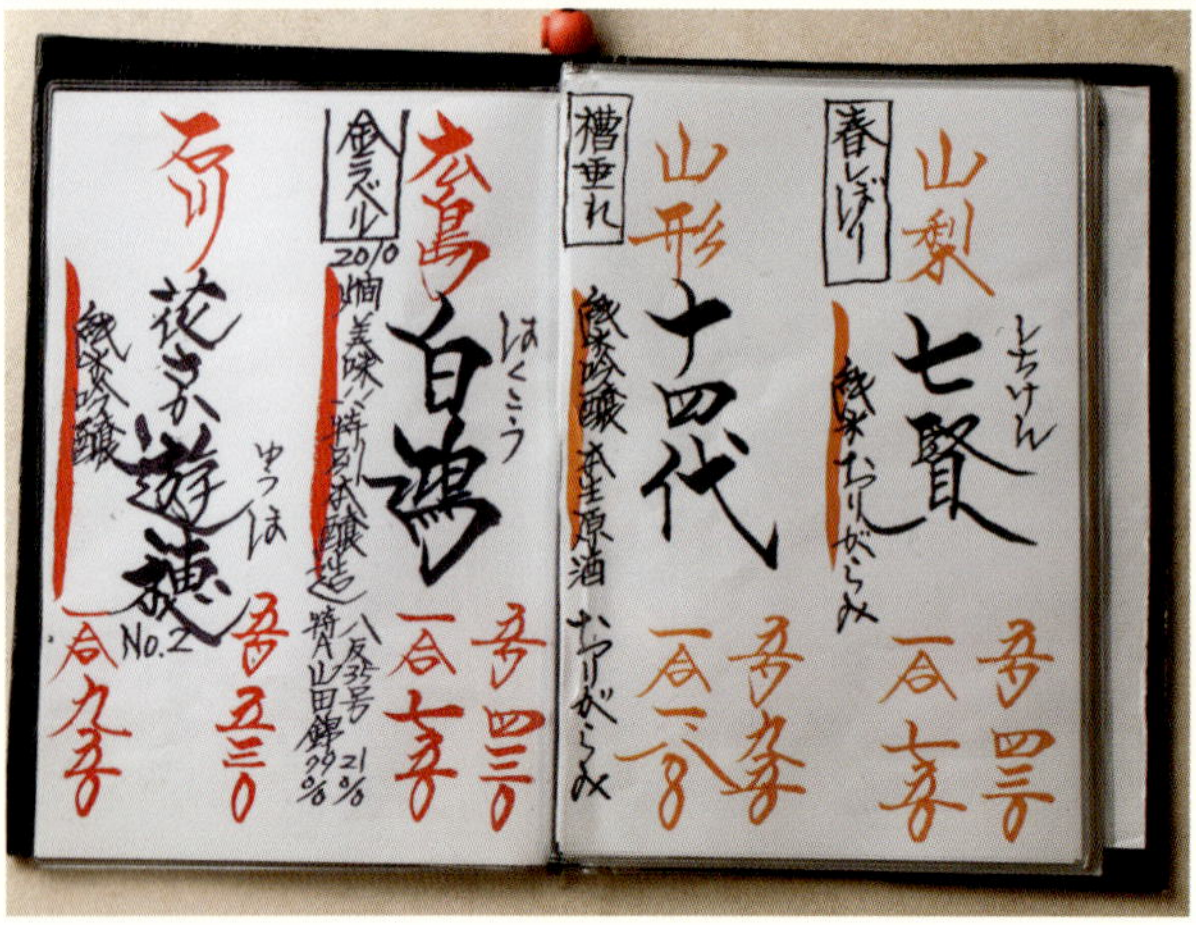

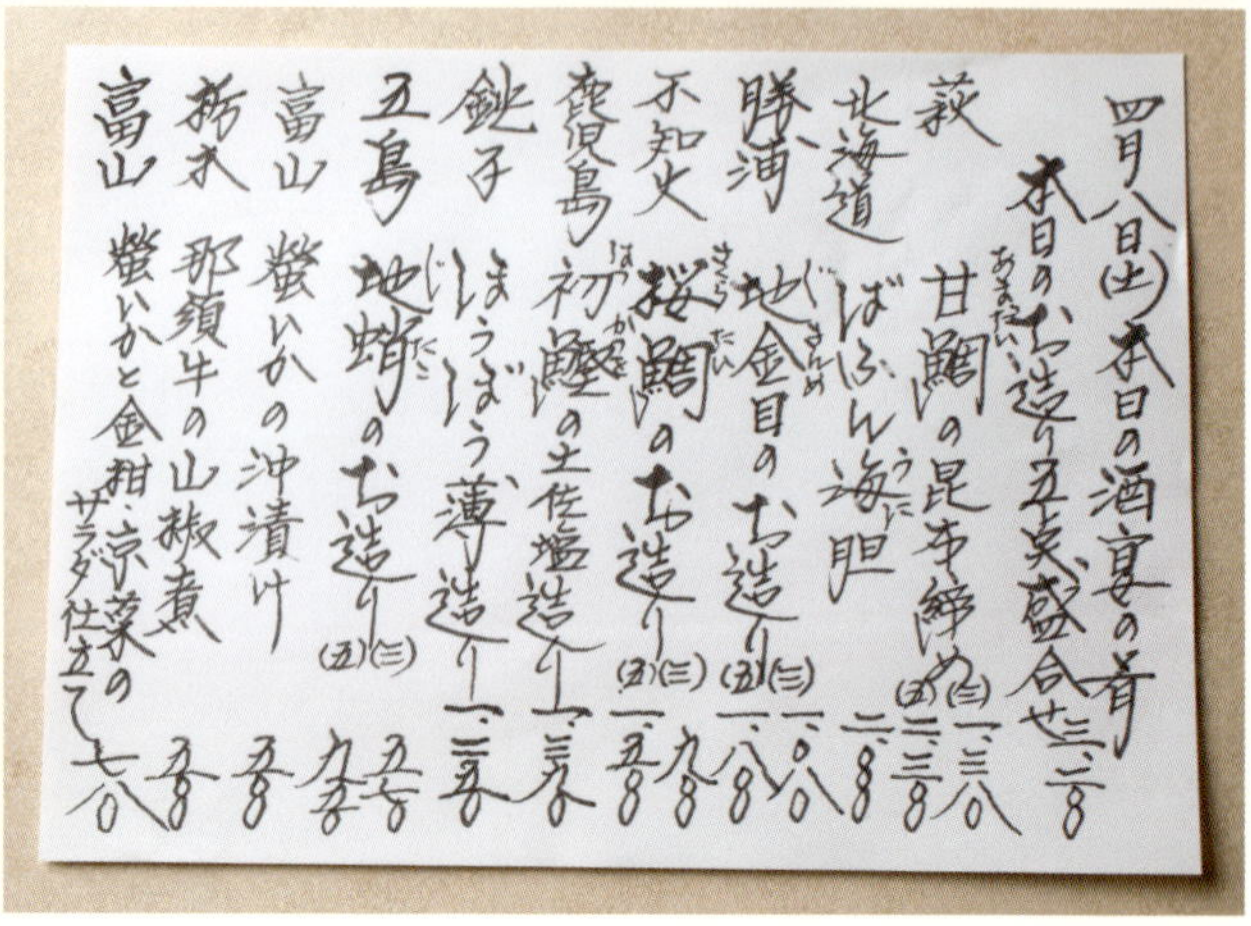

築地 竹政 料理

初鰹の藁炙り 土佐塩造り

赤身の赤色が美しい初ガツオが手に入ったら、塩叩きがおすすめ。ワラであぶってこうばしい香りをつけ、たっぷりの薬味とともに味わっていただく。合わせる日本酒は「鍋島ブロッサムハーン」。料理解説46頁

蛍いかと金柑 京水菜のサラダ仕立て

ホタルイカのワタの淡い旨みとキンカンの甘みを生かすために味つけはシンプルに。食べるときに好みでレモンを絞ってもらう。合わせる日本酒は「鍋島オレンジ 純米吟醸五百万石」。料理解説46頁

帆立貝と菜の花の芥子和え

ホタテ貝はヒモを混ぜると和え物の食感に変化がつく。菜ノ花も食感を残すために、ゆですぎないように。沸かした熱湯で1分間ほどゆでて、水にとらずに余熱が入るようにおか上げする。合わせる日本酒は「裏鍋島 壱 純米吟醸生酒」。料理解説46頁

墨烏賊と筍の木の芽味噌和え

木の芽味噌に青寄せを加えると緑色があざやかになるが、ここでは自然な色と香りを重視し、青寄せなしで仕上げた。合わせる日本酒は「奥能登の白菊 八反錦」。料理解説47頁

鶏笹身と生麩の蕗味噌なめろう

鶏ササミは、熱湯ではなく80℃の湯で、表面を柔らかく霜降りする。最後に加えたオリーブ油でなめろうに油分とねばりをプラスした。合わせる日本酒は「五十嵐ピンク 純米」。 料理解説47頁

浅蜊と九条葱の芥子酢味噌和え

夏の和え物は溶き芥子でピリッと辛みを効かせて。アサリは身が締まらないように弱火でふっくらと蒸し上げる。合わせる日本酒は「山本ピュアブラック純米吟醸」。 料理解説48頁

百合根と愛魚女の桜餅椀もの

桜餅の桃色と、コゴミの緑色が鮮やかな春の椀もの。ユリ根を中に詰めた桜餅は、椀種以外に春のお通しにも使う。合わせる日本酒は「惣邑純米うすにごり」。料理解説48頁

泉州水茄子の生ハム巻き塩レモン

夏のサラダ代わりに提供している一品。ナスは刃物を嫌うので手で割くといわれているが、味はさほど変わらないので、食べやすくくし形切りにした。合わせる日本酒は「作 雅乃智 純米吟醸」。料理解説48頁

黒毛和牛シャトーブリアンの叩き生海胆包み

牛のヒレ肉の中央部の太い部位をシャトーブリアンという。牛1頭から4kg程しか取れない高価な部位。サッと焼いて薄く切り、生ウニを巻いた。ウニが温まると甘みが増す。竹政では、こうした高額な予約商品（15,000円）を数品献立に入れている。合わせる日本酒は「玉川こうのとり 生酛純米」「白鴻 特別本醸造（54℃の燗）」。料理解説49頁

寒鰤の照り焼き大根

脂がのって身が締まった寒ブリの照り焼き。13kg以上の大きなブリの切り身でつくると迫力がある。合わせる日本酒は「奥能登の白菊どろんどろん」。

料理解説49頁

鶏手羽先の西京焼き

手羽先は串焼きもいいが、西京味噌に3日間漬けて味をしっかりしみ込ませてから網焼きにすると味噌の香りがたち、こうばしさが増す。合わせる日本酒は「南方 純米」「五十嵐純米吟醸」。

料理解説49頁

地金目のソテー 下仁田葱のクリーム仕立て

脂がのったキンメダイに、下仁田ネギのとろりとしたやさしい甘さを加えたクリームソースがよく合う。合わせる酒は「大信州 手いっぱい 純米大吟醸」をぬる燗（40℃）に。きれのよい酒がますますスッときれて脂のある洋風の魚料理にぴったりとマッチする。

料理解説50頁

蚕豆と芝海老すり身の挟み揚げ

揚げ上がりに塩をふるので、すり身に加える塩は、控えめに。ソラマメの緑とすり身の桃色の対比が美しいので、すり身が見えるように、はみ出すくらいたっぷりはさむといいだろう。合わせる日本酒は「惣邑 純米吟醸」。

料理解説50頁

殻付き牡蠣の天ぷら　ぽん酢、紅葉おろし

カキの衣は、ぽってりと厚くせず、薄めに溶いた衣にくぐらせて揚げる。合わせる日本酒は「奥能登の白菊 八反錦純米」。料理解説51頁

京筍と蛤の出汁蒸し

高温で蒸すと、ハマグリに強く火が通りすぎるため、弱火の蒸し器で蒸し上げる。合わせる日本酒は「花さか遊穂 純米吟醸」。料理解説51頁

莫久来

冬のナマコの腸を塩漬けにして冷凍しておく。夏にこれを解凍し、ホヤの塩辛と合わせた珍味。塩がなじんだら食べ頃。合わせる日本酒は「奥能登の白菊そのまんま純米吟醸」。

料理解説51頁

堀川牛蒡の唐揚げ

堀川ゴボウは京の伝統野菜の一つで、長さ50㎝、直径は6～9㎝で中に空洞がある。だしで炊いて味を含ませてから、天衣をつけて揚げた。合わせる日本酒は「まんさくの花 亀ラベルGOLD」。

料理解説52頁

香箱かにめし

日本海産ズワイガニのメスをコウバコガニ、セコガニと呼んでいる。メスの漁期は11月前半から12月。オスよりも短いので、季節限定の食材である。身体は小さいが、身がしっかり入っていて卵も抱いているうえ、価格も手頃なので人気がある。ご飯にはお茶が順当だが、日本酒を合わせるとしたら「遊穂 山おろし純米」。

料理解説52頁

鰻の倶利伽羅 まんめし

不動明王の倶利伽羅剣に巻きついた黒龍にウナギを見立てて、ウナギの端を串に螺旋に巻きつけたものを倶利伽羅といった。最近ではウナギを細長く切って巻くが、ここでは串をはずし、一口大に切ってご飯と合わせた。合わせる日本酒は「白鴻 金ラベル（常温）」「奥能登の白菊 どろんどろん 活性純米（40℃の燗）」。

料理解説52頁

土用の丑の鰻重

毎年土用の丑の日には、予約注文を受ける人気商品（3，800円・価格変動あり）。関東風（蒸し）でもなく、関西風（地焼）でもない、皮がパリッとしていて、ウナギそのものの味を味わえるように焼いている。合わせる日本酒は「白鴻 金ラベル（54℃の燗）」。

料理解説53頁

半熟とろとろオムライス

移転前から人気のオムライス。お酒のあとの食事なので、甘みを抑え、さっぱりとした味に仕上げた。上に乗せたとろとろのオムレツは、客席でナイフを入れて割る。この演出もごちそうのうち。料理解説53頁

築地 竹政 料理解説

初鰹の藁炙り 土佐塩造り

カツオ1／4本、ワラ400g
塩、ニンニク（薄切り）、おろしショウガ
新玉ネギ（薄切り）100g、ミョウガ（縦に薄切り）1本、大葉（細切り）3枚、万能ネギ（小口切り）100g

［仕込み］
1 カツオは節おろしにし、串を打つ。3kgほどのカツオならば串は3本程度が目安。
2 中華鍋にワラを入れ、皮側を下に向けて1を鍋にわたす。鍋あるいはアルミホイルをかぶせて蓋をして、強火で加熱する。煙が出てきたら弱火にし、全体に回す。チリチリと音がしてきたら再び強火にし、煙が充満してきたら上蓋をはずしてワラに火をつける。ワラが燃え上がるので、串を持って遠火にし、皮をこうばしくあぶる。
3 串を抜き、フリーザーに3分間ほど入れて急冷し、冷蔵庫で保管する。香りが抜けるので、氷水には落とさない。
4 薬味野菜を切りそろえて混ぜ、密封容器に入れて冷蔵庫で保管する。

［提供時］
1 カツオを厚さ2cmほどの2枚落としに切る。中に薄切りのニンニク2枚（芯を抜く）と包丁で叩いたおろしショウガをはさむ。横にして、身に塩を少量ふり、手のひらで叩いて味をなじませる。
2 薬味を適量取り、ポン酢で和える。
3 器にカツオを盛り、薬味をたっぷり添える。ポン酢で味をつけた薬味と一緒にカツオを食べるようすすめる。

蛍いかと金柑 京水菜のサラダ仕立て

ホタルイカ（目と口と軟骨を除いたもの）12杯
キンカン（たまたま金柑・1／4くし形切り）3個
京ミズナ1／2束、トレヴィス適量、ラディッシュ（薄切り）1個、紅芯大根（いちょう切り）9切れ、
生ワカメ（ざく切り）50g、プチトマト（1／2の輪切り）3個
ドレッシング（塩、黒コショウ、EXV.オリーブ油）
レモン（1／6くし形切り）1切れ、ドライパセリ

［仕込み］
1 ホタルイカは弱火の蒸し器で1分半蒸し、火を止めて蓋をしたまま蒸らす。冷めたら目と口を取り除き、冷蔵庫で保管。
2 生ワカメはサッと湯通ししておく。野菜類は洗って掃除しておく。ともに冷蔵庫で保管。

［提供時］
1 ホタルイカと、切り分けたキンカン、野菜類をボウルに入れ、塩、黒コショウ、EXV.オリーブ油を適量ずつ加えて和えてサラダをつくる。
2 サラダを器に盛り、くし形切りにしたレモンの上にドライパセリをつけて添える。

帆立貝と菜の花の芥子和え

ホタテ貝
菜ノ花、浸し地（だし10：淡口醤油1）
芥子和え衣（だし5：淡口醤油1：練り芥子0.1）

［仕込み］
1 ホタテ貝は殻をはずし、ワタ、ヒモなどをはずす。ヒモはたっぷりの塩でもみ、ヌメリが出たら水洗いする。これを2〜3回くり返して掃除す

る。
2 貝柱の表面の薄膜をキッチンペーパーではがし、水分をふき取る。ヒモ、貝柱ともに冷蔵庫で保管する。

[提供時]
1 貝柱は半分に切ってから薄くへぐ。ヒモは1・5~2cmに切る。
2 菜ノ花は、食感が残るように熱湯でゆがいて、おか上げする。冷めたら食べやすい長さに切り、浸し地に浸けておく。
3 ボウルに芥子和え衣の材料を合わせてよく混ぜる。芥子が溶けたら、1のホタテと2の菜ノ花を和える。貝殻に盛りつける。

墨烏賊と筍の木の芽味噌和え

スミイカ1/4杯
タケノコ(小)1/2本、米ヌカ、タカノツメ、煮汁(だし、淡口醤油、追いガツオ)
木の芽味噌(玉味噌*、木ノ芽)
木ノ芽

*卵黄2個、西京味噌200g、日本酒50cc、味醂100ccを鍋に合わせて、弱火で30分間ほど練る。

[仕込み]
1 スミイカをおろし、両面の皮をむいてサク取りしておく。
2 タケノコを米ヌカとタカノツメを加えた水から火にかけて、沸騰してから1時間ほどゆで、火を止めたら冷めるまでそのままおいてアク抜きをする。
3 皮をむいて1時間ほど流水にあててヌカ臭さを抜く。
4 だしに淡口醤油を加えてほのかに薄味をつけ、少量のカツオ節をキッチンペーパーで包んで加えて追いガツオをする。ここに半分に切ったタケノコを入れて、30分間ほど炊く。このまま常温まで冷まし、冷蔵庫で保管。
5 木の芽味噌を仕込む。すり鉢で木ノ芽をすり、玉味噌を加えて混ぜる。玉味噌全量に対して木ノ芽は50g程度が目安。香りがとぶので、1日分のみ仕込む。

[提供時]
1 スミイカとタケノコを1cm角のさいのめ切りにする。キッチンペーパーできっちり水分をふき取る。
2 ボウルにスミイカとタケノコを入れて、木の芽味噌30~40gを加えて和える。
3 器に盛り、木ノ芽を添える。

鶏笹身と生麩の蕗味噌なめろう

鶏ササミ肉1本、ショウガ・長ネギ各少量
生麩50g
蕗味噌(フキノトウ小3個、玉味噌50g↓上段)
EXV.オリーブ油、花穂紫蘇

[仕込み]
1 鶏ササミ肉のスジを取る。湯を沸かし、ショウガのスライス2~3枚と長ネギ1/3本を入れる。
2 湯の温度を80℃に下げて、ササミを入れる。表面が白っぽくなったら、ザルに上げて冷ます。冷蔵庫で保管する。
3 フキノトウは芯を切り、水からゆでる。沸騰して1~1・5分間たったら水に放つ。冷めたら布巾で水気を絞って冷蔵庫で保管する。

[提供時]
1 ササミを5mm厚さの短冊に切る。
2 蕗味噌をつくる。ゆでたフキノトウは5mm角に切り、再度布巾で水気を絞る。玉味噌を合わせて蕗味噌をつくる。
3 生麩は2cm角に切り、2分間ほど熱湯でゆでる。取り出して水気をきる。粗熱がとれたら、ササミと同じ大きさに切る。

4　ボウルにササミ、生麩、蕗味噌を合わせて混ぜ、仕上げにEXV.オリーブ油をたらしてまとめる。器に盛りつけ、ほぐした花穂紫蘇を散らす。

浅蜊と九条葱の芥子酢味噌和え

アサリ20g、九条ネギ30g
芥子酢味噌（玉味噌100g→47頁・墨烏賊と筍、酢10cc、溶き芥子10g）35g
白胡麻

［仕込み］

1　バットに薄い塩水を注ぐ。アサリは砂が下に落ちるようにザルに入れ、塩水に浸けて半日間砂抜きする。

2　砂抜きしたアサリをバットに並べて、弱火の蒸し器で15分間ほど蒸す。殻が開いたらすぐに取り出し、余熱で火を入れる。

3　九条ネギは沸騰した湯で根のほうからゆで、しんなりしてきたら、先のほうを沈める。パンパンと音がしてきたら水にとる。冷めたらまな板の上に並べ、手でヌメリをしごき、繊維を壊して食べやすくする。食べやすい長さに切りそろえて冷蔵庫で保管する。

4　芥子酢味噌を仕込む。玉味噌に酢を加えて火にかける。5分間ほど練って酢がまろやかになったら火からおろして冷ます。冷めたら溶き芥子を加えて練り合わせる。

［提供時］

1　ボウルに芥子酢味噌、九条ネギ、殻をはずしたアサリを入れて和える。

2　器に盛り、煎りたての白胡麻を手でつぶしながら天に盛る。

百合根と愛魚女の桜餅　椀もの

アイナメ（そぎ切り）15g、塩
ユリ根
道明寺粉（赤色）
吸い地（だし、淡口醤油、葛粉）
コゴミ、浸し地（だし5：淡口醤油1）
桜葉塩漬け、桜花塩漬け

［仕込み］

1　アイナメは三枚におろして骨を抜き、薄いそぎ切りにして冷蔵庫で保管。ユリ根は鱗片を1枚ずつはがし、熱湯でゆで、5割程度火を入れる。

2　道明寺粉をバットに広げ、水（道明寺粉100gに対して水150cc）を注ぎ、蒸し器に入れて7分間ほど蒸し、火を止めて5分間蒸らす。

3　蒸した道明寺粉の中にユリ根を射込み、俵型に結んで常温で保管。

4　コゴミをゆでて、浸し地に浸けておく。

［提供時］

1　桜餅に薄塩をあてたアイナメを巻き、上から塩抜きした桜葉をかぶせてバットにのせて、蒸し器で5分間蒸す。

2　だしを熱し、淡口醤油で吸い物地程度に味をつけ、水で溶いた葛粉でとろみをつける。

3　椀に蒸した桜餅を盛り、コゴミと塩抜きした桜花をあしらい、熱した2をかける。

泉州水茄子の生ハム巻き　塩レモン

水ナス1／2本、塩、生ハム（スライス）5枚
EXV.オリーブ油
レモン（くし形切り）、パセリ（みじん切り）
イタリアンパセリ

［提供時］

1　水ナス（1／2本）は5等分のくし形切りにする。断面に薄塩をあてて、生ハムを巻きつける。

2　器に盛り、EXV.オリーブ油をかけて全体をまとめ、パセリをふったレモン、イタリアンパセリを添える。

黒毛和牛シャトーブリアンの叩き 生海胆包み

牛フィレ肉（シャトーブリアン）200g、塩、コショウ、サラダ油、バター、濃口醤油
生ウニ100g
ワサビ・大根おろし各10g、万能ネギ（小口切り）

［提供時］

1　牛フィレ肉の片面に塩、コショウをふる。フライパンにサラダ油を薄くひき、片面を色よく焼いて裏返し、蓋をして弱火にする。チリッチリッと音がしたら、火を止める目安。アルミホイルで包み、15分間ほどおいて肉汁を落ち着かせる。

2　肉を焼いたフライパンにバターを大さじ1ほど入れて溶かし、濃口醤油をたらして火を止めてソースとする。

3　フィレ肉を5枚にスライスする。1枚につきウニ20gを巻く。器に盛りつけ、2のソースを流す。大根おろしとワサビを混ぜて添える。万能ネギを肉の上に散らす。

寒鰤の照り焼き大根

ブリ（切り身）250〜300g、濃口醤油、焼ダレ（濃口醤油1：味醂2：日本酒0.5）
ダイコン、煮汁（ブリだし＊2リットル、砂糖120g、濃口醤油200cc）
ニンジン（薄切り）、ホウレンソウ、浸し地（だし1：淡口醤油0.5）
黄味おろし＊＊（卵黄、大根おろし）

＊ブリのアラをよく洗い、昆布とともに鍋に入れて火にかけてブリだしをとる。だしは漉しておく。
＊＊大根おろしに卵黄を加えてよく混ぜたもの。

［仕込み］

1　ブリを三枚におろす。アラはブリだしに使用。

2　ダイコンは厚い輪切りにして面取りをする。たっぷりの水で1時間ほど炊く。火が通ったら水に30分間さらし、ブリだしで炊く。

3　沸いたら砂糖、濃口醤油を入れて弱火で1時間煮て火を止め、そのまま冷まして味を含ませる。

4　ホウレンソウ、ニンジンをゆでて浸し地に浸けておく。

［提供時］

1　ブリを切り身にし、くさみを取るために醤油洗いし、網焼きする。8割火が入ったら、焼ダレをかけながら焼いて両面に照りを出す。

2　器に盛り、手前にダイコン、ホウレンソウ、ニンジンを添える。黄味おろしを上に添える。

鶏手羽先の西京焼き

鶏手羽先、塩
味噌床（西京味噌300g、味醂20cc）

［仕込み］

1　鶏手羽先は薄塩をあてて30分間おく。水分が

出てきたら布巾でふき取る。
２　バットに西京味噌を入れ、味醂を加えてのばして手羽先を直に漬ける。鶏手羽は皮が厚く脂が強いので、直接漬け込んだほうがよい。３日間冷蔵庫におく。

［提供時］
１　味噌床から取り出し、味噌をふいて、網焼きにする。小まめに裏返しながら焼き、焼き色をつけてこうばしい香りをたてる。

地金目のソテー 下仁田葱のクリーム仕立て

◎地金目のソテー
キンメダイ（切り身）１５０ｇ、塩、コショウ、薄力粉、オリーブ油
◎下仁田葱のクリーム仕立て
下仁田ネギ（短冊切り）2本、エシャロット（みじん切り）1本、オリーブ油、生クリーム、塩
万能ネギ（小口切り）、白髪ネギ

［提供時］
◎地金目のソテー
１　キンメダイに塩、コショウをふって、薄力粉をまぶす。
２　フライパンにオリーブ油をたっぷり注いで、キンメダイを反り返らないようにフライ返しで押しつけながら皮目から焼く。おいしそうな焼き色がついたら裏返して、身をふっくら焼き上げる。
◎下仁田葱のクリーム仕立て
１　鍋にオリーブ油をひき、下仁田ネギとエシャロットを入れて、５分間ほど炒める。
２　しんなりとしたら、生クリームを加えてとろみがつくまで煮詰める。塩で味を調える。
３　器に下仁田ネギのクリームを流し、キンメダイを盛る。万能ネギを散らし、白髪ネギを盛る。

蚕豆と芝海老すり身の挟み揚げ

ソラマメ（Ｌ）９粒
すり身（芝エビ10尾、ヤマイモ10ｇ、塩・砂糖各少量）
薄力粉、天ぷら衣（全卵２個、水４５０cc、薄力粉４５０ｇ）、サラダ油、塩

［仕込み］
１　すり身をつくる。芝エビの殻をむき、背ワタを楊枝で抜く。中出刃で粗めに叩き（半殺し）、すりおろしたヤマイモを加え、少し食感が残るように塩と砂糖を少量ずつ加えて包丁で合わせ、冷蔵庫で保管する。
２　天ぷら衣の卵水を用意する。全卵と水を混ぜ合わせ、ペットボトルなどに入れて冷蔵庫で保管。

［提供時］
１　ソラマメはサヤから取り出し、外皮をむいてペティナイフで半分に割る。
２　ソラマメの内側に刷毛で薄力粉をまぶす。大小のマメを組み合わせてすり身15ｇ程度をはさむ。周りに薄力粉をまぶす。
３　天ぷら衣をつくる。薄力粉をふるい、卵水をざっくり混ぜ合わせる。
４　２に衣をつけて、１６０℃のサラダ油で揚げる。気泡が細かくなってきたら、裏返して１８０℃まで温度を上げて、浮いてきたら取り出して油をきる。
５　塩を少量ふり、天紙を敷いて盛りつける。

殻付き牡蠣の天ぷら ぽん酢、紅葉おろし

殻つきカキ3個、薄力粉、天ぷら衣(→50頁・蚕豆と芝海老すり身)、揚げ油
ポン酢、万能ネギ(小口切り)、紅葉おろし

[提供時]

1 カキの殻をむいて、布巾で水気をふく。刷毛で薄力粉を薄くまぶし、天ぷら衣をつける。170℃の揚げ油で揚げて油をきる。

2 器に殻を盛り、揚げたカキを殻に戻し、ポン酢を少々かけて、万能ネギを散らし、紅葉おろしを添える。

京筍と蛤の出汁蒸し

タケノコ
ハマグリ(中)3個
だし、淡口醬油
木ノ芽

[仕込み]

1 タケノコはアク抜きしてだしで煮る(→47頁・墨烏賊と筍の木の芽味噌和え)。

[提供時]

1 ボウルにだしを注ぎ、タケノコの穂先1/2本、ハマグリ3個を入れる。沸かした蒸し器に入れて弱火で蒸す。ハマグリの殻が開いたら取り出す。タケノコはそのままだしに浸けて数分間おいて、ハマグリの味を含ませる。

2 ハマグリの塩分で十分だが、薄いようなら淡口醬油をたらす。

3 器に盛りつけて、木ノ芽を添える。

莫久来

◎このわた
ナマコの腸20g、塩10g
◎ほや塩辛
ホヤ(短冊切り)1個、塩30g

[仕込み]

◎このわた

1 ナマコの腸をしごいて掃除し、塩漬けにする。腸20gに対して塩10gが目安。密封して冷凍保管。

◎ほや塩辛

1 ホヤは半分に切り、皮をむいて掃除する。食べやすい短冊に切り、ザルに入れる。塩をよく混ぜ、しばらくおいて水分をきる。

2 そのまま冷蔵庫で一晩ねかせる。

◎ばくらい

1 ホヤの塩辛を取り出して布巾で水分をふき取り、解凍したこのわたと合わせて、もう一晩冷蔵庫においてなじませる。密封容器に入れて保管する。

[提供時]

1 器に盛りつけて提供する。

堀川牛蒡の唐揚げ

堀川ゴボウ、煮汁（だし3：濃口醤油0・1：味醂0・5）
薄力粉、天ぷら衣（↓50頁・蚕豆と芝海老すり身）、揚げ油、塩

［仕込み］
1 堀川ゴボウの土をタワシで洗い流す。長さ7cmに切り、縦に厚めにスライスする。水から火にかけ、沸騰したら2分間ほどゆでてザルに上げる。
2 鍋に煮汁を注ぎ、1のゴボウを煮る。弱火で30分間煮たのち、そのまま冷まして味を含める。

［提供時］
1 堀川ゴボウの水気をふき、薄力粉をまぶす。天ぷら衣にくぐらせて、余分な衣を落とし、１８０℃の揚げ油で揚げる。
2 油をきり、塩を少量ふって器に盛る。

香箱かにめし

香箱ガニ
酢飯（ご飯3合、すし酢＊）、スダチ1／2個、塩少量、万能ネギ（小口切り）、錦糸玉子（卵、塩少量）
＊酢60cc、塩小さじ1・5、砂糖大さじ4をすべて混ぜ合わせる。

［仕込み］
1 たっぷりの湯を沸かし、塩を入れ、香箱ガニをゆでる。ゆで時間の目安は15～20分間。カニは脚などを輪ゴムなどで結わくとはずれない。
2 ゆで上がったら、甲羅を下にして味噌を安定させて冷ます。冷めたら包丁でさばいて身を取り出す。外子、内子もていねいに取り出しておく。
3 ご飯を炊き、すし酢を混ぜて酢飯をつくる。
4 錦糸玉子を焼く。卵を溶いて少量の塩を加えて、玉子焼き器で薄く焼き、せん切りにする。

［提供時］
1 酢飯にスダチを搾り、塩少量を加える。万能ネギとカニ身、内子、外子を酢飯に混ぜる。
2 丼に1を盛り、上に錦糸玉子を敷き詰める。甲羅を飾る。

鰻の倶利伽羅 まんめし

ウナギ、焼ダレ＊（味醂6：濃口醤油3：たまり醤油1）
ご飯１５０g
万能ネギ（小口切り）、焼海苔、ワサビ
＊味醂を煮きり、濃口醤油とたまり醤油を入れて少し煮詰め、アクを除いて冷ます。

［仕込み］
1 ウナギを裂いて6等分にし、串に皮を外側に向けて巻きつける。
2 ご飯を炊いておく。

［提供時］
1 ウナギの串を直火で焼く。カリッと焼き目がついたら、3回ほど焼ダレでかけ焼きして照りを出して焼き上げる。
2 ご飯にタレを混ぜ込む。ウナギの串をはずして一口大に切り、ご飯と混ぜる。器に盛りつけ、万能ネギをたっぷり敷き詰める。
3 別に焼海苔とワサビを添える。

土用の丑の鰻重

ウナギ、焼ダレ（↓52頁・倶利伽羅まんめし）
ご飯
粉サンショウ（好みで）

［仕込み］

1　ウナギは背開きにして串を打つ。焼き台（下火）で両面から8割ほど火を入れる。

2　1を蒸し器で蒸す。250gのウナギならば10分間が蒸し時間の目安。途中で指で押して、火の入り具合を確認。やや弾力が残る程度で取り出す。ウナギの個体差があるので、その都度確認すること。焼き上がったら冷蔵庫またはネタケースで保管。

3　ご飯を炊いておく。

［提供時］

1　焼き台でウナギを皮側から焼き、パリッとさせる。返して身側も焼いて火を入れる。

2　両面色よく焼けたら身側に刷毛で焼ダレをぬる。このあと焼く、ぬる、焼くをくり返して焼き上げる。

3　重箱にご飯を盛って平らにならし、焼ダレをかける。上に串を抜いたウナギを盛りつける。最後に再度タレを一刷毛ぬって提供する。肝吸い（解説省略）を添えて。

半熟とろとろオムライス

◎オムレツ
卵3個、塩・コショウ各適量
サラダ油適量、バター20g

◎ケチャップライス
ご飯400g、ピーマン（角切り）1個、ランチョンミート缶＊（角切り）50g
ソテーオニオン＊＊（玉ネギ中玉5個、マッシュルーム缶詰1缶、バター50g）10g
バター10g×2、塩、コショウ、トマトケチャップ（煮詰めたもの）大さじ4

＊塩分が少なめのチューリップブランドを使用している。
＊＊鍋にバターを入れて溶かし、薄切りにした玉ネギとマッシュルームを、40～50分間じっくりと炒める。密封容器に入れて保管する。

［仕込み］

1　トマトケチャップ（カゴメの青缶1号缶）を鍋に入れて火にかけ、8割まで煮詰める。煮詰めると酸味がとび、甘みが出る。

2　ソテーオニオンを仕込んで密封容器に入れて冷蔵庫で保管。

3　ご飯を炊いて保温しておく。

［提供時］

◎ケチャップライス

1　フライパンを温め、ランチョンミートを入れる。あまり動かさずにきれいな焼き色をつける。カリッと焼いたらソテーオニオンを入れてサッと混ぜ、ピーマン、ご飯を入れ、バター10gを加えて炒める。

2　バターが全体に回ったら、塩、コショウで味をつけ、トマトケチャップ大さじ3を入れてフライパンをあおる。全体になじんだら、さらにケチャップ大さじ1とバター10gを加えてあおる。

3　皿にライスを盛り、上を少し平らにしておく。

◎オムレツ

1　卵を溶きほぐし、塩、コショウで味をつける。

2　フライパンを火にかけ、サラダ油を回して油をきる。ここにバターを入れて溶かす。溶けたら1の卵を入れて、周りを焼いて、中がとろとろのオムレツをつくる。

3　ケチャップライスの上にオムレツを乗せる。客席でオムレツにナイフを入れて割る。

「おわん」

店名／おわん
店主／近藤邦篤
住所／東京都世田谷区
池尻2-26-7岡田ビル1階
電話／03-5486-3844
営業時間（L.O.）／
平日17：00～22：00（L.O.21：00）
土、日、祝17：00～22：00（L.O.21：00）
定休日／月（祝日の場合は翌火）

開店年／2003年（2013年に代々木八幡店開店）
店舗規模（坪）／10坪
客席数／16～18席（カウンター12席、お座敷4～6席）
従業員数／厨房2名、サービス1～2名
料理価格／300～2800円
酒／日本酒14～15種（春夏メニュー、秋冬メニュー入れかえ）、
焼酎10種、ワイン（秋冬／赤3、白2、春夏／白3、赤3）
客単価／6500～7000円（開店当初は5500円）
食材原価率／30％
ドリンク比率／40％
酒の価格の決め方／原価の3倍

居心地のよい店を目指して

「おわん」のオープンキッチンは、コの字型のカウンター席から厨房内が見渡せる見通しのよい空間だ。カウンターのどの席からもよく見える厨房の中心に、コンロと炭焼き台を設置している。

「蒸し器の湯気、炭火の炎や煙の温かさをみんなで囲んでくつろいでいただきたかった」と店主の近藤邦篤氏。

「おわん」という店名は、和食の基本である椀ものからとったものだが、家庭で日常使っている食器として親しまれてきた言葉でもある。

「日常使いをしてもらえるような、緊張が解けてほっとできるような居心地のよい店にしたい」

厨房を囲むようにカウンター席はコの字型に配置した。どこからも厨房の作業を見ることができる。

こうした近藤氏の思いは、店名だけでなく、店の各所に表れている。

厨房内、外装は「店が長く続くように」という願いを込めて、鉄製の壁に錆びて年月を経たような風合を出す処理をしたという。

また壁を照らす間接照明の柔らかい光は、伝統的な日本家屋の土間の薄暗さに似ている。室内の中心に切られた囲炉裏に集まる家族のように、「おわん」にも毎晩お客さまが訪れて火の座を囲み、近藤氏とのコミュニケーションを楽しんでいる。

フランス料理からの転身

1972年愛知県・安城市出身。家業はカウンターのお好み焼き店を経営しており、毎日カウンターに立つ母の背中を見て育った近藤氏は、母と同じ飲食業に進もうと決めた。

辻調理師専門学校卒業後、フランス料理のシェフを目指して名古屋のホテルオークラに入社。トックブランシュをかぶったシェフを夢見て研鑽を積んでいたが、あるときお客さまの顔が見えないホテルでの厨房の仕事にふと疑問をもつようになった。和気藹々とお客さまと言葉を交わす母の姿を思い起こすにつけて、自分も母のようにカウンターに立ってお客さまと接する仕事をしたいという思いが日増しに強くなっていった。

近藤氏が魅力を感じたのはカウンターで気軽にお客さまとコミュニケーションがとれる「居酒屋」という業態。そこで休日のたびに新幹線で東京に出かけて、終電ぎりぎりまで当時人気の居酒屋や割烹を軒並み食べ歩いて帰るという居酒屋ツアーを敢行した。

そこで出会ったのが東京・下北沢「なかむら」だった。「なかむら」は、昔ながらのたたずまいの居酒屋が大勢を占めて

厨房の中心に設置した加熱設備。左からフライヤー、ガスコンロ、炭火の焼き台。

カウンター席の奥には小上がり形式の半個室。４名から６名のグループ客に対応。

いた時代に、モダンな店作りと創作料理を売りにする新しいタイプの人気居酒屋だった。

「ホテルを辞めてなかむらで働こう」

近藤氏23歳での決断だった。

「なかむら」で和食の修業を始め、同系列の「ＫＡＮ」（池尻大橋）に移り、通算7年間の修業を経て、池尻大橋で独立開業を果たしたのが２００３年のこと。

店前交通量が少ない物件

修業をしながらの物件探しは難航した。最初は自由が丘で物件を探していたが、家賃が高くて手が出ない。住まいから５㎞圏内、つまり自転車通勤が可能な範囲での出店を考えており、九品仏あたりまで範囲を広げたが、条件に合う物件になかなか巡り会えなかった。

そんなとき、通勤途中にふと目に入ったのが現在の物件の扉に貼られていたテナント募集の貼り紙。今でこそ有名店が並ぶが、その頃は飲食店は少なく、店前交通量も少ない寂しい通りだった。

「なかむら」の中村悌二氏から「辺鄙な場所では、口コミで評判を広めるしかない。でも口コミほど確かで強いものはない」と教えられた。この言葉を信じ、この場所に店を出すことに決めた。家賃などの条件は申し分ない。元ケーキ店の居抜きの全面改装だった。

働きやすい店づくり

厨房の中心に設置したコンロと炭焼き台は、カウンターに向かう近藤氏と調理担当の多田優子さんの背中合わせになるようレイアウト。刺身を引きながら、振り返るだけで煮炊きものや焼ものの様子がわかる。

移動距離がほとんどないので、ムダな動きをしないですむ。これは少人数で調理作業をまかなう上でとても大事なことだ。同時にカウンターのお客さまの食事の進行状況も確認できる。

また、コの字型のカウンターの角には開店当初からお燗器を置いている。これは酒に燗をつけるのではなく、「おわん」名物のお通しのおぼろ豆腐をつくるためのものだ（→54頁）。

「豆腐づくりはまったくの素人。一から教えてもらうために、明け方の3時に池尻から自転車で10分程度の桜新町にある豆腐店に通いました」

現在も毎日この豆腐店から豆乳を仕入れ、池尻店と支店の代々木八幡店にそれぞれ2リットルの豆乳を運んで、おぼろ豆腐を仕込んでいる。豆腐店と池尻店は５㎞圏内にあり、自転車で行き来できる距離。

また、店の味に調合してもらった「おわん味噌」も隣の駅の三軒茶屋の味噌屋から購入している。

地域密着型の店をやっていく場合、近隣の仕入先とのつき合いは、口コミ効果の面からもとても大切だという。

「おわん」のこれから

開店当初は近隣のお客さまに普段使いしてもらえる店を目指していたが、次第に地域外からも目的客が集まるようになり、常連のお客さまが親や

鉄は年月を感じさせるよう錆びた風合いに。外壁と厨房の壁に加工を施した（上）。うしろを振りむくと、すぐにガスコンロと炭火の焼き台が。移動せずにすむので、作業効率がよい（右）。
店主の近藤邦篤氏。2013年には代々木八幡にも支店を開店した（左）。

得意先、恋人など大事な人を連れてきてくれるようになった。そんな利用動機に応えるために、試しに日本料理ならではの高級な魚介類を取り入れてみた。

さらに炭火焼きに肉を加えてみたところワインの売れ行きが上昇した。こうして開店当初は５５００円だった客単価が徐々に上がり、現在では７０００円近くまで伸びてきた。

「おわん」開店から10年がたった２０１３年、東京・代々木八幡に支店を開店。ここも池尻から自転車で15分という距離だ。２５００万円の借入金を10年で返済する計画の出店だった。

最初は飲食店には貸さないと家主に断られたが、池尻店と同じ店をつくると説得して承諾してもらった。オープン3ヵ月前のことだった。元は自転車店だった物件でスケルトンの状態だったため、予定よりも電気、ガスの配管工事に費用と時間がかかってしまった。

池尻の「おわん」とまったく同じ店をつくるつもりで開店したものの、従業員も違えば、客層も違う。なかなか思うようにはいかないが、「おわんスピリット」は失わないようにしたいと考えている。

「私の下で働いてもらい、一緒に料理をつくりながら、おわんのＤＮＡを受け継いでくれる担い手を育てることが、今、私の一番大切な仕事です」と近藤氏は語る。

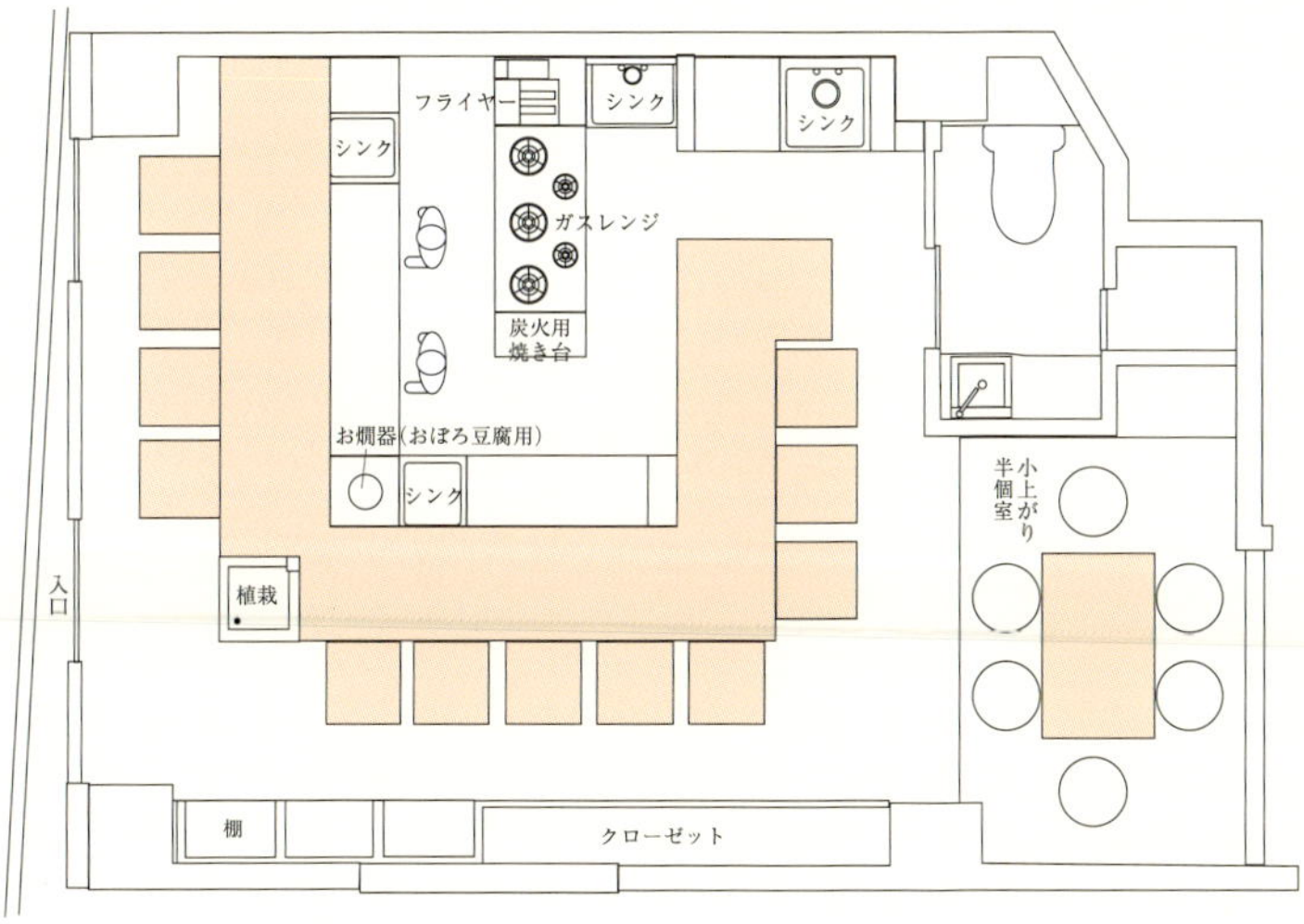

厨房の中央にフライヤー、ガスコンロ、炭焼き台を設置。刺身を引いたり前菜などの盛りつけをしながら、加熱調理が可能な配置だ。ガスコンロとの間は、人が無理なくすれ違えるスペースを確保。
コの字型のカウンター席は、どこからでも炭焼き台が見えるようにした。炭焼き台はお客さまの視覚と嗅覚に訴求するツールにもなっている。
カウンター席の背後には、つくりつけの棚とクローゼットを設置。お客さまの荷物やコート類が収納できる。
奥には小上がりの半個室。胸から下が隠れるくらいの高さの壁で仕切っているので、中の様子が確認しやすく、店全体の奥行き感も失われない。

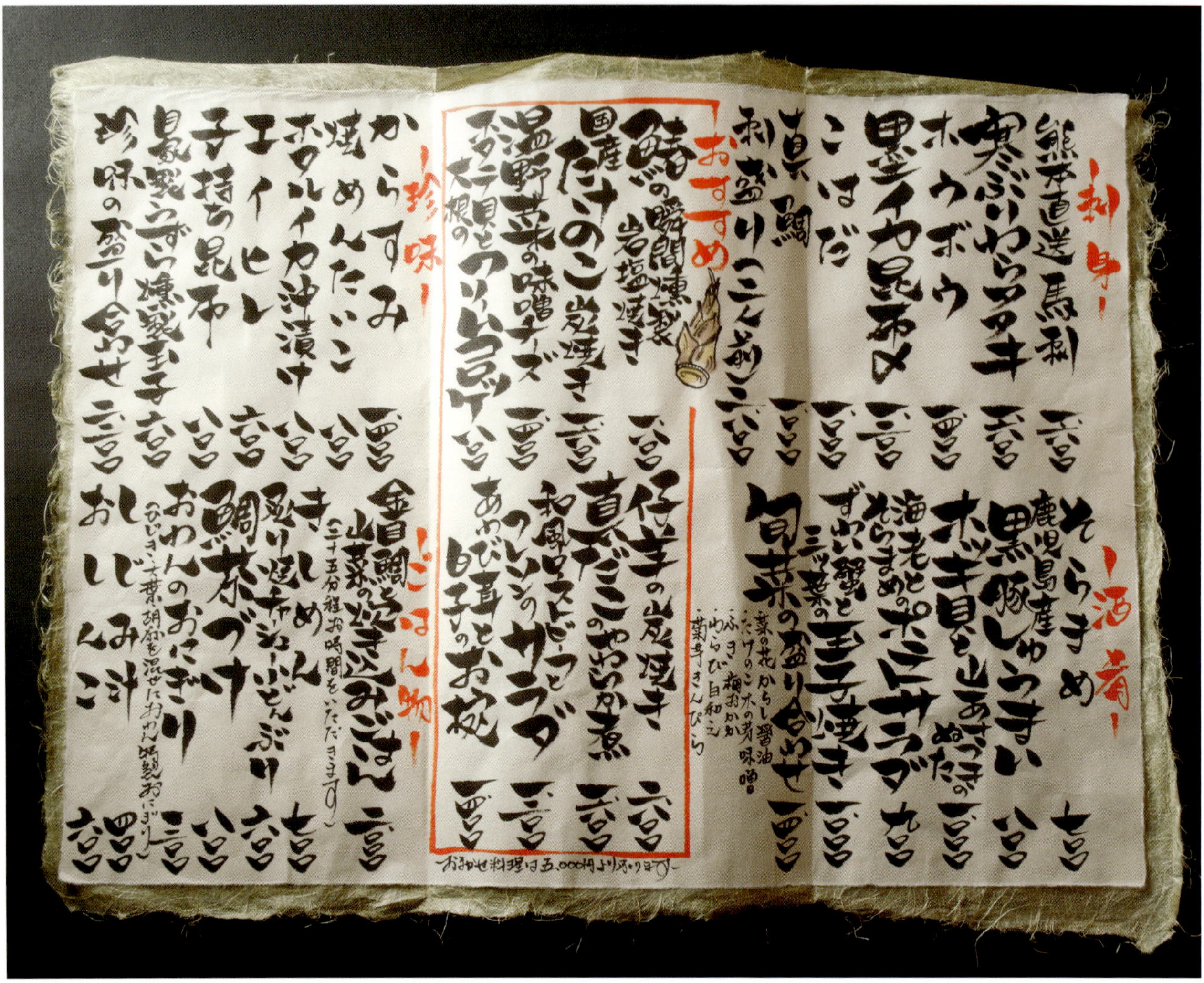

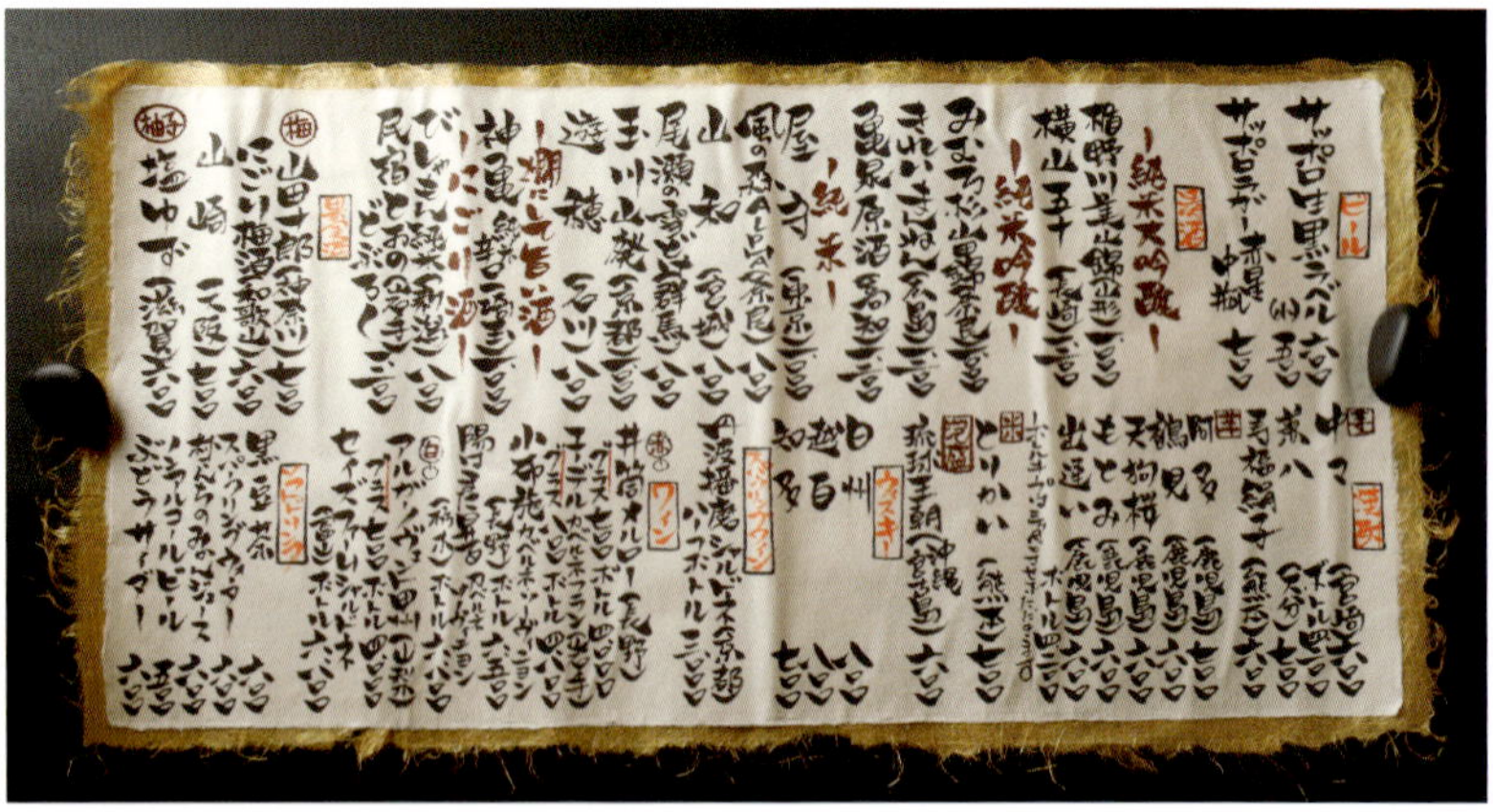

写真下段左：メニュー表は書家の高野こうじ氏の手書き。挿絵を添え和紙の表紙に貼り付けている。

写真上段：料理のメニュー。おすすめを中央にレイアウトして、赤い罫で囲って目立たせている。
写真下段右：ドリンクのメニュー。日本酒がメインだが、最近はワインもよく売れるようになった。

おわん　料理

酒肴

ホッキ貝と山あさつきのぬた

山アサツキと二枚貝は春が旬。2～4月にかけてはおもにホッキ貝を使うが、3月にはアカ貝を合わせることもある。酢味噌は仕込んでおいて、提供直前に和芥子を加え、フレッシュなつんとした辛みと香りを生かす。

料理解説71頁

酒肴

鰻ざく

材料をすべて酢洗いすることで、味がまとまる。上からかけた土佐酢まで味わっていただきたいので、酸味がたちすぎないように、だしで割ってやさしい味に。

料理解説71頁

酒肴

旬菜の盛り合わせ　2月

季節の野菜料理5品で構成する盛り合わせ。香りのあるもの、苦みのあるものなど、それぞれの野菜の個性を生かして調理する。

料理解説72頁

酒肴

旬菜の盛り合わせ　6月

初夏の野菜で構成する酒肴の盛り合わせ。田楽に梅おかか、揚げ浸しに胡麻和え、芥子和えと、味に変化をつけてあきさせない構成。

料理解説73頁

酒肴

ずわい蟹と三つ葉の玉子焼き

玉子は、弱火ではなく中火程度で焼くと、卵液のだしが閉じ込められて、ふっくらと焼き上がる。 料理解説74頁

おすすめ

和風ローストビーフとクレソンのサラダ

湯煎でしっとり火を入れたローストビーフをサラダに仕立てた一品。クレソンのさわやかな苦みに、キンカンの香りと甘みがほどよいアクセントとなっている。 料理解説74頁

おすすめ

温野菜の味噌チーズ

甘みのある根菜とタケノコをほっくりと蒸し上げて、ディップ風の味噌チーズとともにすすめる。味噌チーズはズッキーニや赤カブなどにもよく合う。野菜は同時に蒸し始めても全部にちょうどよく火が入るように切ることがポイント。料理解説74頁

おすすめ

鰆の瞬間燻製 岩塩焼き

サワラを短時間ほうじ茶で燻して深みのあるこうばしい香りをつけて塩焼きに。仕込んでおけば、提供時までこの香りを保つことができる。料理解説75頁

おすすめ
三河湾直送大あさりの醤油焼き
大アサリ（ウチムラサキ貝）は、故郷愛知県の特産品。養殖ものはなく、冬から春にかけては高価だが、6月から8月頃は比較的手頃な価格となる。大アサリは多少火を入れすぎても柔らかいのが特徴。食べ頃の大きさになるまでに7～8年かかるという。料理解説75頁

おすすめ
国産たけのこ炭焼き
鹿児島、熊本産の走りが2月に出始め、産地を変えて4月頃まで利用できる。あらかじめ炊いて薄味を含ませておいたタケノコは注文が入ってから醤油ダレを一刷毛ぬって炭火でこうばしく焼く。料理解説76頁

おすすめ
姫竹の炭焼き
5月下旬から6月にかけて、手頃な価格となる山形県・月山の姫竹を、炭火でホクホクに焼いて提供する。強火で焼くと、皮がこげてむきづらくなるので注意したい。料理解説76頁

おすすめ

アボカドの西京焼き

アボカドの熟れ具合が決め手。柔らかいと水分が多いので串から落ちやすく、くずれやすくなるので、少しかためのものがよい。種がやっとはずせるくらいの熟し加減のものを選ぶ。 料理解説76頁

おすすめ

大長茄子 炭火焼き

熊本産の大長ナスを炭火で焼いただけのシンプルな料理。ナスの旬は夏から秋だが、その時々でいろいろな種類が出回る。6月は長ナスで焼きナスを、7月は丸ナスや赤ナスなどを田楽などで提供している。 料理解説77頁

おすすめ

黒毛和牛の炭焼き

肉の炭火焼きは「おわん」の人気メニュー。牛モモ肉や羊肉、鶏肉など、その時々で肉の種類を変えて必ず献立に入れている。肉料理に合わせて、それまで飲んでいた日本酒をワインに切り替えて注文するお客さまも増えてきた。

料理解説77頁

おすすめ

ホタテ貝と大根のクリームコロッケ

人気のクリームコロッケは、具材をカニに変えたり、タケノコやソラマメなどを混ぜれば季節感が出せる便利な献立。クリームが中から溶け出してこないように、衣は2度づけするとよい。

料理解説77頁

おすすめ
青豆豆腐とかますのお椀

旬の素材を盛り込んだ椀物。「おわん」という店名のとおり、必ず1品は椀物を用意している。カマスのかわりにキスを使うこともあるが、カマスのほうが身が厚く、ふっくらと焼き上がる。

料理解説78頁

おすすめ
とうもろこしの天婦羅

天ぷら衣はできる限り薄くしたいので、最少量を加えて粒をコーティングしてまとめる。生のトウモロコシを使うのがポイント。

料理解説78頁

おすすめ

金目鯛のかぶら蒸し

寒い時期の熱い蒸し物。冬に甘みが増したカブのすりおろしに、食感のよいキクラゲやギンナン、色の美しい金時ニンジンを混ぜてふんわり蒸し上げた。

料理解説79頁

珍味

カマンベールもろみ味噌漬け

ワインにも日本酒にも合う酒肴。チーズももろみ味噌も発酵食品なので、相性は抜群。1週間以上おくと味がしっとりとなじむ。提供時は炭火で温めている。

料理解説79頁

ごはん物

金目鯛と山菜の炊き込みごはん

季節の土鍋炊き込みご飯は、毎日必ず1品用意する人気のメニュー。研いだ米は、ザルに上げて乾かしておくと、炊き地がしみ込みやすくなる。

料理解説79頁

ごはん物

お茶漬け　塩きり鰹

三重県の名物「塩きり」はソマガツオ（ヒラソウダガツオ）を3ヵ月以上塩漬けにして発酵させたもの。これを薄く切ってお茶漬けにした。真空パックの製品を取り寄せて使用している。料理解説80頁

ごはん物

チャーシュー丼

豚バラは身が薄くて、脂が少なめの真ん中あたりの部位を仕入れると巻きやすい。チャーシューはオープン当初はサラダに入れていたが、お客さまからのリクエストで丼が誕生した。料理解説80頁

おわん　料理解説

酒肴

ホッキ貝と山あさつきのぬた

ホッキ貝、アサツキ、ウド、ワカメ
芥子酢味噌（石野の白味噌適量：酢4：味醂6、和芥子適量）
紅タデ

［仕込み］

1　ホッキ貝は殻をはずしてワタをそぎ取る。
2　アサツキとワカメは熱湯にサッとくぐらせて色を出す。
3　酢味噌を仕込む。酢と味醂を表記の割で合わせて、白味噌をのばす。シャバシャバしている状態でよい。
4　3を火にかけて、ゆるいとろみがつくまで加熱して冷ましておく。あまり煮詰めすぎないように注意。

［提供時］

1　ホッキ貝はそぎ切りにする。アサツキとワカメはざく切りに、ウドは短冊に切る。
2　提供時に仕込んでおいた酢味噌に溶き芥子を溶き入れて芥子酢味噌とする。
3　1を芥子酢味噌で和えて盛り、天に紅タデを添える。

酒肴

鰻ざく

ウナギ蒲焼き
キュウリ、塩
ミョウガ、生ワカメ
土佐酢（だし6：味醂2：酢1、淡口醤油少量、カツオ節）
白胡麻

［仕込み］

1　キュウリは皮を縞にむく。食感を生かしたいので5㎜厚さの斜め切りにし、軽く塩をふる。30分間たってしんなりしたら、塩を洗い、密封容器に入れて冷蔵庫で保管する。
2　ミョウガは2〜3㎜の斜め切りにして、流水に浸けてシャキッとさせ、水気をきって密封容器に入れて冷蔵庫で保管する。
3　生ワカメは一口大に切る。
4　土佐酢を仕込む。だし、味醂、酢を合わせ、リードペーパーに包んだカツオ節を入れて弱火で30分間ほど煮る。漉して冷やしておく。

［提供時］

1　ボウルにキュウリ、ミョウガ、生ワカメを入れて、生酢を加えてサッと混ぜ、器に盛りつける。
2　一口大の短冊に切ったウナギの蒲焼きをボウルに残った生酢で洗い、1の上に盛る。
3　土佐酢をかけて、白胡麻をふる。

酒肴

旬菜の盛り合わせ　2月

◎菜の花からし醤油
菜ノ花、だし醤油＊（だし、濃口醤油）、和芥子

◎たけのこの木の芽味噌
タケノコ（アク抜き済→76頁・国産たけのこ炭焼き）、木の芽味噌（ゆでたホウレンソウの葉10ｇ、木ノ芽1つかみ、石野の白味噌80ｇ）

◎ふき梅肉おかか
フキ、重曹
梅肉（塩分濃度5％の梅干）適量、削りカツオ適量

◎わらび白和え
ワラビ＊＊（アク抜き済）、白和え衣（絹漉し豆腐1丁、白練り胡麻12ｇ、砂糖・塩・淡口醤油各少量）

◎菊芋きんぴら
キクイモ、胡麻油・濃口醤油・味醂各適量
タカノツメ

＊濃口醤油をだしで割ったもの。

＊＊ワラビをバットなどに並べ、少量の重曹、あるいはたっぷりの灰をワラビにまぶして、熱湯をかけて冷めるまでおいてアクを抜く。

［仕込み］

◎菜の花からし醤油
1　菜ノ花を熱湯でかためにゆでて冷水にとり、冷蔵庫で保管する。

◎たけのこの木の芽味噌
1　タケノコをアク抜きし、皮をむいて水に浸けて保管する。
2　木の芽味噌を仕込む。ゆでたホウレンソウの葉のみをすり鉢ですり、木ノ芽を加えてさらにする。なめらかになったら白味噌を加えてさらにする。冷蔵庫で保管。

◎ふき梅肉おかか
1　フキは重曹を加えた湯でゆでて水にとる。皮とスジをむいておく。
2　梅干の種を抜いてつぶして、梅肉を用意する。

◎わらび白和え
1　重曹か灰でアク抜きしたワラビは水に浸けておく。
2　白和え衣をつくる。絹漉し豆腐を水きりし、フードプロセッサーに入れる。白練り胡麻を加え、塩、淡口醤油、砂糖を各少量ずつ加えて回す。冷蔵庫で保管する。

◎菊芋きんぴら
1　キクイモは洗い、5㎜ほどの厚さに切る。
2　胡麻油をひいた鍋に1のキクイモを入れて炒める。濃口醤油、味醂で味を調え、タカノツメを加えて香りをつける。冷蔵庫で保管する。

［提供時］

◎菜の花からし醤油
1　菜ノ花を食べやすくざく切りにし、和芥子を混ぜただし醤油で和えて盛りつける。

◎たけのこの木の芽味噌
1　タケノコを薄切りにし、木の芽味噌で和えて盛りつける。

◎ふき梅肉おかか
1　フキを食べやすく2～3㎝に切る。
2　梅肉に削りカツオを混ぜてフキを和える。

◎わらび白和え
1　ワラビを2㎝ほどに切り、白和え衣で和えて盛りつける。

◎菊芋きんぴら
1　盛りつけて供する。

酒肴

旬菜の盛り合わせ　6月

◎いちじく田楽
イチジク（4等分くし形切り）、薄力粉、天ぷら衣（薄力粉、水、卵黄）、揚げ油
田楽味噌（おわん味噌＊100g、日本酒60g、味醂60cc、三温糖30g）
＊信州白糀味噌4：越後赤糀味噌3：麦味噌1：山形中辛味噌（赤）1：仙台辛口味噌（赤）1の割合で合わせたおわん特製味噌。

◎うりの梅おかか
シロウリ、塩水（塩分濃度5%）
梅干（塩分濃度7%）、だし醤油、削りカツオ

◎小茄子の揚げ浸し
小ナス、揚げ油
そばつゆ（だし6：濃口醤油1：味醂1）、赤唐辛子

◎アスパラガスの黒胡麻和え
グリーンアスパラガス
黒胡麻、だし醤油

◎つるむらさきのからし和え
ツルムラサキ、和芥子、だし醤油
白胡麻

［仕込み］

◎いちじく田楽
1　田楽味噌を仕込む。おわん味噌は煮きった日本酒と味醂でのばす。ここに三温糖を加えて混ぜて冷蔵庫で保管する。
2　天ぷら衣を合わせて冷蔵庫で保管する。

◎うりの梅おかか
1　シロウリを螺旋状に切る。塩水に30分間浸けて、しんなりしたら洗濯ばさみで吊るして2時間ほど外で風干しし（雷干し）、冷蔵庫で保管する。

◎小茄子の揚げ浸し
1　小ナスのガクを切りそろえて、縦に包丁を中心まで細かく入れる。
2　冷たいそばつゆに輪切りにして種を抜いた赤唐辛子を入れる。
3　1のナスを180℃の揚げ油で素揚げする。
4　ナスが柔らかくなったら、取り出して油をきり、熱いうちに2に浸ける。冷蔵庫で保管する。

◎アスパラガスの黒胡麻和え
1　アスパラガスを熱湯でかためにゆで、氷水にとって色止めする。6等分に切って、冷蔵庫で保管する。

◎つるむらさきのからし和え
1　ツルムラサキを熱湯で柔らかくゆで、ヌメリ気を出す。氷水にとって色止めする。食べやすく切って冷蔵庫で保管する。

［提供時］

◎いちじく田楽
1　イチジクは皮つきのまま一口大に切り、薄力粉をまぶす。天ぷら衣にくぐらせて、180℃の揚げ油でカラリと揚げる。
2　田楽味噌を上にかける。

◎うりの梅おかか
1　シロウリの雷干しを食べやすい大きさに切る。梅干の果肉を大きくちぎって加え、だし醤油で味を調える。
2　シロウリを盛りつけ、上に削りカツオを添える。

◎小茄子の揚げ浸し
1　そばつゆから取り出し、汁気をきったら盛りつける。

◎アスパラガスの黒胡麻和え
1　アスパラガスをボウルに取り分け、すった黒胡麻をたっぷり、だし醤油を少量加えて和える。

◎つるむらさきのからし和え
1　ツルムラサキを食べやすく切り、和芥子、だし醤油少量で和える。器に盛って白胡麻をふる。

酒肴

ずわい蟹と三つ葉の玉子焼き

卵2個、砂糖・淡口醤油各少量、だし60cc
ズワイガニ（ほぐし身）15g、三ツ葉（ざく切り）3本
サラダ油、大根おろし

［提供時］
1　卵を割ってボウルに入れて溶きほぐし、砂糖、淡口醤油を少量加えてよく混ぜる。ここにだしを加えてしっかり混ぜる。
2　1の卵液にズワイガニ、三ツ葉を混ぜる。
3　玉子焼き鍋にサラダ油を薄くひき、2の卵液を何回かに分けて注いで、だし巻き玉子を焼く。
4　巻き上がったら4等分に切って盛りつけ、大根おろしを添える。

おすすめ

和風ローストビーフとクレソンのサラダ

◎ローストビーフ
牛モモ肉350〜400g、塩・コショウ各適量
タレ（日本酒200cc、味醂50cc、濃口醤油50cc）
◎サラダ
トマト（湯むきしてくし形切り）、ブロッコリー、菜ノ花、クレソン、ワサビ菜、サニーレタス、キンカン
カブ（いちょう切り）、水300cc、砂糖6g、塩12g
醤油ドレッシング

［仕込み］
◎ローストビーフ
1　牛モモ肉は常温に戻し、塩、コショウをふって、熱したフライパンで表面に焼き色をつける。しばらくこのままおく。
2　タレをつくる。まず日本酒と味醂を合わせて火にかけ、アルコールをとばす。火を止めて濃口醤油を加えて冷ます。
3　ジッパー付保存袋（ジップロック）に肉を入れ、タレを注いで空気を抜いて密封する。
4　鍋に湯を沸かす。68〜70℃を保ち、3の肉を入れて1時間加熱する。湯から取り出して、タレと一緒に密封容器に移して冷ます。タレに浸けたまま冷蔵庫で保管する。
◎サラダ
1　葉野菜は水洗いしてちぎっておく。トマトは湯むきしてくし形に切る。カブは皮をむいていちょう切りにし、水300ccに砂糖6g、塩12gを溶かした液に30分間浸けてしんなりさせる。
2　ブロッコリーは小房に分けて熱湯でゆでる。菜ノ花も熱湯でゆでて冷水にとって水気をきる。

［提供時］
1　ローストビーフを取り出して薄切りにする。
2　準備した野菜を醤油ドレッシングで和えて、ローストビーフとともに盛りつける。種を抜いて輪切りにしたキンカンを添える。

おすすめ

温野菜の味噌チーズ

◎温野菜
カブ、カリフラワー、タケノコ（アク抜き済→76頁・国産たけのこ炭焼き）、金時ニンジン、ツボミ菜
◎味噌チーズ
白味噌（石野の白味噌）70g、牛乳100g、とろけるチーズ（シート状）150g、塩少量

［仕込み］
◎味噌チーズ
1　ボウルに白味噌を入れ、牛乳を加えて泡立て器で混ぜる。これを湯煎にかけて温める。
2　温まったらとろけるチーズを入れて混ぜ合わせる。仕上げに塩1つまみを加えて味を調える。密封容器に移して冷蔵庫で保管する。

［提供時］
◎温野菜
1　カブとタケノコはくし形に、ニンジンは輪切り、カリフラワーは小房に分け、ツボミ菜は縦半分に切る。野菜に合わせて、適宜切り方は変える。
2　野菜を蒸し器で蒸して、盛りつける。
◎味噌チーズ
1　味噌チーズを取り分けてボウルに入れ、蒸し器で温めて溶かす。小皿に移して野菜に添える。

おすすめ
鰆の瞬間燻製 岩塩焼き

◎鰆の瞬間燻製
サワラ、塩水（塩分濃度5％）、ほうじ茶、岩塩
◎菜花浸し
菜ノ花、浸し地（一番だし、淡口醤油）

［仕込み］
◎鰆の瞬間燻製
1　サワラは80gの切り身にする。これを5％濃度の塩水に30分間浸ける。ほどよく塩味がつくと同時に生臭さを抑えることもできる。
2　取り出して水気をふき、串を打つ。中華鍋にほうじ茶を敷いて中火にかけて煙をたてる。煙がたったら串を打ったサワラを鍋にわたす。
3　すぐに火を止めて蓋をする。30〜40秒間おいてサワラを取り出す。こうすると必要以上に火が入らずに香りのみを移すことができる。
4　冷凍庫ですぐに冷やし、リードペーパーに包んで冷蔵庫に移して保管。
◎菜花浸し
1　菜ノ花を熱湯でゆでて氷水にとる。
2　一番だしに淡口醤油を加えて浸し地をつくり、菜ノ花の水気を絞って浸け、1日おく。

［提供時］
1　サワラの身に串を打ち、岩塩をふって塩焼きにする。
2　サワラを盛りつけ、菜花浸しの水気をきって食べやすく切って添える。

おすすめ
三河湾直送大あさりの醤油焼き

大アサリ、そばつゆ（→73頁・小茄子の揚げ浸し）
万能ネギ（小口切り）

［提供時］
1　スプーンの柄を大アサリの殻の隙間から差し込んで、2ヵ所の貝柱をはずして、殻を開く。
2　身をはずしたら、殻と身についている砂を流水で洗い落とす。身を半分に切る。

3　殻を網にのせ、そばつゆを注いで炭火で温める。つゆが沸いたら、2の身を1切れずつ入れて火を通す。途中でそばつゆが足りなくなったら追加する。

4　貝に火が通ったら、万能ネギを散らす。器に塩を盛り、上にアサリを乗せて殻を支える。

おすすめ

国産たけのこ炭焼き

タケノコ、煮汁（一番だし15：淡口醤油1：味醂1、追いガツオ）
醤油ダレ＊（日本酒50cc、だし100cc、濃口醤油100cc）
木ノ芽

＊日本酒を火にかけてアルコールを煮きり、だしと濃口醤油を加えて一煮立ちさせたもの。

［仕込み］

1　タケノコを米ヌカと赤唐辛子を入れた水で1時間ほどゆでてアクを抜く。ゆで汁に浸けたまま1晩おいて冷ます。

2　タケノコを取り出して洗い、皮をむく。穂先の方は少し姫皮を残すと盛りつけが映える。

3　煮汁を合わせて火にかけ、沸いたらタケノコを入れて追いガツオをし、10分間ほど煮て火を止める。スッと串が通ればよい。柔らかくしすぎるとタケノコらしさが失われるので注意。鍋のまま冷蔵庫で冷やし、煮汁ごと容器に移して冷蔵庫で保管する。

［提供時］

1　タケノコを取り出して串を打ち、こうばしく炭火で焼く。

2　中まで温まったら、醤油ダレを一刷毛ぬる。

3　くし形に4等分し、器に盛る。木ノ芽を添える。

おすすめ

姫竹の炭焼き

ヒメタケ
おわん味噌（→73頁・いちじく田楽）

［仕込み］

1　ヒメタケは皮つきのまま、水洗いしておく。

［提供時］

1　中火程度の炭火で網焼きする。タケノコをころがしながら、全面を均等に焼く。

2　穂先から水分がにじみ出てきたら、火が通った目安。皮をむいて盛り、おわん味噌を添える。

おすすめ

アボカドの西京焼き

アボカド
西京味噌、味醂

［仕込み］

1　アボカドは半分に切って、種をはずす。皮はつけたままでよい。

2　西京味噌を味醂でのばす。アボカドにぬることができるくらいの濃度が必要。

3　アボカドの断面に2をぬってラップで包み、3〜4日間冷蔵庫におくと味がつく。

［提供時］
1　アボカドの皮をむいて、味噌を洗い、串を打って炭で焼く。
2　串を抜き、器に盛りつける。

おすすめ
大長茄子　炭火焼き

長ナス
長ネギ（軟白栽培・斜め薄切り）、おろしショウガ、削りカツオ

［提供時］
1　長ナスの皮に、縦に3本の切り目を入れて、破裂しないように空気穴を開ける。
2　中火の炭火で全面をこんがり焼く。ナスが柔らかくなったら、ヘタを切り落とし、皮をスッとむく。
3　ナスを6等分に切り、長皿に盛る。水にさらした長ネギを上に盛り、削りカツオをのせて、ショウガを添える。

おすすめ
黒毛和牛の炭焼き

牛ロース肉130g、塩、黒コショウ、オリーブ油
醤油ソース、無塩バター
ズッキーニ（輪切り）、カブ（くし形切り）、赤パプリカ（乱切り）

［提供時］
1　牛ロース肉は冷蔵庫から取り出して切り分け、常温に戻す。
2　肉をボウルに入れ塩、黒コショウをふり、オリーブ油をまぶす。
3　強火の炭火で肉の全面を焼く。この段階では中はまだレア。火からおろしてアルミホイルに包んで室温に10分間おいて余熱で火を入れる。
4　この間に野菜を炭火で焼く。野菜に火が入ったら盛りつけ、3の肉を切り分けて盛り合わせる。
5　醤油ベースのソースを温め、無塩バターをたっぷり溶かし込んで濃度をつける。4にかけて供する。

ホタテ貝と大根のクリームコロッケ

◎クリームコロッケ
ホタテ貝柱（角切り）6個、ホタテ缶詰2缶（250g）、玉ネギ（粗みじん）1個、ベシャメルソース*、ダイコン（粗みじん）250g、マッシュルーム（5㎜のスライス）110g、カブの葉**（細かく刻む）60g、無塩バター適量
薄力粉、溶き卵、パン粉、揚げ油
◎サラダ
ワサビ菜
オリーブ油、塩

*無塩バター80gを溶かし、強力粉80gを入れて木ベラで炒める。粉がサラサラになってきたら、冷たい牛乳を700cc加えてよく混ぜて練る。塩、白コショウで味を調え、なめらかに仕上げる。密封容器に入れ、落としラップをかけて保管。
**ダイコンの葉があればこれを使用する。

［仕込み］
◎クリームコロッケ
1　玉ネギ、ホタテ貝柱、ホタテ缶詰（汁ごと）を鍋に入れて火にかけて煮詰める。

2　1にベシャメルソースを合わせてよく混ぜる。
3　ダイコン、マッシュルームを無塩バターでよく炒めて、2の中に入れてよく混ぜる。
4　塩、コショウで味を調えて、バットなどに移して落としラップをして冷蔵庫で冷やす。
5　カブの葉を混ぜて俵型に成形し、薄力粉をまぶし、溶き卵にくぐらせてパン粉をつける。再度卵にくぐらせてパン粉をつけて1個ずつ冷凍する。

◎サラダ

1　ワサビ菜を洗って水気をきり、冷蔵庫で保管。

［提供時］

1　クリームコロッケを冷凍庫から取り出し、170℃に熱した揚げ油で揚げる。浮いてきたら串を刺して唇にあてて中の温度を確認する。
2　ワサビ菜を食べやすくちぎり、オリーブ油と少量の塩で和える。
3　クリームコロッケを盛り、サラダを添える。

おすすめ

青豆豆腐とかますのお椀

◎かます塩焼き

カマス、塩

◎青豆豆腐

グリーンピース（粒）120g、本葛粉30g、水300cc、塩少量

◎つけ合せ

ワラビ、浸し地（だし180cc、淡口醤油5cc）、吸い地（だし、淡口醤油、味醂）、生ワカメ、木ノ芽

［仕込み］

◎かます塩焼き

1　カマスを三枚におろし、骨を抜いて6切れに切り分けておく。冷蔵庫で保管する。

◎青豆豆腐

1　グリーンピースを塩ゆでし、氷水にとって薄皮をむいて裏漉しする。
2　本葛粉、水を混ぜ合わせる。漉してダマを除き、鍋に入れて火にかける。とろみがついて透明感が出てきたら1を加える。
3　よく混ぜたのち塩を加え、粉気がなくなるまで弱火で10分間ほど練る。
4　流し缶に流して、粗熱をとり、ラップフィルムをぴったりと落として乾かないようにし、冷蔵庫で冷やし固める。
5　お椀の大きさに合わせて角に切り分けておく。

◎つけ合せ

1　ワラビは密封容器に入れて、木灰か重曹をふる。ここにグラグラと沸かした熱湯を注いで蓋をして冷めるまでおく。アク抜き完了。
2　ワラビを洗い、浸し地に浸けて味を含ませる。
3　生ワカメは食べやすく切っておく。

［提供時］

◎かます塩焼き

1　カマスに串を打って塩をふり、炭火でふっくらとこうばしく焼く。

◎青豆豆腐

1　バットに取り分けて蒸し器で温め、椀に盛る。

◎つけ合せ

1　ワラビを吸い地で温める。
2　青豆豆腐にワラビを添え、カマスを盛る。1の吸い地を注いで、木ノ芽を飾る。

おすすめ

とうもろこしの天婦羅

トウモロコシ
薄力粉、天ぷら衣（薄力粉、水、卵黄）、揚げ油、塩

［仕込み］

1 トウモロコシは皮をはぎ、手で粒をはずす。
2 天ぷら衣を薄めに溶いておく。

［提供時］

1 トウモロコシの粒に薄力粉をまぶし、天ぷら衣を少量加えて混ぜる。1粒ずつをコーティングするような感じで。
2 揚げ油を180℃に熱し、1をテーブルスプーンですくって一口大にまとめて落とす。
3 1分半から2分間ほど揚げて取り出し、油をきって塩をふる。

おすすめ

金目鯛のかぶら蒸し

キンメダイ（切り身）20g、塩
カブ（すりおろし）、キクラゲ（せん切り）、ギンナン（粗みじん切り）、金時ニンジン（せん切り）、メレンゲ（カブの）1／10量
生姜餡（だし180cc、淡口醤油5cc、味醂5cc、水溶き葛粉適量、ショウガ汁少量）
木ノ芽

［仕込み］

1 キンメダイは三枚におろす。
2 野菜類を準備する。カブはすりおろし、そのほかの野菜は細かく刻む。

［提供時］

1 キンメダイは1枚20gの切り身にする。それぞれの切り身に赤い皮目をつけて切り分ける。
2 おろしたカブに好みの量のキクラゲ、ギンナン、金時ニンジンを混ぜ、ツノが立つくらい卵白を泡立てたメレンゲをさっくり加える。
3 キンメダイに塩をふりバットなどに並べ、上に2をのせて、15分間を目安に蒸して椀に盛る。
4 生姜餡をつくる。だしに、淡口醤油、味醂を加えて熱し、水溶き葛粉を加えてとろみをつける。
5 火を止めてショウガの絞り汁をたらす。かぶら蒸しの上に生姜餡をたっぷりかけて供する。木ノ芽をあしらう。

珍味

カマンベールもろみ味噌漬け

カマンベールチーズ（小）
もろみ味噌

［仕込み］

1 ラップフィルムにもろみ味噌をのせて、ホールのカマンベールチーズを押しつけて広げる。その上に味噌をのせ、さらにカマンベールチーズをのせる。これを3段ほど重ねる。
2 チーズの側面にもろみ味噌をぬってラップフィルムで巻いて冷蔵庫で1週間以上おく。

［提供時］

1 アルミホイルの上に取り出したカマンベールをのせ、炭火で温める。
2 一口大にカットしてもろみ味噌をのせる。

ごはん物

金目鯛と山菜の炊き込みごはん

キンメダイ（切り身）1枚60g
タケノコ（→76頁・国産たけのこ炭焼き）、煮汁（だし12：淡口醤油1：味醂1）
ワラビ（アク抜き済）、ナメコタケ
米150g、炊き地（一番だし180cc、淡口醤油5cc、味醂5cc）
木ノ芽

［仕込み］

1　米を研いでザルに上げておく。30分間程度おけばよい。

2　タケノコはアクを抜く。煮汁の材料を合わせてタケノコを煮含める。

［提供時］

1　土鍋に研いだ米を入れて、炊き地を注ぐ。キンメをのせて火にかける。最初は強火にかけ、沸いたら弱火に落として15分間炊く。

2　15分間たったらナメコタケ、2～3㎝に切ったワラビ、薄切りのタケノコを入れて10分間蒸す。

3　火を止めてご飯を切り混ぜ、木ノ芽を添えて供する。

ごはん物

お茶漬け　塩きり鰹

塩きりカツオ（薄切り）4切れ
ご飯、だし、淡口醤油
ぶぶあられ、三ツ葉（ざく切り）、ワサビ

［提供時］

1　ご飯を丼に盛り、骨を抜いて薄切りにした塩きりカツオをのせ、ぶぶあられ、三ツ葉を散らす。

2　淡口醤油で薄味をつけた熱いだしをかける。

3　蓋の裏におろしワサビを盛り（蓋をしても落ちない）、蓋をして提供する。好みで蓋に付けたワサビを添えて食べる。

ごはん物

チャーシュー丼

◎チャーシュー
豚バラ肉（20㎝長さのブロック）1枚
日本酒２００cc、ショウガ（スライス）5～6枚、長ネギ（青い部分）たっぷり、水
タレ（日本酒３５０～４００cc、濃口醤油1リットル、三温糖３５０g）

ご飯
白髪ネギ、万能ネギ、白胡麻、海苔

［仕込み］

◎チャーシュー

1　豚バラ肉を端からきつく巻いて筒状にして、タコ糸で結わく。

2　フライパンでころがしながら表面をカリッと焼く。濃いめの焼き色がついたら、圧力鍋（8リットル容量）に移す。

3　日本酒、ショウガ、長ネギの青い部分を入れ、水を上まで注いで蓋をし、火にかける。沸いたら弱火にして3時間煮る。

4　3の蓋をはずし、串を刺してみて、スッと通ったら水気をきる。

5　タレの材料を合わせて火にかけ、砂糖を溶かす。ここに4の豚バラ肉を入れて火にかけ、沸いたら火を止めて2時間このままおく。豚バラ肉を返してさらに2時間おいて、味をしみ込ませる。チャーシューの完成。

6　ラップフィルムでチャーシューをきっちり包んで、冷蔵庫で保管する。

［提供時］

1　チャーシューを1㎝厚さに切り、タコ糸をはずして、炭火で両面を網焼きする。

2　小丼にご飯を盛り、タレを煮詰めたものをかける。1のチャーシューをのせて、白髪ネギを天に盛り、万能ネギ、白胡麻、ちぎった海苔を散らす。

まず「店の看板になるメニュー」を持とう

飲食店にとってもっとも重要なことの一つに「看板商品を持つこと」がある。看板商品とは文字通り、それをめざしてお客さまが来店するメニューのことだ。その店を象徴するメニューといいかえてもいいだろう。

英語ではこれを「シグネチャーアイテム」という。シグネチャー（signature）のもともとの意味は「署名」だが、そこから転じて「とっておき」とか「特製」という意味にも使われる。つまり、署名を入れられるほど自信があり、おすすめできるメニューであるということだ。

そして同時に、お客さまもその価値を認めているのが看板商品である。あの店に行ったらこれを注文しようというように、お客さまの頭の中で店とメニューがはっきりと結びついていること。これが看板商品の条件となる。

看板商品を持つことの意義やメリットは、大きく二つ挙げることができる。

一つは先述したように、それがお客さまにとって明確な店のイメージとして浸透することである。飲食店の競争が激しい時代といわれるが、これを消費者の側から見れば選択肢がきわめて豊富であるということだ。そこで〝選ばれる店〟になるには、お客さまの頭にすぐ浮かぶイメージが必要になってくる。つまり看板商品の存在が明確な来店動機に結びつくのである。

もう一つは経営面でのメリットだ。看板商品とはすなわち「よく売れるメニュー」のことだが、いいかえれば出数を読めるメニューということでもある。飲食店の仕込みは予測に基づいて行なうものだが、それが非常にやりやすくなる。食材発注についても同様であり、よく売れる看板商品があることで食材ロスがおさえられ、原価率が安定してくるのである。

さらに見逃せないのは、看板商品の存在が調理技術のレベルアップにつながるということだ。出数が多いということは、調理する頻度が高いということ。何度もくり返し調理することで作業の習熟度が上がり、段取りもよくなる。それによってメニューの品質のブレがなくなるから「いつ行っても変わらずおいしい」という評価をいただくことになるのである。

本書で紹介した事例でも、それぞれ独自のやり方で看板商品づくりに取り組んでいる。たとえば「鈴しろ」のおでん。だしにこだわるという店の姿勢を象徴する商品であり、鍋から立ち上るだしの香りが店のイメージにもなっている。あらかじめ仕込んでおけるので提供時の作業負担も少ない。いろいろな意味で、看板商品たる条件を備えているメニューといえよう。

看板商品づくりで大事なのは「つくったら終わりではない」ということだ。素材や調理法を見直すなどでレベルアップを図っていくことが重要である。つまり、内容をつねに進化させていくこと。それを続けていってはじめて「変わらぬおいしさ」をお客さまに届けることができる。

店名／星火
店主／眞形賢吾

住所／東京都目黒区自由が丘1-21-4　J121ビル1階・B1階
電話／03-6421-4328
営業時間（L.O.）／1階星火　昼11：30～14：30（L.O.14：00）
夜18：00～23：30（L.O.23：00）
定休日／水
B1階燎原　平日・祝23：30～5：00（L.O.4：30）
定休日／無休
開店年／2010年（2017年にB1階増床・深夜営業の燎原営業開始）
店舗規模（坪）／1階20坪、B1階20坪
客席数／1階22席、B1階28席
（カウンター8席、テーブル16席、個室4室22席、テラス4席）
従業員数／1階厨房3名、サービス5名（1階2～3名、B1階2～3名）
料理価格／700～3500円
酒／日本酒23種、焼酎11種、ワイン13種、他
客単価／夜7000円、昼1300円、深夜3000円
食材原価率／33％（目標30％）
ドリンク比率／星火44％、燎原50％
酒の価格の決め方／原価の3倍

食べたいものが必ずあるメニュー

「星火」のメニューを初めて見たお客さまは、そのラインアップの豊富さに驚くだろう。「何にしようか」ではなく、「これもあれも」という気にさせてくれる。

グランドメニューは「肴」「蒸し野菜・サラダ」「燻製」「炭火焼」、変り種の「馬肉」と「ダチョウ肉」、そして「一品」「一人鍋」「御食事」「甘味」という構成。さらに、豚骨と丸鶏でとるスープ

サク取りした魚は木箱に入れて保管。仕込みを終えた刻み野菜や煮炊きものは、塗りの箱に入れて保管。密封容器よりも美しく見える。

を店内で仕込む本格的なラーメンも用意している。

このほかに日替わりメニューがあるが、こちらは「刺身」「一品」「炭火焼き」「石焼」「一人鍋」「土鍋御飯」というラインアップだ。グランドメニューと日替わりメニューでおよそ100品を用意している。

メニュー数だけを見ればチェーン系の居酒屋にも匹敵するものだが、もちろん数が多いだけではない。店主の眞形賢吾氏はこう語る。

「めざしているのは『食べてみたいものが必ずある』というメニューです。何でもそろうのではなく、ちょっとスペシャルで、食べたいものがそろっていること。しかもすべてが専門店クラスのレベルの料理でなければならない。中途半端なレベルでは、いろいろあっても結局なにもない店になってしまいますから」

そうした料理をそろえたうえで、提供法はお客さまの立場に立って考える。料理はどれも2人前を基本としているため、1オーダーを2皿に分けて、1人前ずつ提供している。仕事関係や接待客などは、このようなスタイルで提供しないとなかなか料理に手をつけてもらえないためだが、料理をよりよい状態で提供するためでもある。盛合せの刺身が1枚だけ残ってしまい、どちらのお客さまも手をつけづらい状況になると器も下げられない。提供ペースが乱れてしまうし、なにより提供した料理をおいしく食べてもらえないことを避けたかったのだという。

修業中から理想の店づくりが頭に

眞形氏は静岡県三島市出身。実家は居酒屋を営んでいた。将来は家業をつぐことになるだろうと、高校卒業後、服部栄養専門学校で調理師免許を取得。その後、「雑魚万」というふぐ料理専門店、西麻布の「坊」というダイニングレストランの走りのような大型店で和食の修業を積んだが、両店ともカウンターに出てお客さまと接する機会はほとんどなかった。

1階はカウンター席とテーブル席、個室1室の計22席。テーブル席のフロアは一段低くなっている。高低差によって客席の雰囲気を変えている。

将来を見据えてどうしてもカウンターサービスを経験したくなり、まったく畑違いのラーメン店に移る。もともと大のラーメン好きだったこともあり、2年間修業を積んでラーメンの仕事をしっかり覚えた。いずれ三島に帰ることになるので、東京にいるうちにいろいろなことを覚えておこうという考えがあったし、半分腰掛け気分であったことも事実である。しかしこれが今の「星火」に役立つことになったわけだ。

ところが、そろそろ三島に帰ろうかと考えていた矢先、実家の店は事情により閉店してしまう。そこで眞形氏は方針転換し、東京で独立することを決めた。ラーメン店を辞め、自分が将来店を出すならばこんな店を持ちたいと思った東京・渋谷の日本料理店「食幹」のオープン時に入社し、3年間和食の修業を積む。ここでやっと念願であったカウンターでの和食の仕事ができるようになったわけである。

「食幹」での修業時代中、独立したときのために、すでに自分なりの店の設計図を描いていた。「とにかく従業員が働きやすい店にしたいというのが一番」という考えのもと、厨房に関しては設備から寸法まで完璧に理想とする画が描けていた。もちろん物件も決まっていないわけだが、冷蔵庫の高さや、ガスレンジとカウンターの通路の幅やシンクの大きさなど、細かいところまで理想の形が出来上がっていた。

スープ用のガスレンジも厨房の角に設置する計画だった。これはもちろん、独立したらメニューに入れようと考えていたラーメンのための設備。品揃えを含めて、詳細な計画が眞形氏の頭にはあったわけだ。

増床で深夜のニーズも取り込む

「食幹」の修業を経て、東京・自由が丘に「星火」を開店したのが2010年のこと。自由が丘は人気のスイーツショップや雑貨店、カフェなどおしゃれな店が多く、高級住宅街を背後に控える魅力的な街だ。駅からかなり距離がある立地だが、眞形氏は集客面についてあまり心配はしなかったという。

SNSや食べログなどの口コミで着実に売上げをのばしていったが、そのうちに売上げの天井が見えはじめる。そこからさらにのばすために、2017年4月に増床に踏み切ったのだが、この経緯がおもしろい。

もともとは斜め向かいにある物件に移転することになっていたが、交渉の最終段階で折り合わず契約を断念せざるを得なかった。そんなときに星火の地下で営業していたバーが閉店するという話が舞い込む。それならばバーを買い取ってリノベーションし、星火の一部門にしようと考えたのである。眞形氏がこのバーの常連であったため、話はスムーズにまとまった。バーのオーナーは引き続きここで働くこととなり、バーの常連客もそのまま引き継がれた。

こうして星火は50席という大型店となった。ランチとディナーは1階と地下の2フロアで営業、深夜は地下のみで営業し、「星火」から「燎原」に店名が変わる。厨房スタッフは眞形氏を含めて3名。ランチ、ディナー、深夜と2フロアの店内

ラーメンのスープ用の大きな寸胴鍋。あらかじめガスコンロも寸胴をかけることを想定して、1階と地下1階の各フロアに設置。

地下1階。ランチとディナーは「星火」、深夜は「燎原」と店名を変える。フロアはカウンター席、テーブル席、個室で構成。なお、カウンター席は「燎原」の営業時のみ使用。

1階

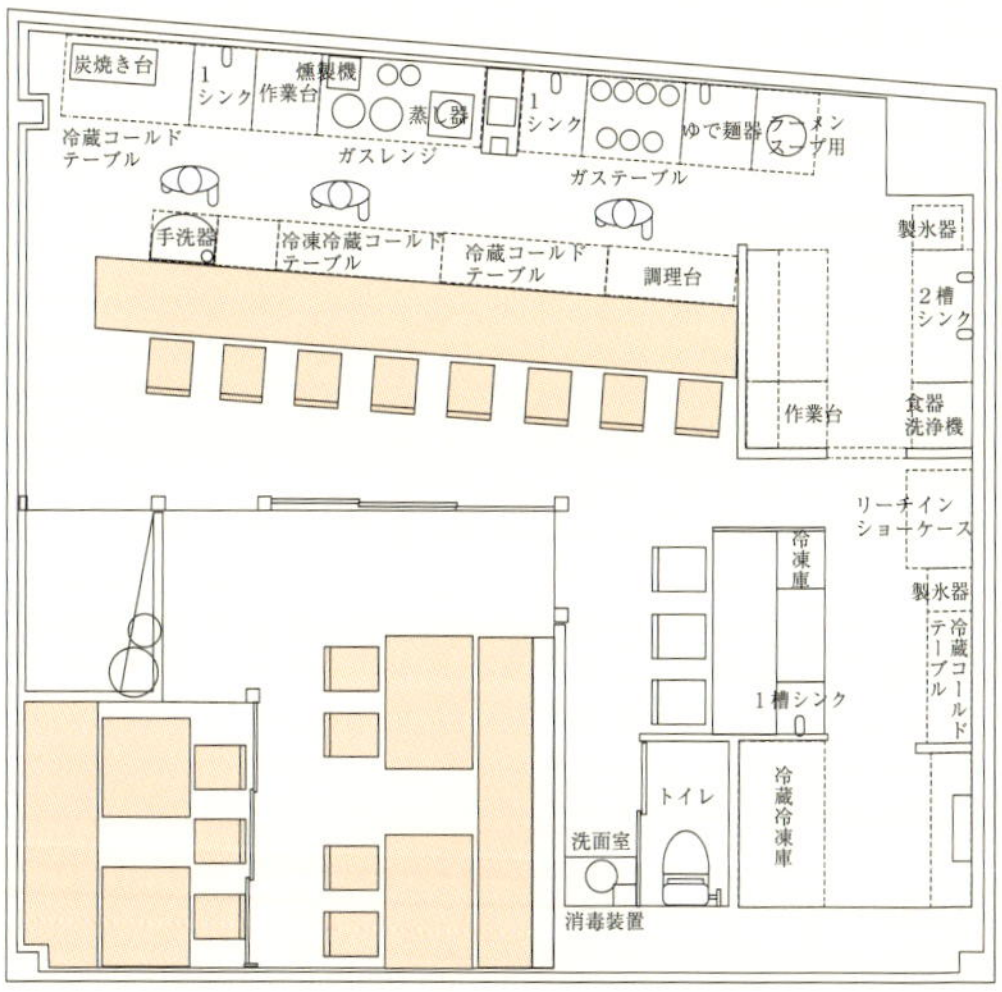

1階と地下1階の2フロア構成。幅広いメニューに対応するためにコンロも各種そろえる。調理のメインは1階。1階の加熱調理機器は向かって左から炭焼き台、燻製器、煮炊き物や蒸し器のためのコンロ5口、1人鍋用の小口のコンロ7口、ゆで麺器、ラーメンスープ用大型コンロ1口など。2ヵ所に設置したガスレンジの隣にはそれぞれパンシンクを設置している。

1階奥のカウンターでサービス担当がドリンク類を準備する。カウンター内には日本酒用の冷蔵庫を配置。地下1階は個室3室とカウンター席、テーブル席、テラス席で構成。こちらにもラーメンスープ用の大口コンロ2口、ゆで麺器などを設置している。カウンター席奥には、表扉が開閉できる埋め込み式のダーツが。これは深夜の「燎原」で利用するための設備。

地下1階

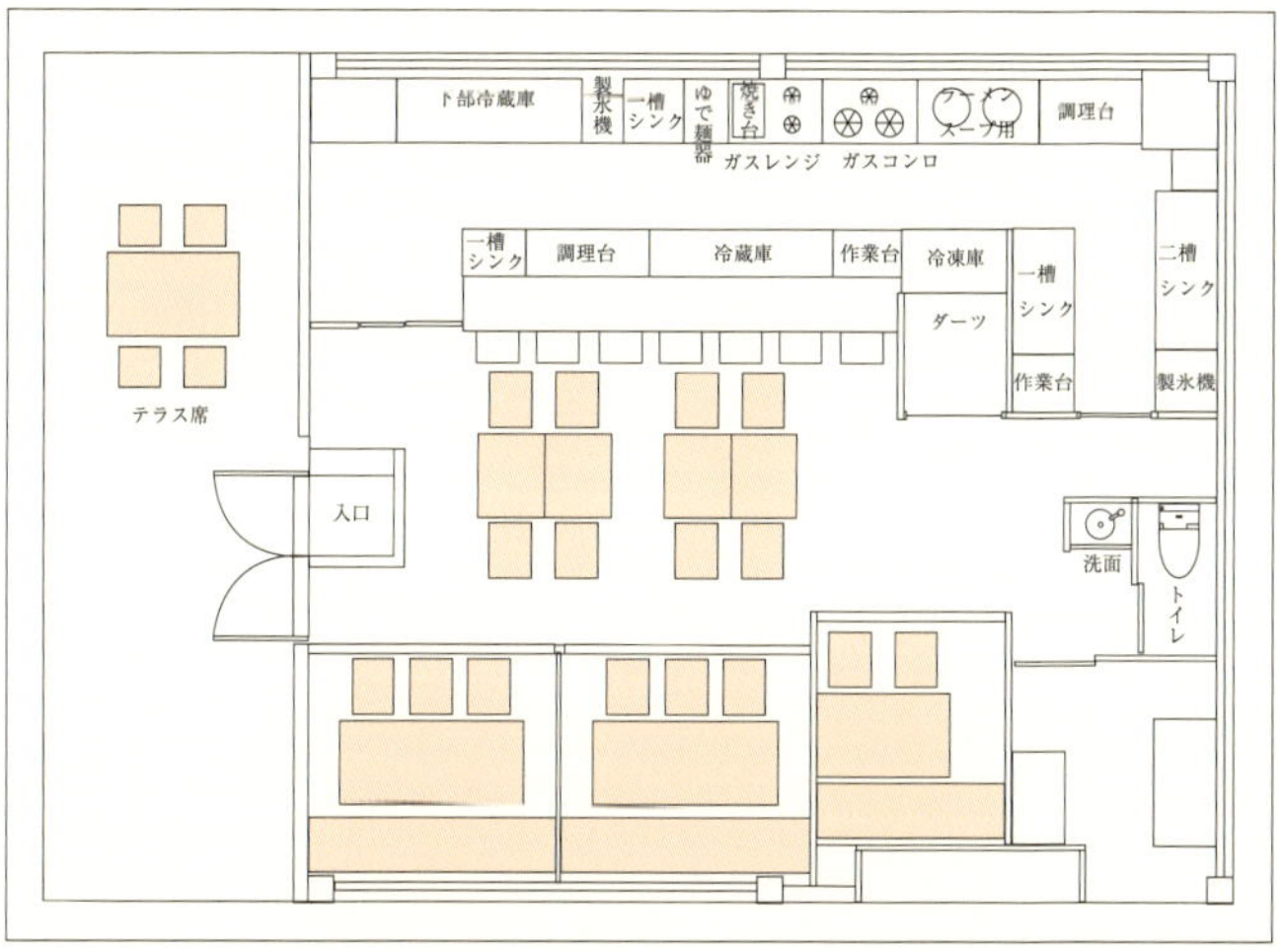

はフル回転する。

「自由が丘という土地柄か、とくに週末に予約が殺到し、お断りしなければならないケースが多かった。フロアを増やしてみてはじめて、今までどれだけのお客さまを逃していたのかわかりました」

現在1階は連日満席、週末は1階、地下1階ともつねに満席となる繁盛ぶりだ。増床後はスタッフの負担を考え、石焼や一人鍋といった比較的仕込み仕事が少ないメニュー数を増やしている。

ところで、思いがけない形ではじめた深夜営業だが眞形氏はもともと、この近辺に深夜営業の飲

1階個室は6席。最大7名着席可能(上)。
メインのカウンターの右側にはドリンク専用カウンターがある。この奥に日本酒用の冷蔵庫を配置(右)。
店主の眞形賢吾氏。山海の豊かな自然に恵まれた三島出身(左)。

食店がなかったことに着目していたという。

「飲食店で働く人たちが、仕事を終えたあと一息つける店のニーズは、必ずあるはず」と考えていたのだ。

そこで地下では、ディナーから深夜営業に切り替えるにあたって流す音楽を変えるとともに、スタッフのユニフォームも変え、照明を落とした。隠し扉を開けるとダーツゲームができる設備も設けた。この狙いが見事に的中して、少しずつ深夜の客数が増えてきた。

増床によって「星火」の客数が増え、経営面で余裕が出てきたことからノドグロやクロマグロなどの高級食材を使った単価の高い料理を導入。従来の5000円、6000円のコース価格に8000円のコースを新たに組み込んだことで、さらに売上げは上昇してきた。

「星火」と「燎原」を合わせた売上げ目標は月商1300万円。これもあと少しで達成できそうだと眞形氏は語る。

写真上段左：料理メニューとドリンクメニュー。色違いの冊子で用意。
写真上段右：当日のおすすめメニューは冊子とは別に用意。
写真下段右：グランドメニューは冊子にまとめる。料理のジャンルごとに分けて記載。一人鍋や炭火焼、燻製などスペシャルなメニューを用意。
写真下段左：日本酒を中心に、各種ドリンクをそろえる。日本酒はわかりやすいようにラベルとそれぞれのタイプを書き添えている。半合（90cc）と1合の価格を表示。

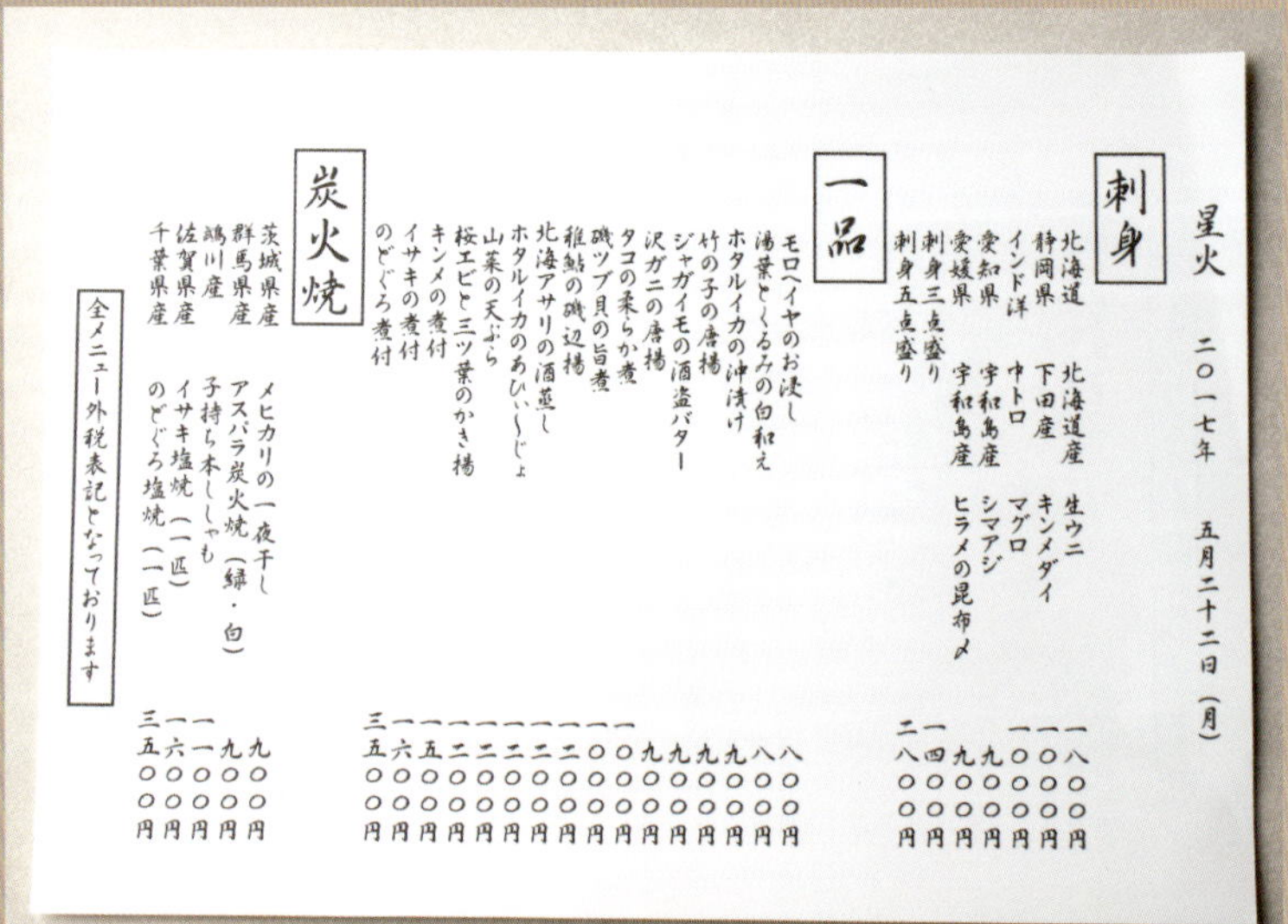

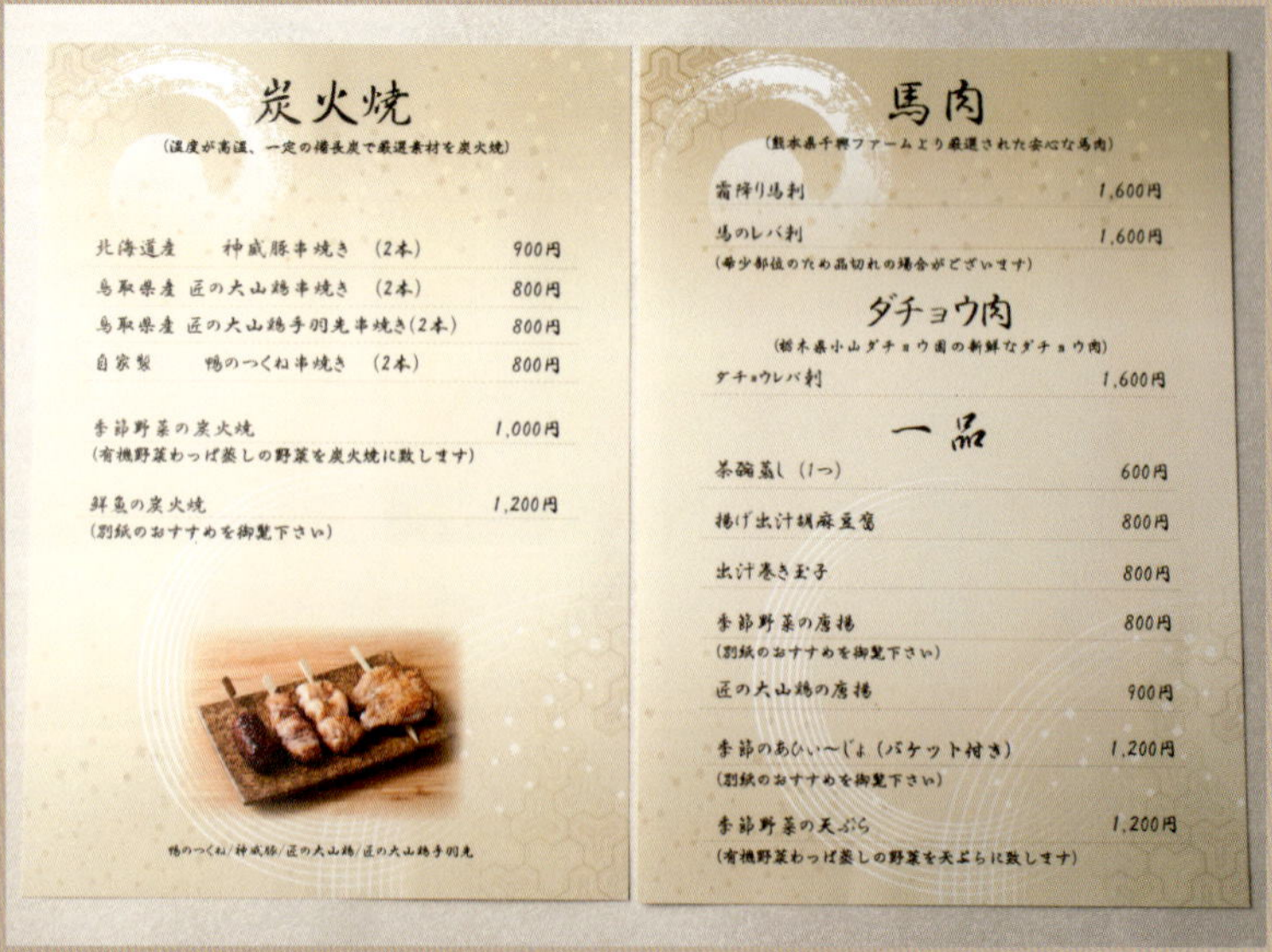

酒肴

燻製の盛り合わせ

定番の盛り合わせ。誰にでも味が想像しやすくわかりやすい素材を選んで燻製にした。このほかに変わり種のフォワグラなどを用意。

料理解説97頁

一品

もずくの酢の物

酢まで飲みほせるように、だしで割って酸味を和らげたもずく酢は、酢の物全般に使っている。ナガイモやエビなどを盛り合わせて、モズクをグレードアップした。

料理解説97頁

一品

夏野菜の土佐酢ジュレ

涼しげな白いハモの落としにトマト、ゴーヤなど夏野菜をいろどりよく合わせ、ジュレに寄せた土佐酢をかけた。野菜類は色鮮やかに仕上げたいので、加熱したら鍋ごと氷水で冷やして色止めする。

料理解説97頁

一品

揚げ出し胡麻豆腐

かたくなりがちな胡麻豆腐は、揚げ出しとしてメニューに。プチッとした食感を出すために、すり胡麻を加えて練り上げた。まとめて仕込み、切り分けて冷凍保存もできる。

料理解説98頁

一品

湯葉とくるみの白和え

白和え衣は、マスカルポーネチーズを加えてコクをつけ、ミキサーにかけてなめらかに仕上げる。生湯葉と一体となって、とろけるような白和えに。

料理解説98頁

一品

マダイ兜香草バター焼き

タイの頭のアラ煮をバターと香草で洋風に仕立てた。タイ以外の白身の魚でも応用できる献立。バターと香草は最後に入れて香りをたたせる。

料理解説99頁

一品

ハマグリの天ぷら
タラの芽の化粧揚
ホタルイカの磯辺揚

春の食材を天ぷらに。衣には小麦粉ではなく米粉を使うと、長時間サクッとした食感を保つことができる。米粉の天ぷら衣は、あらかじめ水と米粉を同量ずつ混ぜ合わせて仕込みおきができるし、揚げ上りのブレも少ない。

料理解説99頁

一品

桜エビと三つ葉のかき揚

生のサクラエビは出回る季節が限られるので、大量に仕入れたら、店で素揚げにして保管し、かき揚げのほか、ご飯などさまざまなメニューに活用している。素揚げしてあるので、オーダー後短時間で火を入れることができる。料理解説100頁

一品

稚鮎の磯辺揚　沢ガニの唐揚

見た目も、少し苦みの効いたアユの味も夏らしい初夏の揚物。サワガニは食中毒がおきやすいので、生きているものを仕入れ、しっかり時間をかけて揚げることが欠かせない。

料理解説100頁

一品

夏の煮物

合鴨とエビに丸ナスやトウガンなどの夏野菜を盛り合わせた、温かい夏の煮物。ナスは油がよく合うので、煮る前に揚げて、皮の美しい色を生かして仕上げる。　料理解説101頁

一品

ホタルイカのあひ〜じょ

アヒージョの和風仕立て。アンチョビを酒盗にかえ、塩昆布を加えた。ホタルイカは加熱しすぎると破裂してしまうので、グラッときたらすぐに火からおろして提供する。ホタルイカのほか、ツブ貝やシラスなどでアレンジできる。料理解説101頁

石焼

黒毛和牛の焼きしゃぶ

お客さまが各自テーブルで調理するメニュー。フロアーを増床してから、セルフメニューを増やした。焼きしゃぶは、サッと焼いたサーロインでネギを巻いて食べていただく。このほかに牛タンや豚肉の薄切りなども、焼きしゃぶとして提供している。料理解説102頁

一品

のどぐろ煮付

甘辛い煮付は脂ののった魚によく合う。ノドクロのほかに、キンキやキンメ、イサキなど、脂がのった旬の魚を使っている。 料理解説102頁

一品

真鯛の蕪蒸し

雪どけをイメージした早春の料理。カブは鬼おろしを半分合わせて、歯応えを生かした。生海苔餡は、だしにとろみをつけてから最後に加えると色鮮やかに仕上がる。 料理解説102頁

一人鍋

鴨のつくねとろろ鍋

鴨つくねは軟骨挽きを加えて食感にアクセントをつけた。下ゆでせずに煮込むと、肉の旨みが割下に溶け出す。

料理解説103頁

一人鍋

カキのクリーム鍋

季節感のある素材を使った鍋が人気。生クリームの割下にカキの旨みが溶け出て、クラムチャウダー風に楽しんでいただける秋から冬の鍋。

料理解説103頁

御食事

桜エビと山菜の土鍋御飯

山菜は素揚げすると苦みやアクが旨みに変わり、油分でご飯にコクを与えてくれる。山菜は色よく提供したいので、炊き込まずにのせるのみ。

料理解説104頁

御食事

大山鶏の土鍋リゾット

米に少し芯が残るように、炊き込みご飯よりもやや短めの時間で炊き上げる。大山鶏のほかに、生クリームに合うキノコやサクラエビなどのリゾットも人気。

料理解説104頁

御食事

鮭イクラ土鍋おこわ

サケとイクラは、もっちりと粘りのあるもち米が合う。イクラは醤油に浸けてから2～3日間のうちに使いきること。

料理解説104頁

御食事

星火ラーメン

塩味と醤油味の2種類から選択。ランチタイムにはこの星火ラーメンが人気。卵白を練り込んだ細めのザクザクとした食感の麺がコクのあるスープによく合う。 料理解説105頁

御食事

燎原ラーメン

牛挽肉入りワンタンが人気の「燎原ラーメン」は「星火ラーメン」と共通の醤油ベース。スープ材料の牛スジ肉は、途中で取り出し、チャーシュー地で煮てトッピングに。ランチでも人気のメニュー。 料理解説106頁

星火　料理解説

燻製

燻製の盛り合わせ

チェダーチーズ、ホタテ貝柱、サーモン（薄切り）、ウズラの卵、塩、チャーシューの煮汁（↓105頁・星火ラーメン）、桜のチップ
たまり醤油

［仕込み］
1　チェダーチーズは角に切りそろえる。
2　サーモンは薄くそぎ切りにしておく。
3　ウズラの卵を水からゆでて、沸騰後2〜3分間加熱して殻をむく。チャーシューの煮汁に40分間浸けて下味をつける。

［提供時］
1　燻製器（ｗａｋｕｉ製）に桜のチップを入れて煙をたて、チェダーチーズ、軽く塩をふったホタテ貝柱、串に刺したウズラの卵、塩をふったサーモンを入れて5分間燻す。
2　それぞれを盛り合わせ、たまり醤油をディスペンサーで細くたらす。

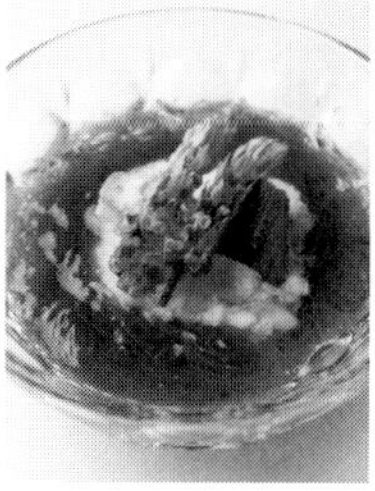

一品

もずくの酢の物

モズク、もずく酢（だし１０８０cc、味醂１８０cc、淡口醤油１８０cc、酢２７０cc、砂糖１８０cc）
ナガイモ（すりおろし）、酢
サイマキエビ、揚げ出し地
もろキュウリ（蛇腹）、塩水（塩分濃度５％）
花穂紫蘇

［仕込み］
1　もずく酢の材料を合わせて火にかけ、一煮立ちしたら火を止めて冷ましておく。
2　モズクは広げてゴミなどを取り除き、ざっくりと切って洗う。水気をきり、もずく酢に浸けて冷蔵庫で保管する。
3　ナガイモは皮をむいてすりおろしておく。酢を少量加えて褐変を防ぎ、冷蔵庫で保管する。
4　サイマキエビは背ワタを抜いて塩ゆでする。取り出して容器に移し、冷たい揚げ出し地を注いで冷蔵庫で保管する。
5　もろキュウリは蛇腹に包丁を入れて一口大に落とし、塩水（塩分濃度５％）に浸けて冷蔵庫で保管する。

［提供時］
1　モズクともずく酢を器に盛り、ナガイモ、サイマキエビ、蛇腹キュウリを盛り合わせる。花穂紫蘇を添える。

一品

夏野菜の土佐酢ジュレ

ハモ
夏野菜（ゴーヤ、オクラ、トウガン、ヤングコーン、プチトマト）、揚げ油、揚げ出し地（↓98頁・揚げ出し胡麻豆腐）
土佐酢ジュレ（だし４００cc、味醂１００cc、淡口醤油１００cc、酢１００cc、粉ゼラチン20g）

［仕込み］
1　ハモをおろして、骨切りをし、一口大に切り落とす。
2　皮目のみをバーナーであぶってクセを抑えたのち、湯をかけて霜降りをして身を開く。容器に移して冷蔵庫で保管する。
3　ゴーヤは半分に割って種を取り除き、１cmに切りそろえる。１７０℃の揚げ油で揚げて取り出し、揚げ出し地でサッと煮る。鍋のまま冷ましたのち、容器に移して冷蔵庫で保管する。
4 オクラは熱湯でゆでたのち、合わせた揚げ出し地でサッと煮て、鍋のまま冷ましたのち、容器に移して冷蔵庫で保管。
5 トウガンは緑色のかたい表皮をむき、柔らかくなるまで下ゆでする。熱した揚げ出し地で5分間程度サッと煮て、そのまま冷まして味を含ませ冷蔵庫で保管する。
6 ヤングコーンは皮をむき、生米（分量外）を入れた湯で下ゆでする。米を入れないとアクが回って黒ずんでしまう。揚げ出し地を熱し、5分間程度サッと煮て、そのまま冷まして味を含ませ、容器に移して冷蔵庫で保管する。
7 プチトマトは皮を湯むきし、揚げ出し地でサッと煮る。鍋ごと冷まし、容器に移して冷蔵庫で保管する。

◎土佐酢ジュレ

1 土佐酢の材料を合わせて温める。ここに水でふやかした粉ゼラチンを加えて溶かし、沸騰寸前で火を止める。
2 容器に移して冷蔵庫で冷やし固める。固まったらミキサーにかけてくずし、冷たいだし（分量外）を加えてのばして混ぜておく。容器に移し、冷蔵庫で保管する。

［提供時］

1 ハモを盛り、夏野菜の地をきって器に盛り合わせ、土佐酢ジュレをかける。

一品

湯葉とくるみの白和え

生湯葉、クルミの素揚げ＊
白和え衣（絹漉し豆腐2丁、砂糖30g、塩4g、マスカルポーネチーズ25g）
よりニンジン、ラディッシュ

＊クルミを170℃の揚げ油で素揚げしたもの。

［仕込み］

1 白和え衣をつくる。絹漉し豆腐はしっかり押して水気を抜く。
2 ミキサーに絹漉し豆腐、砂糖、塩、マスカルポーネチーズを入れて回して、なめらかに仕上げる。容器に移して冷蔵庫で保管する。

［提供時］

1 生湯葉を白和え衣で和え、クルミを混ぜる。
2 器に盛りつけ、薄切りにしたラディッシュとよりニンジンをあしらう。

一品

揚げ出し胡麻豆腐

◎揚げ出し胡麻豆腐

胡麻豆腐（昆布だし900cc、葛粉68g、ワラビ粉65g、白練り胡麻130g、白すり胡麻130g、日本酒180cc、淡口醤油15cc、塩5g）
片栗粉・揚げ油各適量

◎揚げ出し地・薬味

だし1440cc、淡口醤油90cc、味醂90cc
糸がきカツオ、万能ネギ（小口切り）、おろしショウガ

［仕込み］

◎揚げ出し胡麻豆腐

1 胡麻豆腐の材料をすべてすり鉢に入れてすり混ぜる。
2 1を鍋に漉し入れ、強火にかける。少しとろみがついてきたら中火に落として、木ベラで30分間ほどかけて練り上げる。
3 流し缶に流し入れて固める。冷凍保存をする場合は固まったら切り分けて冷凍する。

◎**揚げ出し地**

1　だしに淡口醤油、味醂を加えて一旦沸かして冷ましておく。これは星火の料理のベースにしている調味だしで、これをだしで割ったり、調味料を加えたりして用いている。

［提供時］

1　胡麻豆腐を切り分け、片栗粉をまぶす。冷凍した場合は、解凍してから片栗粉をまぶす。

2　170℃に熱した揚げ油で揚げる。高温にしすぎるとこげてしまうので注意。

3　揚げたての胡麻豆腐を盛り、揚げ出し地を熱してかける。糸がきカツオ、万能ネギ、おろしショウガを添える。

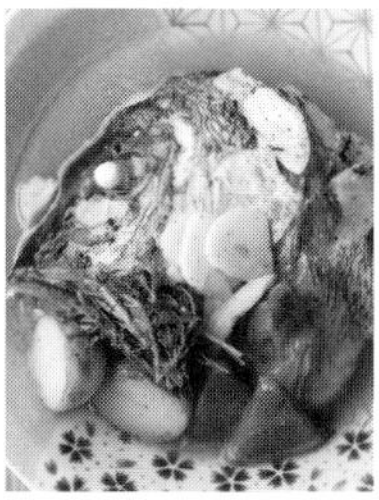

一品

マダイ兜香草バター焼き

◎**マダイ**

タイの頭、煮汁（日本酒10：淡口醤油1：味醂1、塩適量）、ニンニク（薄切り）

バター、香草（ディル、イタリアンパセリ）、黒コショウ

◎**つけ合せ**

ジャガイモ、紅芯大根、ツボミ菜、ニンジン

揚げ油適量

［仕込み］

◎**マダイ**

1　タイの頭を梨割りにして、熱湯にくぐらせて霜降りをし、ウロコをていねいに取り除く。

◎**つけ合せ**

1　ジャガイモは皮つきのままゆでておく。

2　そのほかの野菜は火が通りやすいように、それぞれ適宜に切り分けておく。

［提供時］

◎**マダイ**

1　鍋にタイの頭、日本酒、ニンニクを入れて火にかけて沸かし、アルコールをとばす。

2　アルコールがとんだら淡口醤油、味醂、塩を加えて10分間ほど中火で煮る。

3　約10分間煮たのち、素揚げしたつけ合せの野菜を入れて2～3分間煮て、最後にバターと香草、黒コショウを加えて香りをたてて仕上げる。

4　タイを器に盛りつけ、以下のように揚げたつけ合せの野菜を盛り合わせ、ニンニク、香草をあしらう。

◎**つけ合せ**

1　ジャガイモ、紅芯大根、ツボミ菜、ニンジンを170℃の揚げ油で素揚げして油をきる。

一品

ハマグリの天ぷら タラの芽の化粧揚 ホタルイカの磯辺揚

◎**ハマグリの天ぷら**

ハマグリ

薄力粉、天ぷら衣＊（米粉1：水1）

◎**タラの芽の化粧揚**

タラの芽

新挽粉、リッツクラッカー、卵白

◎**ホタルイカの磯辺揚**

ホタルイカ

薄力粉、生海苔、天ぷら衣＊（米粉1：水1）

揚げ油

スダチ、藻塩

＊米粉と水を同量ずつ合わせて混ぜ、冷蔵庫で保管。米粉が下に沈殿するので、使用時によく混ぜる。

［仕込み］

◎**タラの芽の化粧揚**

1　タラの芽を掃除する。溶きほぐした卵白にタラの芽をくぐらせ、下のほうには細かく砕いたリッツクラッカーを、穂先には新挽粉をつけて冷蔵庫で保管。

◎ホタルイカの磯辺揚

1　ホタルイカの口と目と軟骨を取り除いて冷蔵庫で保管する。

［提供時］

◎ハマグリの天ぷら

1　ハマグリの殻をはずし、むき身の水分をふく。

2　薄力粉をまぶし、天ぷら衣をつけて170℃の揚げ油で揚げて油をきる。

3　卵白で練った塩（分量外）の上に殻をのせて固定させ、ハマグリの天ぷらを盛る。

◎タラの芽の化粧揚

1　170℃に熱した揚げ油で色づかないように揚げて油をきる。

◎ホタルイカの磯辺揚

1　天ぷら衣に、衣と同量の生海苔を混ぜる。

2　ホタルイカの周りに薄力粉をまぶし、1の衣にくぐらせて、170℃の油で揚げて油をきる。

3　ハマグリの天ぷら、タラの芽の化粧揚とともに盛り合わせ、スダチと藻塩を添える。モモの花をあしらう。

一品

桜エビと三つ葉のかき揚

サクラエビ、三ツ葉（ざく切り）
薄力粉、天ぷら衣（米粉1：水1）、揚げ油
藻塩、レモン

［仕込み］

1　生のサクラエビを180℃の揚げ油で素揚げにして油をきり、キッチンペーパーを敷いた容器に入れて冷蔵庫で保管する。

［提供時］

1　ボウルにサクラエビの素揚げと三ツ葉を合わせ、薄力粉を少量加えて混ぜ、表面にからめる。

2　天ぷら衣を加え、170℃の油の中にスプーンですくって落とし、カリッと揚げる。油をきって盛りつける。藻塩とレモンを添える。

一品

稚鮎の磯辺揚 沢ガニの唐揚

◎稚鮎の磯辺揚
稚アユ
天ぷら衣（米粉1：水1）、生海苔
薄力粉、揚げ油
◎沢ガニの唐揚
サワガニ、揚げ油
タデの葉、スダチ

［仕込み］

◎稚鮎の磯辺揚

1　細い竹串で稚アユに踊り串を打つ。

2　天ぷら衣を合わせておく。

［提供時］

◎稚鮎の磯辺揚

1　天ぷら衣に生海苔を適量混ぜる。稚アユに薄力粉をまぶし、天ぷら衣にくぐらせる。170℃の油で揚げる。

2　油をきって、タデの葉をあしらった器に盛りつける。

◎沢ガニの唐揚

1　沢ガニは活けを用意して虫かごに入れておく。170℃に熱した油で5分間程度かけて、しっかり揚げて油をきる。

2　器に盛りつけ、スダチを添える。

一品

夏の煮物

◎合鴨と海老
合鴨胸肉（ロース）、片栗粉
サイマキエビ、片栗粉
べっこう餡地（だし8：味醂1：濃口醤油1：日本酒1：砂糖1）

◎丸ナス
丸ナス、揚げ油、揚げ出し地（↓98頁・揚げ出し胡麻豆腐）

◎よもぎ麩
よもぎ麩（一口大の角切り）、揚げ出し地（↓98頁・揚げ出し胡麻豆腐）

◎ヤングコーン
ヤングコーン、生米、揚げ出し地（↓98頁・揚げ出し胡麻豆腐）

◎冬瓜
トウガン（もみじ型抜き）、揚げ出し地（↓98頁・揚げ出し胡麻豆腐）

木ノ芽

［仕込み］

◎丸ナス

1　丸ナスは縞模様に皮をむく。横半分に切って断面に味がしみやすいよう、串でまんべんなく穴を開ける。

2　170℃の揚げ油で中まで柔らかくなるように揚げる。

3　揚げ出し地を熱し、丸ナスを10分間ほど煮る。容器に移して冷蔵庫で保管する。

◎よもぎ麩

1　沸かした揚げ出し地でサッと煮て、そのまま冷ましたのち、冷蔵庫で保管する。

◎ヤングコーン

1　皮をむき、生米を入れた湯で下ゆでする。米を入れないとアクが回って黒ずんでしまう。

2　揚げ出し地を熱し、5分間程度サッと煮て、そのまま冷まして味を含ませ冷蔵庫で保管する。

◎冬瓜

1　トウガンはもみじ型で抜き、緑色のかたい表皮を薄くむく。柔らかくなるまで下ゆでする。

2　熱した揚げ出し地で5分間程度サッと煮て、そのまま冷まして味を含ませ、冷蔵庫で保管する。

［提供時］

◎合鴨と海老

1　合鴨は5㎜厚さにスライスする。片栗粉をまぶし、熱したべっこう餡地で8割ほど火を入れる。

2　エビは頭をはずし、殻をむいて背ワタを抜く。片栗粉をまぶし、1のべっこう餡地で8割ほど火を入れる。べっこう餡地にとろみがつくので、これを餡とする。

◎そのほか

1　丸ナス、よもぎ麩、ヤングコーン、トウガンはバットに取り分けて蒸し器で温める。

2　器に野菜類、よもぎ麩、合鴨、エビを盛り合わせ、べっこう餡を流す。木ノ芽をあしらう。

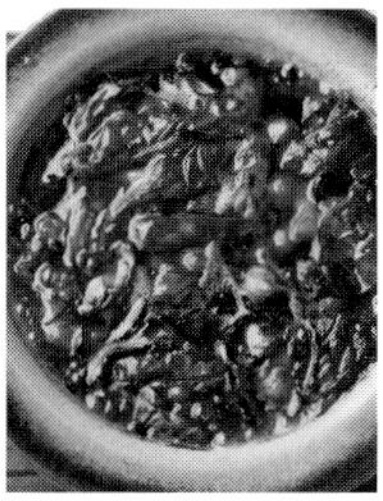

一品

ホタルイカのあひ～じょ

ホタルイカ、菜ノ花、塩昆布3g
ニンニク（みじん切り）1片、酒盗3g、赤唐辛子1本、ピュアオリーブ油40cc
バゲット（薄切り）6枚

［仕込み］

1　ホタルイカの目や口、軟骨などを取り除いて掃除して冷蔵庫に保管する。
2　菜ノ花を切りそろえる。

［提供時］

1　アヒージョ用の土鍋（小）にニンニク、酒盗、赤唐辛子、オリーブ油を入れて火にかける。
2　オイルが温まってプツプツしてきたらホタルイカ、菜ノ花、塩昆布を入れる。
3　再びフツフツを沸き始めたらすぐに火からおろす。スライスしたバゲットを添える。

石焼

黒毛和牛の焼きしゃぶ

牛サーロイン（薄切り）40g
長ネギ（白い部分笹切り）、塩、コショウ、胡麻油
万能ネギ、割りポン酢（ポン酢1：だし1）

［仕込み］

1　長ネギの白い部分を薄く斜めに切る。容器に入れて冷蔵庫で保管する。

［提供時］

1　牛サーロインに塩、コショウをふり、食べやすい大きさに切って盛る。
2　長ネギに塩、コショウをふり、胡麻油で和えて肉の脇に盛りつける。万能ネギを添える。
3　ポン酢をだしで割って添える。富士山の溶岩石を直火で焼いて提供する。各自焼いて食べるようすすめる。

一品

のどぐろ煮付

ノドグロ1尾（250〜300g）、煮汁（日本酒500cc、味醂100cc、濃口醤油100cc、砂糖50g、たまり醤油50cc）
ナス、ゴボウ、揚げ油
木ノ芽

［仕込み］

1　ノドグロはウロコを落とし、クチとエラから割箸などを入れて内臓をつぼ抜きする。冷蔵庫で保管する。

［提供時］

1　ナスは縦に切り、切り目を細かく入れ、食べやすい大きさに切る。ゴボウは棒状に切る。
2　揚げ油を170℃に熱し、ナスとゴボウを素揚げして油をきる。
3　鍋にノドグロを入れ、日本酒を注いで火にかける。1／3まで煮詰めたら、味醂、濃口醤油を加え、砂糖、たまり醤油で甘みをつける。
4　ここに素揚げしたナスとゴボウを入れて煮汁をかけながら15分間ほど煮る。器に盛りつけ、木ノ芽を添える。

一品

真鯛の蕪蒸し

タイ（切り身）10g×2枚、塩適量、昆布
天王寺カブ（半量はすりおろし、半量は鬼おろし）、金時ニンジン、ギンナン、キクラゲ
煮汁（だし、淡口醤油、味醂、塩）
生海苔餡（生海苔1：揚げ出し地（→98頁・揚げ出し胡麻豆腐）2、水溶き片栗粉適量）

［仕込み］

1　タイを3枚におろし、薄塩をあてる。しばらくおいたのち、1枚10gの切り身にして冷蔵庫で保管。

2　天王寺カブは半量をすりおろし、残りは鬼おろしで粗くおろす。合わせて冷蔵庫で保管する。

3　金時ニンジンをねじり梅にむいてゆでる。薄味の煮汁で煮て下味をつけ、ねじり梅とし、煮汁に浸けたまま冷まして保管する。

4　ギンナンは殻をむいてゆで、薄皮をむく。

5　キクラゲは湯に浸けて戻し、一口大に切る。薄味に調えた煮汁で煮含め、煮汁に浸けて保管する。

［提供時］

1　おろしたカブを取り分け、ギンナンとキクラゲを混ぜる。

2　バットの上に昆布を敷いてタイの切り身2枚をのせ、1をこんもりと盛る。ねじり梅を飾る。

3　2を蒸し器で5分間ほど蒸す。

4　生海苔餡をつくる。揚げ出し地を熱し、水溶き片栗粉を加えてとろみをつける。

5　沸いたら生海苔を入れる。

6　蕪蒸しを盛りつけ、生海苔餡をたっぷりかける。蕪蒸しの下に敷いた2の昆布は小角に切って周りに散らす。

一人鍋

鴨のつくねとろろ鍋

◎鴨つくね

合鴨モモ肉1.5kg、合鴨胸肉1枚、玉ネギ（みじん切り）180g、卵黄2個、鶏軟骨挽き300g、牛乳50cc、パン粉100g、淡口醤油25cc、味醂30cc、塩・黒コショウ各少量

◎そのほかの具材

絹漉し豆腐（角切り）、キャベツ（ゆでてざく切り）、エリンギ（薄切り）、シメジタケ

◎とろろ

ヤマトイモ（すりおろし）500cc、ナガイモ（すりおろし）500cc

味噌30g、だし180cc、濃口醤油・味醂各10cc

◎割下・薬味

揚げ出し地（→98頁・揚げ出し胡麻豆腐）、万能ネギ（小口切り）

［仕込み］

◎鴨つくね

1　合鴨モモ肉、胸肉を包丁で粗めに叩く。そのほかの材料をすべて加えてよく混ぜ、冷蔵庫で保管する。

◎とろろ

1　おろしたヤマトイモとナガイモをすり鉢に入れ、味噌、だし、濃口醤油、味醂をすり混ぜる。

［提供時］

1　小鍋に揚げだし地を入れて、丸にとった鴨つくね、そのほかの具材を盛り込んで火にかける。

2　具材に火が通ったらとろろをかける。万能ネギを盛って提供する。

一人鍋

カキのクリーム鍋

◎具材

カキむき身3粒、絹漉し豆腐（角切り）、エリンギ（薄切り）、シメジタケ、キャベツ（ゆでてざく切り）

◎割下・薬味

揚げ出し地（→98頁・揚げ出し胡麻豆腐）180cc、生クリーム20cc、塩3g

万能ネギ（小口切り）、フライドオニオン

［仕込み］

◎具材

1　カキは掃除して冷蔵庫で保管する。

［提供時］

1　小鍋に具材を盛り込んで割下の揚げ出し地を注ぐ。

2　火にかけて、カキやほかの具材に火が通ったら、生クリームと塩を加えて味を調える。

3　フライドオニオンと万能ネギを散らす。

御食事

桜エビと山菜の土鍋御飯

米1合
揚げ出し地（↓98頁・揚げ出し胡麻豆腐）１８０cc
サクラエビ、山菜（タラの芽、コゴミ、行者ニンニク、菜ノ花、フキノトウ）、揚げ油
塩昆布

［仕込み］

1　米を研いでザルにとって水気をきって冷蔵庫で保管。

2　山菜は掃除しておく。サクラエビは１７０℃の油で素揚げしておく。

［提供時］

1　米を土鍋に入れて、揚げ出し地を注いで火にかける。

2　強火で10分間加熱し、火を止めて20分間蒸らす。蒸らし終えたら揚げたての山菜とサクラエビをご飯の上に盛って、塩昆布を散らす。

◎素揚げ山菜

1　掃除した山菜を一口大に切り、１７０℃の油で素揚げして油をきる。

御食事

大山鶏の土鍋リゾット

米1合
鶏モモ肉（一口大）１００g
揚げ出し地（↓98頁・揚げ出し胡麻豆腐）90cc、生クリーム90cc
チェダーチーズ30g、塩少量
塩昆布、フライドオニオン、万能ネギ（小口切り）

［仕込み］

1　米を研いでザルにとって水気をきって冷蔵庫で保管。

2　鶏モモ肉は一口大に切り分けて冷蔵庫で保管。

［提供時］

1　米と鶏モモ肉を土鍋に入れて、揚げ出し地と生クリームを入れ、強火で9分間炊く。火を止めて10分間蒸らす。

2　炊き終えたら、細く切ったチェダーチーズ、塩昆布をのせて味をつけ、フライドオニオン、万能ネギを散らして蓋をしてしばらくおく。

土鍋御飯

鮭イクラ土鍋おこわ

もち米1合
揚げ出し地（↓98頁・揚げ出し胡麻豆腐）１８０cc
塩ザケ、イクラ醤油漬け（イクラ、煮きり酒５００cc、淡口醤油１００cc、味醂１００cc）
万能ネギ（小口切り）

［仕込み］

1　もち米を洗って水気をきり、容器に移して冷蔵庫で保管する。

2　塩ザケを焼いて、ほぐしておく。

3　イクラ醤油漬けをつくる。イクラを沸騰直前の湯に浸けてほぐす。イクラを水にさらして、残った薄い膜を取り除く。

4　イクラのタレをつくる。煮きり酒、淡口醤油、味醂を合わせて沸かし、火を止めて冷ます。冷たいタレに3のイクラを浸け、1晩おいたのちに使う。

［提供時］

1　土鍋にもち米1合、揚げ出し地180ccを注いで、ほぐした塩ザケをのせて中火にかける。

2　沸いたら1～2分間加熱して火を止め、20分間蒸らす。星火の小口のガスコンロで10分間が加熱時間の目安である。

3　蒸らし終えたら、上にイクラ醤油漬け、万能ネギを散らして提供する。

御食事

星火ラーメン

◎麺・タレ

中華麺150g

醤油ダレ＊（醤油3種、削りカツオ、昆布）適量

◎スープ

豚ゲンコツ6kg、鶏（丸中抜き）1羽、廃鶏（丸中抜き）2羽、鶏胸挽肉2kg、煮干し800g、昆布200g、厚削り節（カツオとサバのブレンド）600g、水50リットル

◎チャーシュー

豚肩ロース肉（ブロック）2kg、煮汁（日本酒400cc、水900cc、味醂280cc、濃口醤油1200cc、砂糖150g）

◎トッピング

メンマ、ザーサイ、ウズラの卵（ボイル→97頁・燻製盛り合わせ）

生海苔、フライドオニオン、万能ネギ（ざく切り）

＊すべての材料を合わせて1週間ねかせてつくる。

［仕込み］

◎スープ

1　豚ゲンコツ（適当な大きさにカットしたもの）を熱湯で下ゆでしてアクや血などを抜いて、タワシで洗う。

2　大きな寸胴に1のゲンコツと水50リットルを入れて強火にかける。沸いたら火を弱めてグラグラしないくらいの火加減で5時間煮る。

3　2に丸の鶏と廃鶏を入れてさらに2時間煮る。

4　3に鶏胸挽肉と煮干し、昆布、厚削り節を入れて1時間煮たのち、スープを漉す。

◎チャーシュー

1　豚肩ロースを半分に切って、煮崩れないようにタコ糸をかけて、熱湯でサッとゆでて霜降りをする。

2　圧力鍋に水（分量外）と1の豚肩ロースを入れて1時間加熱する。

3　柔らかくなったら取り出し、合わせた煮汁の中に入れて火にかける。煮立ったら火を止めて1時間そのままおいたのち、冷蔵庫で保管する。

［提供時］

1　中華麺をゆでる。

2　丼に醤油ダレを入れて熱いスープを注ぐ。ゆでた中華麺を盛り、チャーシューを1枚のせて、トッピングを盛りつける。

御食事

燎原ラーメン

◎麺・タレ
中華麺150g
醤油ダレ＊（醤油3種、削りカツオ、昆布）適量

◎牛ワンタン
ワンタンの皮
種（超粗牛挽肉1・5kg、挽いた牛脂1kg、長ネギみじん切り500g、藻塩25g、濃口醤油50cc、胡麻油15cc、オイスターソース100g、黒コショウ15g）

◎スープ・牛スジチャーシュー
仔牛ゲンコツ（カット）6kg、廃鶏（丸中抜き）4羽、牛スジ肉（一口大）6kg、鶏胸挽肉4kg、玉ネギ（ざく切り）2kg、ニンニク（乱切り）1片、卵白1kg
牛スジチャーシューの煮汁（日本酒400cc、水900cc、味醂280cc、濃口醤油1200cc、砂糖150g）

◎トッピング
メンマ、フライドオニオン、カイワレ菜

＊すべての材料を合わせて1週間ねかせてつくる。

［仕込み］

◎牛ワンタン
1　種の材料をすべて合わせて、手でよく練る。
2　ワンタンの皮に15gの種をのせて包み、乾燥しないように容器に入れて冷蔵庫で保管する。

◎スープ・牛スジチャーシュー
1　仔牛ゲンコツと廃鶏は、200℃のオーブンでこうばしい焼き色がしっかりつくまでじっくり焼く。
2　牛スジ肉を油をひかないフライパンで焼く。
3　寸胴鍋（78リットル容量）に1の仔牛ゲンコツを入れて、上まで水を注ぎ、火にかける。沸騰する寸前で弱火にして、アクをひきながら6時間加熱する。
4　6時間たったら、1の廃鶏を入れる。1時間加熱したのち、ネットに入れた牛スジ肉、適宜に切った野菜を投入する。
5　2時間弱火で煮たら、牛スジ肉を取り出し、チャーシューの煮汁で煮る。沸いたら鍋のまま冷まして味を含ませる。牛スジチャーシューの完成。
6　残った5のスープは漉して冷蔵庫で1晩保管する。
7　翌日寸胴鍋に鶏胸挽肉、泡立てた卵白を少量入れて混ぜる。少しずつ全量の卵白を混ぜる。
8　ここに冷たい6のスープをすべて入れてよく混ぜて強火にかける。95℃になるまで木ベラで混ぜ続ける。
9　95℃になったら、混ぜるのをやめる。上に浮いた卵白と挽肉が固まったら、スープが鍋の中で静かに対流するように真ん中に穴を開ける。火加減は液面が静かに動く程度。95℃を保って1時間加熱したのち、漉してスープとする。

［提供時］
1　牛ワンタンを熱湯で3分半ゆでる。並行して中華麺をゆでる。
2　熱したラーメン丼に醤油ダレを入れ、スープを注ぐ。
3　中華麺の湯をきって丼に盛り、牛ワンタン、牛スジチャーシュー、トッピングを盛りつける。

原価のかけ方──「一品が生む利益」が重要

一品料理を多く揃え、お客さまに自由に組み合わせて楽しんでもらう。割烹本来のカジュアルな食事ができることが、本書で紹介した事例の共通点だ。これこそがお客さまにとっての大きな魅力だが、それを実現するために店側が越えねばならないハードルがある。一品一品の価値を高めつつ全体の原価率のバランスをとり、適正な利益を得ていくことだ。

コース料理であれば、コースを構成する料理の原価のかけ方にメリハリをつけることで原価をコントロールすることが可能だ。原価の高いものと低いものをうまく組み合わせることでトータルの原価率を一定の数値に収めていくことができる。

しかし単品主体の場合はそうはいかない。メニュー全体を原価率の高いものと低いもので構成することはできるが、どのメニューにどれだけの数の注文が入るかを事前に、厳密に予測することはできない。メニュー構成を工夫しただけでは、原価率を店側が考える数値におさめることは不可能なのである。メニューの選択権はつねにお客さまの側にあるのだから。

だからここでは、一品ごとの原価のかけ方をきちんと突き詰めるとともに、店側が出数をできるだけコントロールできるメニュー構成にしていく必要がある。一番大切なことは「売れ筋」と「儲け筋」をそろえることだ。

売れ筋とは、先のコラムで述べた看板商品をはじめよく売れるメニューのことだが、もう一つの儲け筋が重要である。これは原価率の低い、多くの利益を生み出すメニューのこと。安価な食材を使いながら、調理法や仕立て方の工夫で魅力あるメニューにすることが必要だ。さらにこれが、看板商品と組み合わせて注文できるようなメニューだと、その効果はさらに高まる。

もう一つ大切なことがある。原価率は売価に占める食材原価の比率のことだが、メニューにかかっている"元手"は食材原価だけではない。それをつくる手間ひま、いいかえれば調理作業の量と時間も元手の一つである。これは原価でなく人件費に含まれるコストだが、メニュー一品がどれだけの利益を生むかという観点に立てば、この元手も無視できない。

原価率が高くても調理に手間がかからないのであれば、原価率は低いが仕込みも調理も大変というメニューよりも多くの利益を生むというケースが出てくる。そしてこれは、売価を含めて考えていく必要がある。原価率は高いが売価も高く、その一品を売ることで得られる利益の絶対額が大きいメニューは、同様に利益面での貢献度は高いということになるのだ。

単品を中心にメニューを構成する場合は、こうした点をふまえて原価のかけ方を工夫していく必要がある。重要な視点は「一品がどれだけの利益を生むか」ということ。つまり、メニューそれぞれの役割を明確にすることが大切なのだ。

コラム2

「酒膳 蔵四季」

店名／酒膳 蔵四季
店主／根本雄一郎
住所／東京都練馬区豊玉北6-14-2　ゴールドハイツ練馬101
電話／03-3991-2223
営業時間／月〜土17：30〜24：00　日17：00〜23：00
定休日／不定休（月休が多い）

開店年／2011年（2014年に移転）
店舗規模（坪）／15坪
客席数／23席（カウンター11席、テーブル12席）
従業員数／厨房2名、サービス＋洗い場3名
料理価格／450〜3000円
酒／日本酒中心。大信州を中心に40銘柄
客単価／5600円
食材原価率／28％
ドリンク比率／45％
酒の価格の決め方／原価の3倍。価格の低い酒はやや高めに、高い酒はやや低めに設定している。

練馬初、日本酒を売る店をつくる

東京・練馬生まれの練馬育ち。練馬のことを知り尽くした店主の根本雄一郎氏は、2011年練馬駅北口に「酒膳蔵四季」を開店した。

「酒膳蔵四季」という店名には、酒のお膳立てである「酒膳」と酒蔵の「蔵」、食材の旬である「四季」を組み合わせ、季節ごとに入れ替わる日本酒と食材を楽しんでいただくという思いを込めたという。

大信州がそろう店として日本酒愛好家の間で知られる。大信州とは15年来のつき合いが続いている。その他にも幅広く日本酒をそろえている。

これまで15年間根本氏は渋谷のとんかつ店やすし店、割烹、数々の専門店や居酒屋で和食の修業を積んできた。独立するにあたって、東京の居酒屋の聖地といわれた大塚に店を持ちたいと、半年ほど物件を探していたが、まったくといっていいほど、当時の大塚は空き物件が出なかったという。

大塚を断念し、別の地域を探し始めたが、根本氏がゆずれなかった条件があった。それは最寄駅が複数の路線のターミナル駅であることだ。乗降客が多く、通勤客は定期券で乗り降りできるので、立ち寄りやすい。しかも都心から少し離れた、住宅街に隣接している地域を候補に上げた。

そしてたどり着いたのが、生まれ育って慣れ親しんだ練馬だった。その頃の練馬には、居酒屋は多数あったが、日本酒を本格的に扱う和食店がまだなかった。

練馬は東京のベッドタウンで、駅前繁華街から少しはずれると、住宅が密集している地域である。板橋区から分区し、都内で一番新しく制定された区でもある。依然としてところどころに農地が点在し、牧場もあるような、東京とは思えないほどのどかな地域である。

最初の店舗は練馬駅北口の再開発地区の駅から至近のビルの1階と2階の2フロアで、1階はカウンターとテーブル席で10席、2階は座敷で8〜10席だった。

開店当初は毎日満席。順風満帆な出足だったが、開店1週間で東日本大震災に見舞われてしまった。店自体に破損などの被害は出なかったし、運よく計画停電の区域外だったのだが、自粛ムードが影響して、客足はぱったりと止まってしまった。いよいよ運転資金が底をつき始めたため、会計はクレジット決済をやめ、現金のみにせざるを得なかった。

お客さまが一人も来ない店の中でひたすら待ち続け、

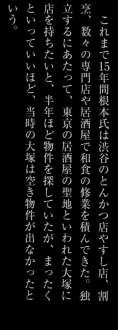

やっと客足が戻ってくれたのは夏ごろだった。

日本酒は次第に注目されるようになり、2015年にブームのピークを迎えるわけだが、開店当初からの根本氏の狙いがあたり、いまや練馬近辺の日本酒愛好家から愛される繁盛店となった。

同じエリア内での移転

最初の契約条件が5年間の定地借地権つきの物件だったのだが、諸事情により3年間に変更になってしまった。その結果、店の経営は順調であるにもかかわらず移転せざるを得なくなった。

「最寄り駅は練馬、坪家賃は1万2千円以下という条件で探してもらいました。契約が反故にされたので、かなり有利な条件で移転ができました。移転先の物件は坪家賃が1万円で、練馬でも破格なのでは…」

2014年3月に移転。移転先は元うどん店だったが、一旦スケルトンにして、一から設計をした。席数は23席と、以前とそれほど変わらないが、面積は広くなり、2フロアが1フロアとなって作業効率はかなり向上した。

以前の店と比べて、駅からは少し遠くなったが、これがかえって功を奏し、ゆったりとした落ち着いた雰囲気の店に生まれ変わった。

同一蔵の日本酒をそろえる

平日はお酒を目当てに訪れるお客さまが中心だが、住宅街という場所柄、週末は家族連れや近隣のグループ客も来店して、なごやかな雰囲気となる。当然週末のドリンク比率はやや低くなるが、その分料理がよく出る。家庭では入手しにくい食材を使い、さまざまな野菜をたっぷり使ってヘルシー感を出し、だしをきちんととって手間をかけた割烹の味と技が好評だ。

日本酒を好む方は、なぜか吸い地や餡など、水分の多い料理を好む傾向があるという。「蔵四季」で出す料理は、こうした酒呑みの好みに合うよう、たっぷりだしを使って、最後まで飲んでもらえるような味に仕立てている。

「蔵四季」のもう一つの柱は日本酒で、この店の個性を明確に打ち出している商品である。ドリンク比率は平均すると45%と高め。

日本酒バーのように日本酒を売りにして数多くの銘柄をおく店は増えてきたが、「蔵四季」のやり方は、1つの酒蔵の酒をメインに据えること。長野の「大信州」である。この蔵の酒はすべてそろえるというのが「蔵四季」のポリシーだ。これが奏功して「蔵四季に行けば、大信州の酒がどんな種類でも飲める」と、日本酒愛好家の間で知られるようになった。

この蔵とは15年以上のつき合いで、酒は直接蔵に注文し、店の近くの酒屋から商品が届く。仕入れ代金は酒屋を通して、蔵に支払うシステムをとっている。もちろん大信州以外の銘柄も置いているわけなので、地元の酒屋とのつきあいをゼロにするわけにはいかない。「蔵四季」のように地域密着型の店の場合、口コミ効果を考えても、地元の酒屋とのつき合いが大切になってくる。

品揃えのよさ、豊富な酒の知識はもちろん大切だが、一番お客さまの心を捉えるのは価格だ。原

料理を担当するもう一人の心強い相棒、吉岡大輔氏。中学校の同級生だ。

週末は家族連れやグループ客が多くなり、テーブル席はなごやかな雰囲気に。

日本酒好きはだしや餡などの水分の多い料理を好む。だしは時間をかけてていねいにとる（上）。
店の入口に下がっている杉玉は、新酒の季節に従業員がつくった手づくり（右）。
店主の根本雄一郎氏。練馬生まれの練馬育ち。地元で念願の店を出した（左）。

価の3倍という価格設定は他店と同じだが「蔵四季」では1合の価格を、1升10杯どりの原価ではなく12杯どりの原価の3倍に値づけしている。こうすれば当然安くなるので頼みやすくなる。「他店より少し安いかな」と感じてもらえる価格となるわけだ。

酒の価格はメニュー表をみるとわかるが、酒1杯の最低価格を決めておく。その上で原価が高い酒は原価の3倍より少し売り値を下げ、逆に原価が低い酒はやや高くしている。これによって、「蔵四季」は高い酒が割安に飲める、という評判を浸透させることができた。

つまり少しだけ他店よりも安いと感じてもらうことで、たくさんお酒を飲んでもらえるようになり、ドリンク比率を上げることができるということだ。

二人三脚で料理をつくる

料理を担当するのは、根本氏と吉岡大輔氏の2人である。根本氏と吉岡氏のつき合いは、中学時代までさかのぼる。2人は中学校の同級生で、根本氏が「蔵四季」をオープンする前に働いていた十条の居酒屋でも同僚だった。開店に際して、どうしても気心の知れた、頼りになる吉岡氏と一緒に店を始めたかったという。

2名体制なので、50品ほどのメニューを分担し、注文が入ったら、それぞれの料理を仕上げていく。仕込みはできるところまでしっ

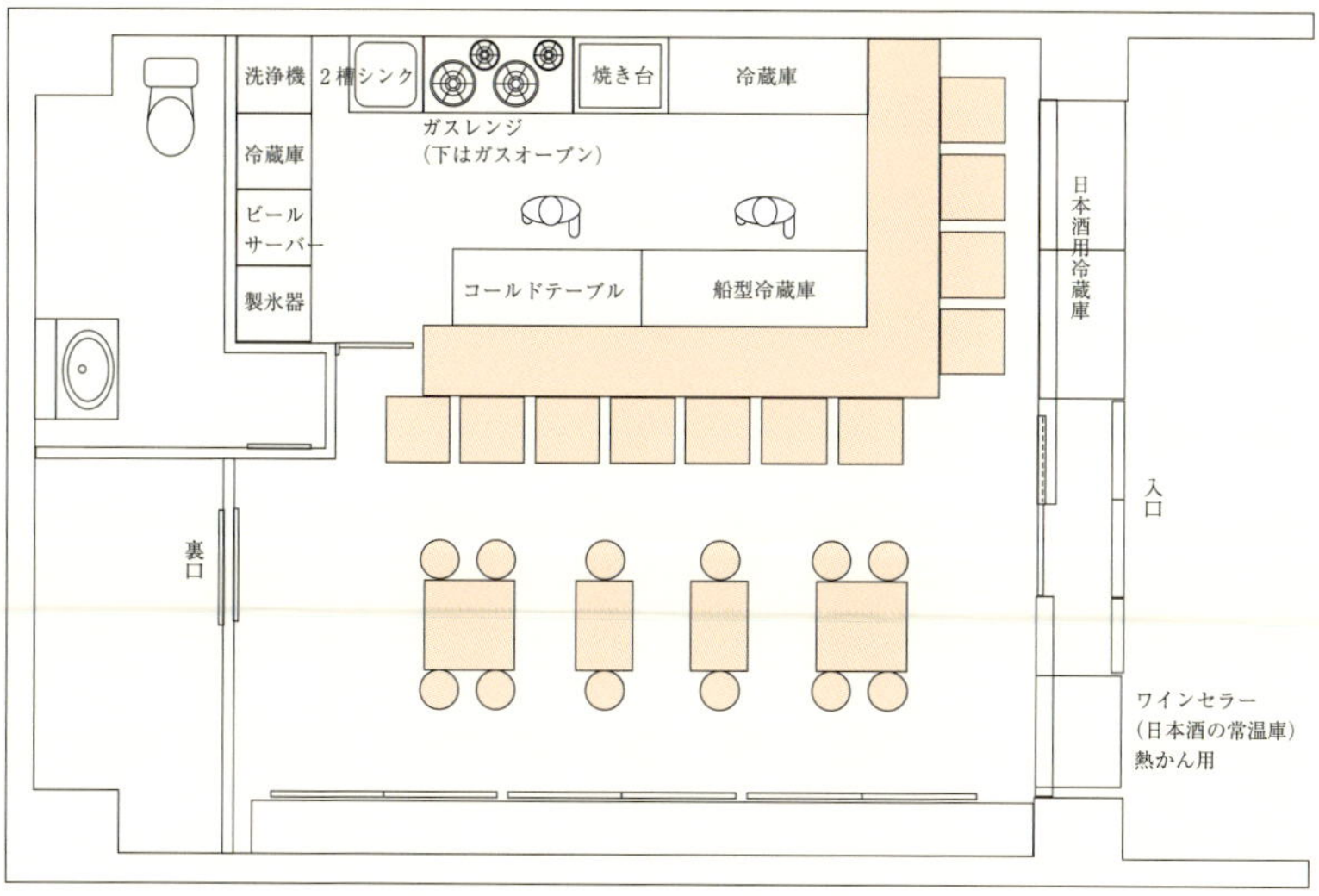

カウンター席11席、テーブル席12席で構成。客席はゆったりとした配置。入口は千川通りに、裏口は目白通りに面している。店内入口右には、日本酒冷酒用の両開きの大型冷蔵庫が2台。それぞれの冷蔵庫は3段棚で、ここにぎっしり40銘柄の日本酒を保管。
厨房は壁側に火元を集約し、ガスレンジの隣にはパンシンクを設置した。厨房担当は2名だが、サービスと洗い場担当が3名スタンバイする。火口の関係で、小鍋や釜飯などのメニューには、固形燃料を使用して対応している。

かり終えておくが、その料理の持ち味を殺さないところまでにとどめている。仕上げの調理が必要ないものはお通しのほかには1～2品だけである。

　注文を受けた品々を、順を追ってタイミングよく、時間をあけずに提供すると、追加注文も着々と入ってくるのだという。

　仕込み作業のために朝10時に入店して、まずだしをとる。昆布を2時間弱火で炊いて、仕上がりに追いガツオをする濃いめのだしだ。このだしにベースとなる薄味をつけてスタンバイする。提供時に必要に応じて調味料を加えたり、だしで割って使う。

　だしの鍋をかけている間に魚をおろす作業に入る。内臓を抜くのみの魚もあるが、基本的には刺身用にサク取りするまで済ませておく。野菜の刻みと下味つけをすませたら、一番時間がかかるお通しづくり。これは1時間半から2時間をかける。

　16時半に試作を兼ねた賄いを食べ、毎日変わる日替わりのメニュー表を書いて、17時半に営業開始。0時に閉店して後片付けと掃除をすませ、翌1時に帰宅するというのが毎日のスケジュールだ。

「どんなに忙しくても、店を休んで毎年蔵元を訪ねることは欠かせません」と根本氏。ここと見込んだら、ずっとつき合う一途なところが自分にはあると笑う。

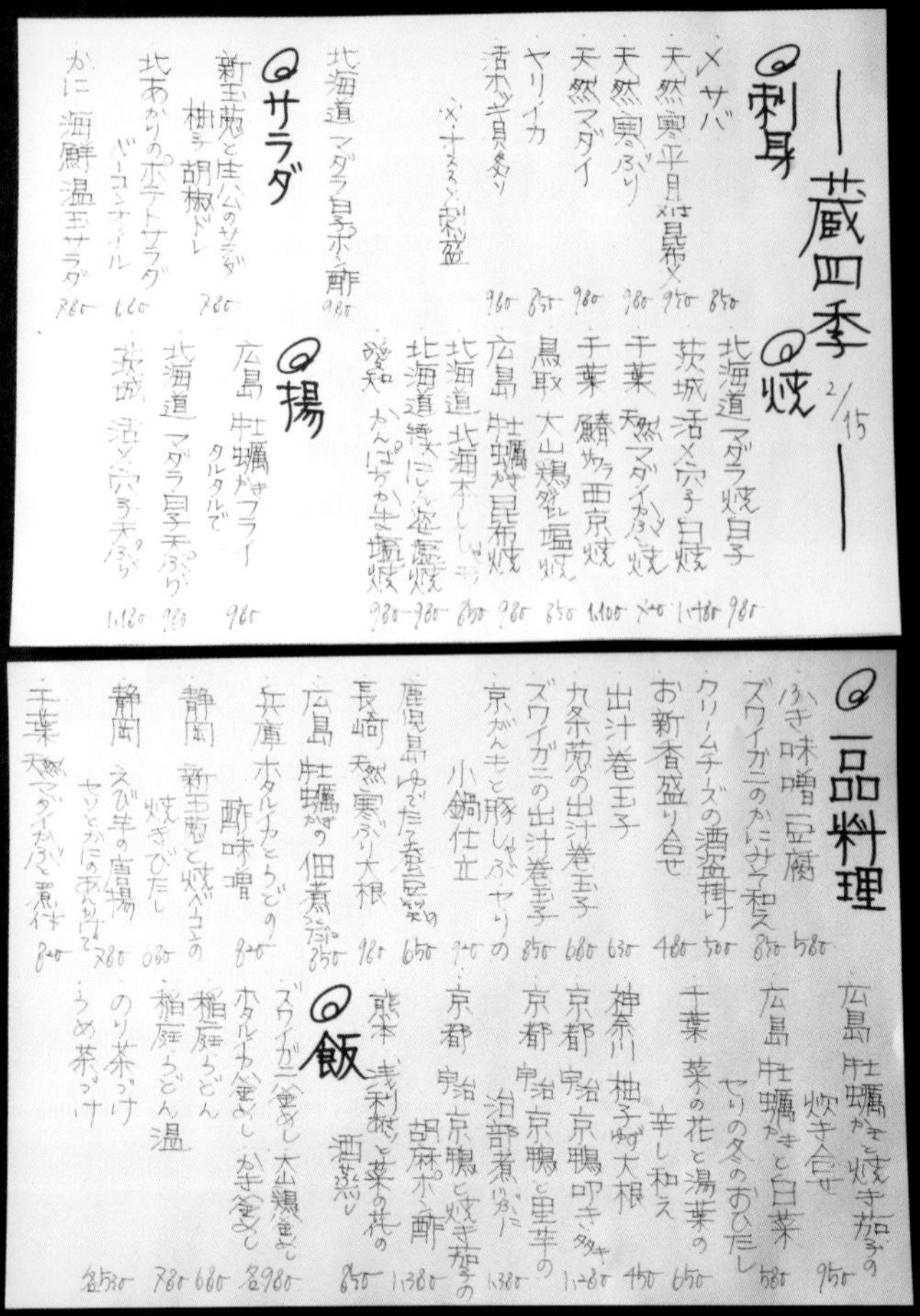

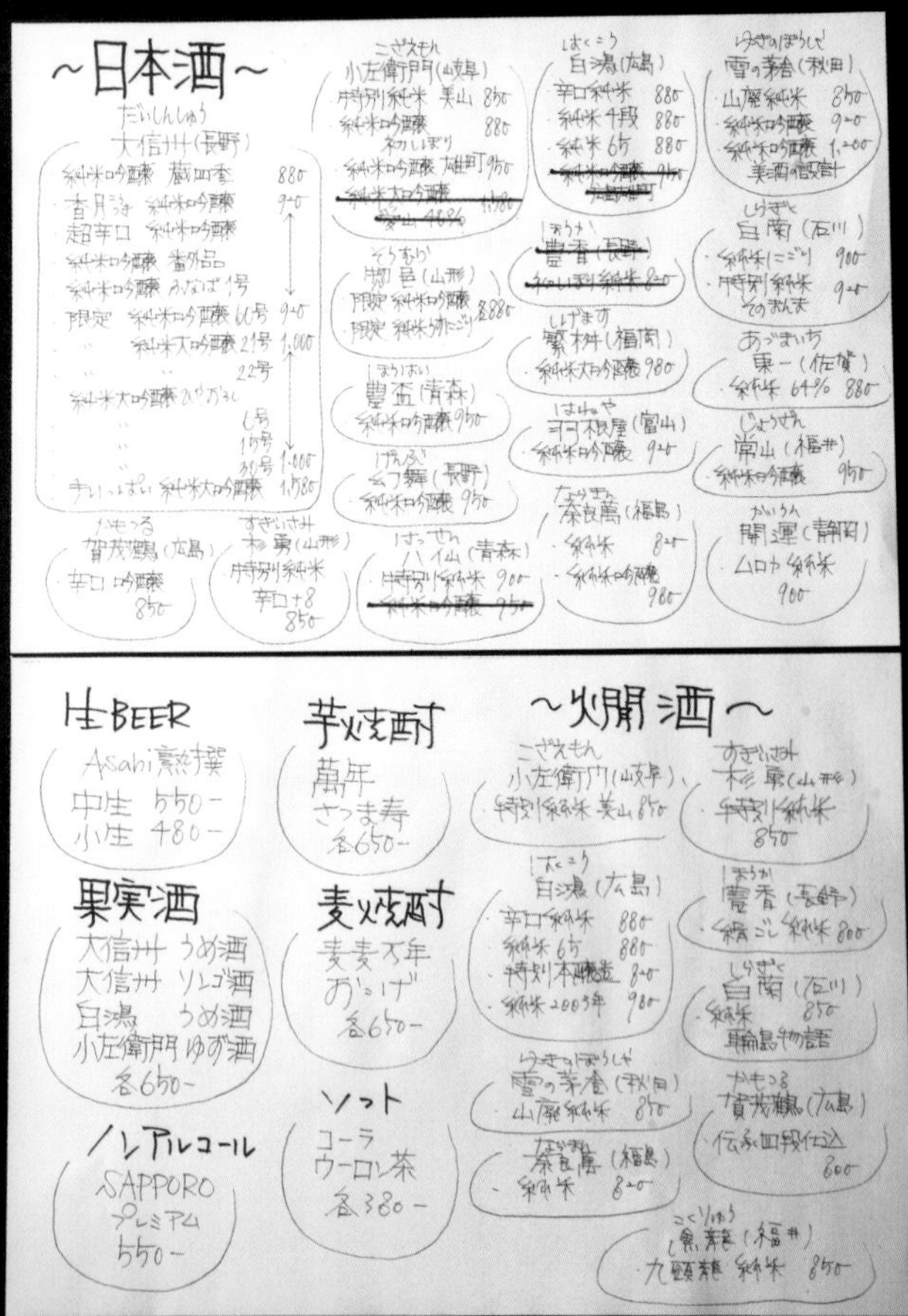

写真上段：料理のメニューは仕込みが終わったら、根本氏が毎日書きかえる。献立名には食材の産地を明記している。
写真下段：メインの日本酒（冷酒）は表面１面にぎっしりと載せて、裏面は燗酒とその他のドリンク類。

酒膳 蔵四季　料理

お通し

前菜盛り合わせ 茄子素麺

蔵四季のお通しは2品構成。前菜の盛り合わせと汁物が定番だ。前菜の盛り合わせは、すぐに出せるように、すべて仕込んでおき、温めて盛りつけるのみ。夏には冷たい汁物も喜ばれる。合わせる日本酒は「大信州 蔵四季スペシャルにごり純米吟醸」。汁物には「幻舞 純米吟醸美山錦」。料理解説123頁

一品料理

ホワイトアスパラガスの蛍烏賊ディップ

ホタルイカは酒によく合う。とりわけ中のワタには旨みがたっぷり含まれているので、丸ごと叩いてディップにした。ホワイトアスパラガスが入手できないときは、グリーンアスパラガスなどくせのない野菜をゆでて甘みを出して合わせている。合わせる日本酒は「杉勇 特別純米辛口＋8」。料理解説124頁

一品料理
ふき味噌豆腐
フキノトウの香りと苦みは春の味。味噌と合わせたフキノトウを、寄せ豆腐とともにすすめる。ふき味噌は冷蔵保存すれば2ヵ月ほど日持ちする。表面を直火でサッとあぶっても旨い。合わせる日本酒は「川中島 特別純米」。

料理解説124頁

一品料理
初夏トマトの冷製だし
湯むきしたトマトを1晩浸し地につけて、トマト特有の青っぽさを抑えつつ、生の食感と味を生かした一品。上に盛ったとろろ昆布とトマトの旨みの相乗効果でお酒もすすむ。合わせる日本酒は「大信州 香月 純米吟醸」。

料理解説124頁

一品料理

鱧と冬瓜、夏野菜の冷やし鉢

葛を打ったハモは、湯引きではなく、吸い地でサッと炊いてそのままおいて味を含ませる。野菜類との一体感、酒により合うようにと工夫をした。ほぼ最後まで仕込んでおけるので、提供時は盛りつけるのみ。合わせる日本酒は「豊香 夏 辛口純米」。

料理解説125頁

一品料理

白バイ貝の煮浸し

冬のシロバイ貝は刺身にもするが、夏ならば煮浸しがよい。しっかりと煮含めて、そのまま冷まして味をじんわりしみ込ませる。提供時は盛りつけるのみの一品。合わせる日本酒は「白鴻 特別純米」。料理解説125頁

一品料理

鰹のにんにく醤油

カツオをニンニク醤油に浸けると、薬味なしでおいしく食べられる。ニンニクをたっぷりと加えたこの醤油は、つくってから1週間程度おくと、醤油にニンニクの味がなじんで旨くなる。合わせる日本酒は「杉勇 夏純米」。料理解説125頁

一品料理

鯖と茗荷の胡麻よごし

細く切った〆サバとミョウガは、濃厚な胡麻味噌で濃いめに味をつけた。ご飯、お茶漬けなどにも合う一品。〆サバの端などを活用するとよい。合わせる日本酒は「惣邑 純米吟醸羽州誉」。料理解説126頁

一品料理

ずわい蟹と雲丹の湯葉刺し

ウニの旬に合わせた初夏から秋にかけての献立。暑い季節には、とろりと喉越しのよい汲み上げ湯葉やウニをひんやり冷やし、冷たい餡をかけてすすめる。合わせる日本酒は「大信州 純米大吟醸仕込み15号」。料理解説126頁

一品料理

毛蟹と蓴菜の酢の物

葉が大きくなったジュンサイもまた美味。初夏に旬を迎えるワカメとジュンサイの酢の物に、ケガニを添えた贅沢な一品。ケガニは通年獲れるが、産地によって旬が異なる。初夏から夏に旬を迎えるのは北海道の噴火湾産といわれている。合わせる日本酒は「大信州 辛口特別純米」。料理解説126頁

一品料理

牡蠣と白菜、せりの冬のおひたし

冬に甘みが増す白菜や小松菜と、歯応えのよいセリを取り混ぜたお浸し。カキに合うよう、カキの煮汁を浸し地に使った。合わせる日本酒は「賀茂鶴 辛口吟醸」。料理解説127頁

焼

天然真鯛の焼き浸し

マダイの焼き浸しは、吸い地にも焼いたこうばしい香りがつく。焼いてから少し時間がたっても、蒸せば身がふっくらと仕上がる。合わせる日本酒は「豊香 絹ごし純米」。料理解説127頁

揚

銀鮭の唐揚 初夏野菜の餡掛け

お酒をおいしく飲むには、水分をおいしく摂っていただくのが肝心。だしたっぷりの野菜餡をかけ、具沢山にしてヘルシーなイメージで。合わせる日本酒は「大信州 手の内 純米吟醸」。

料理解説128頁

揚

えび芋唐揚 せりと蟹の餡かけで

エビイモをカリッと揚げてコクをつけ、淡い甘みをつけた餡をたっぷりかけてすすめる。エビイモは蒸し器で温めてから揚げると中がホクホクに仕上がる。合わせる日本酒は「賀茂鶴 純米吟醸」。

料理解説128頁

揚

目光り南蛮揚

目が大きくて青く光って見えるため、メヒカリと呼ばれている。それほど大きな魚ではないので、骨まで食べることができる。揚げたてに熱い南蛮酢をかけてすすめる。合わせる日本酒は「小左衛門 特別純米 美山錦」。料理解説１２８頁

一品料理

穴子と茄子の湯葉餡かけ

アナゴは裂いてヌメリを落とす段階まで仕込んでおく。それ以降の調理は注文が入ってからとりかかり、あつあつの出来立てを提供する。合わせる日本酒は「白鴻 純米吟醸雄町」。料理解説１２９頁

一品料理

鰊と春野菜の炊合せ

ニシンは「春告魚」といわれるように、産卵期を迎えて沿岸に押し寄せる春に旬を迎える。今では国内産の漁獲量は激減しているが、季節を感じさせてくれる魚の一つ。日持ちがしない分、価格も手頃。同じ季節の山菜類と炊合せに。合わせる日本酒は「雪の茅舎 美酒の設計 純米吟醸」。料理解説１２９頁

一品料理

黒毛和牛の肉じゃが

お惣菜とは一味違った炊合せ風に仕立てた。ジャガイモは種類によって甘さや質が違うので、別の種類を使う場合は味つけを少しずつ変えて持ち味を生かしたい。合わせる日本酒は「白菊 特別純米」。料理解説130頁

一品料理

根菜の炊合せ

根菜類は下ゆでして薄味で煮含めておけば、いろいろな料理に展開できる。歯応えがなくなるほど煮ると、それぞれの持ち味が失われてしまうので加減する。合わせる日本酒は「惣邑 特別純米うすにごり」。料理解説130頁

一品料理

京鴨と芹たっぷり小鍋

グツグツ煮立てた鍋に、薄切りの鴨をのせて提供する。客席で好みの火入れ具合で食べてもらう小鍋仕立て。春はセリ、夏になると九条ネギ。季節によって鴨に合わせる野菜を変える。合わせる日本酒は「雪の茅舎 山廃純米」。

料理解説131頁

一品料理

天然真鯛の柚庵とろろ蒸し

大きめに切ったマダイの切り身は、柚庵地で味をつけてこうばしく焼き、ナガイモをのせてふっくらと蒸し上げた。飲みやすいように、やや薄めにとろみをつけた銀餡をたっぷりかけて提供する。合わせる日本酒は「小左衛門 13号 山田錦」。

料理解説131頁

酒膳 蔵四季　料理解説

お通し

前菜盛り合わせ 茄子素麺

前菜盛り合わせ

◎椎茸鶏挽肉詰め
シイタケ、薄力粉、種（鶏モモ挽肉300g、卵1個、みじん切りの玉ネギ1／2個分、塩・コショウ・淡口醤油・片栗粉各少量）

◎ゴボウ
ゴボウ（筒切り）、煮汁（だし10：味醂1：淡口醤油1）

◎フキ
フキ、塩、吸い地（だし、日本酒、塩、淡口醤油）

◎谷中ショウガ肉巻き
谷中ショウガ、豚バラ肉（薄切り）、塩

◎パプリカ・コマツナ
赤、黄パプリカ、コマツナ
吸い地（だし、日本酒、塩、淡口醤油）

[仕込み]

◎椎茸鶏挽肉詰め
1　シイタケは軸を切り落としておく。
2　種を仕込む。材料をすべて合わせて、手でまんべんなく練る。
3　シイタケの傘の内側に薄力粉をまぶし、2の種を詰める。冷蔵庫で保管。
4　営業直前にオーブンで10〜15分間焼いて、挽肉に火を通す。冷蔵庫で保管する。

◎ゴボウ
1　ゴボウを水から下ゆでする。
2　下ゆでしたゴボウを煮汁で柔らかく煮て、そのまま冷まして味をしみ込ませる。煮汁とともに密封容器に入れて冷蔵庫で保管。

◎フキ
1　フキは塩みがきして、熱湯でゆで、スジをむく。5cm程度の長さに切り分け、吸い地に浸けて味をなじませる。冷蔵庫で保管。

◎谷中ショウガ肉巻き
1　谷中ショウガを掃除して形を整え、豚バラ肉を周りに巻く。冷蔵庫で保管する。

◎パプリカ・コマツナ
1　パプリカは種を除いて細切りにしてオーブンで焼く。熱いうちに吸い地に浸けて下味をつける。
2　コマツナは食べやすく切り、熱湯でゆで、熱いうちに吸い地に浸ける。パプリカとコマツナをそれぞれ冷蔵庫で保管する。

[提供時]
1　谷中ショウガ肉巻きに塩をふり、網の上で転がしながら焼く。ショウガに完全に火が通らなくても、肉に火が通ればよい。
2　そのほかの前菜を人数分取り分けてバットに並べ、蒸し器で温める。器に盛りつけて提供する。

◎茄子素麺
ナス、片栗粉、吸い地（だし、日本酒、塩、淡口醤油）
芽ネギ

[仕込み]
1　ナスは桂むきして、細切りにする。片栗粉をまぶし、熱湯でゆでる。
2　取り出して冷まし、冷蔵庫で保管する。

[提供時]
1　ナスを取り分け、吸い地を注いで温め、吸い地とともに器に盛る。芽ネギを添える。

一品料理

ホワイトアスパラガスの蛍烏賊ディップ

ホワイトアスパラガス、スナップエンドウ、塩
蛍烏賊ディップ（ボイルホタルイカ、調味液＊、塩少量）

＊煮きり味醂3：田舎味噌3：淡口醤油2の割で合わせたもの。

［仕込み］

1　蛍烏賊ディップを仕込む。ホタルイカ、調味液、塩少量をフードプロセッサーにかける。なお調味液の配合は表記のとおり。これを好みの分量だけ加える。

2　容器に移して冷蔵庫で保管する。日持ちは3日間程度。

［提供時］

1　ホワイトアスパラガスは根元のかたい皮をむき、塩ゆでして食べやすく切る。

2　スナップエンドウはヘタとスジをむき、塩ゆでする。

3　蛍烏賊ディップを盛り、ホワイトアスパラガス、スナップエンドウを盛り合わせる。

一品料理

ふき味噌豆腐

寄せ豆腐
ふき味噌（フキノトウ、胡麻油、西京味噌、仙台赤味噌、煮きり味醂、砂糖）
大葉

［仕込み］

1　ふき味噌を仕込む。まず味醂で砂糖を溶かし、ここに2種の味噌を加えてよく混ぜ、味噌床をつくる。

2　傷んでいるフキノトウの周りのガクをむいて、布巾などでふく。これをフードプロセッサーにかけてカットする。

3　鍋に胡麻油少量をひいて、2のフキノトウを炒めて取り出す。フキノトウが冷めたら味噌床と合わせて混ぜる。密封容器に移して冷蔵庫で保管。

［提供時］

1　寄せ豆腐をスプーンなどですくって盛り、大葉を敷いてふき味噌を添える。

一品料理

初夏トマトの冷製だし

トマト、オクラ、塩
吸い地（だし、日本酒、塩、淡口醤油）
とろろ昆布

［仕込み］

1　トマトは熱湯にくぐらせて皮を湯むきし、冷たい吸い地に浸けて冷蔵庫で1晩おく。

2　オクラは塩みがきし、サッとゆでて冷たい吸い地に浸けて冷蔵庫で1晩おく。

［提供時］

1　トマトを6等分のくし形切りにして、元の形に戻して盛り、縦2等分に切ったオクラを添える。

2　冷たい吸い地を流し、天にとろろ昆布を盛る。

一品料理

鱧と冬瓜、夏野菜の冷やし鉢

ハモ、葛粉
トウガン、ナス、揚げ油、煮汁（だし15：淡口醤油1：味醂1、タカノツメ）
カブ、オクラ（↓124頁・初夏トマトの冷製だし）
吸い地（だし、日本酒、塩、淡口醤油）
青柚子、木ノ芽

［仕込み］

1　ハモはおろして骨切りをし、一口大に切り落とす。葛粉をまぶし、吸い地でサッと煮る。沸いたら火を止め、そのまま冷まして味をなじませる。

2　トウガンは一口大の台形に切り、緑色の表皮を薄くむく。むいた皮側に隠し包丁を入れてバットに並べて蒸し器で蒸す。取り出して熱いうちに吸い地で煮て、そのまま冷まして味を含ませる。

3　ナスは縦半分に切り、皮側に鹿の子に切り目を入れて半月切りにし、160℃の揚げ油で揚げる。煮汁を合わせて沸かして冷ましておく。揚げたてのナスを冷めた煮汁に浸けて味を含ませる。

4　カブは縦半分に切って下ゆでする。吸い地で煮て、沸いたら火を止めてそのままおいて、味を含ませる。

5　それぞれを冷蔵庫で保管する。

［提供時］

1　冷やしたハモ、野菜類を盛り合わせ、青柚子をふり、木ノ芽をあしらう。

一品料理

白バイ貝の煮浸し

シロバイ貝、煮汁（だし6：淡口醤油1：味醂1：日本酒0・5）
大葉

［仕込み］

1　シロバイ貝は水洗いして、薄い塩水に1時間半浸けておく。

2　煮汁を合わせ、ここに1のシロバイ貝を入れて火にかける。沸いたら5分間程度煮て火を止めてそのまま冷ます。

［提供時］

1　煮汁から取り出し、大葉を敷いた器に盛る。楊枝を添えて提供。

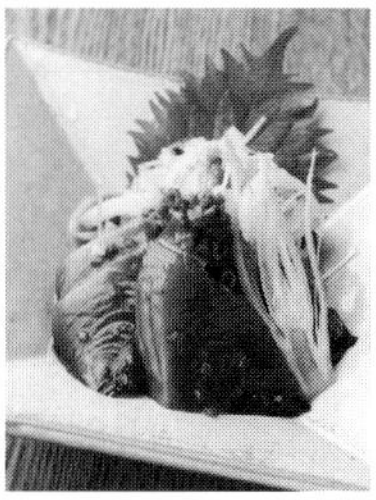

一品料理

鰹のにんにく醤油

カツオ、ニンニク醤油（濃口醤油500cc、味醂500cc、みじん切りのニンニク2玉分）
新玉ネギ（薄切り）、ミョウガ（薄切り）、万能ネギ（小口切り）、大葉

［仕込み］

1　ニンニク醤油を仕込む。材料をすべて混ぜ合わせて、冷蔵庫で1週間おく。

2　カツオは節におろし、サク取りする。

3　新玉ネギ、ミョウガ、万能ネギをそれぞれ切りそろえておく。冷蔵庫で保管する。

［提供時］

1　カツオを平造りにし、ニンニク醤油に10分間浸ける。

2　器に大葉を敷き、新玉ネギを盛る。1のカツオを醤油から取り出して盛り、ミョウガ、万能ネギを添える。

一品料理

鯖と茗荷の胡麻よごし

〆サバ（→11頁）、ミョウガ（せん切り）
胡麻味噌（白胡麻１８０ｇ、白練り胡麻少量、煮きり味醂１４０cc、仙台味噌少量、濃口醤油１２０cc）
白胡麻、大葉

［仕込み］

1　〆サバを仕込んでおく。ミョウガはせん切りにする。ともに冷蔵庫で保管する。

2　胡麻味噌を仕込む。煎った白胡麻をすり鉢ですり、白練り胡麻、煮きり味醂、仙台味噌、濃口醤油を加えてすり混ぜる。

3　胡麻味噌を容器に移し、冷蔵庫で保管。20日間保存可能。

［提供時］

1　〆サバを細切りにし、ミョウガと合わせる。ここに胡麻味噌を加えて混ぜる。

2　器に大葉を敷き、1を盛りつけ、せん切りのミョウガと白胡麻を天に盛る。

一品料理

ずわい蟹と雲丹の湯葉刺し

ズワイガニ（ほぐし身）、ウニ、汲み上げ湯葉
コマツナ、吸い地（だし、日本酒、塩、淡口醤油）
銀餡（吸い地、味醂、水溶き片栗粉）
トビコ、ワサビ

［仕込み］

1　コマツナを熱湯でゆでて水をきり、冷たい吸い地に浸けて味を含ませ、冷蔵庫で保管する。

2　銀餡を用意する。吸い地に味醂を少量加え、火にかける。沸いたら水溶き片栗粉でゆるめのとろみをつけて火を止め、冷やしておく。

［提供時］

1　器に水気をきったコマツナを盛り、汲み上げ湯葉をたっぷりかける。

2　冷たい銀餡をかけ、ズワイガニ、ウニ、トビコを盛り、ワサビを添える。

一品料理

毛蟹と蓴菜の酢の物

ケガニ、塩水（塩分濃度３％）
キュウリ（蛇腹）、塩水、昆布
ジュンサイ、生ワカメ
土佐酢＊（だし７：酢３：味醂１：淡口醤油１、砂糖少量、追いガツオ）
酢取りミョウガ（ミョウガ、甘酢＊＊）、大葉、おろしショウガ、木ノ芽

＊材料をすべて合わせて鍋に入れて火にかける。沸いたら火を止めて冷まし、漉しておく。
＊＊水５４０cc、酢１８０cc、砂糖50ｇ、塩10ｇを合わせて沸かし、冷ましておく。

［仕込み］

1　ケガニの脚がばらけないようにゴムなどで結わいておく。沸かした塩水に、丸ごと入れて15分間ゆでる。

2　取り出して甲羅を下に向けて冷ます。ここで使用するのは脚。脚を切り、食べやすいように殻を半分むいておく。冷蔵庫で保管する。

3　キュウリは塩みがきして蛇腹に切り、昆布を差した塩水に浸けておく。冷蔵庫で保管する。

4　ジュンサイは熱湯でサッとゆでて氷水で冷やして水気をきり、冷蔵庫で保管する。
5　生ワカメは食べやすく切って冷蔵庫で保管する。
6　酢取りミョウガをつくる。ミョウガを熱湯でゆで、おか上げして冷ます。甘酢にミョウガを浸ける。翌日から使える。

[提供時]
1　器に大葉を敷き、ワカメ、ジュンサイ、蛇腹キュウリ、ケガニの脚を盛り、土佐酢をかける。
2　酢取りミョウガを添え、おろしショウガと木ノ芽をあしらう。

一品料理
牡蠣と白菜、せりの冬のおひたし

カキ（むき身）、煮汁（だし10：味醂1：淡口醤油1）
セリ、白菜、コマツナ、シメジタケ、京揚げ
削りカツオ

[仕込み]
1　カキのむき身を大根おろしで洗い、熱湯をかけて霜降りする。煮汁を合わせてカキを入れて火にかけ、沸いたら弱火で火を通す。煮汁に浸けたまま冷ます。
2　セリ、白菜、コマツナ、シメジタケ、京揚げは熱湯でゆでて冷水にとり、水気をしっかり絞ってカキの煮汁で地洗いして水っぽさを除く。
3　2を冷めたカキの煮汁に浸ける。

[提供時]
1　セリ、白菜、コマツナ、シメジタケ、京揚げを食べやすく切り、器に盛る。
2　カキを上に盛り、削りカツオを添える。

焼
天然真鯛の焼き浸し

マダイ、塩
吸い地（だし、日本酒、塩、淡口醤油）
昆布、シイタケ（飾り切り）、木綿豆腐、コマツナ
木ノ芽

[仕込み]
1　マダイはウロコをかき落とし、内臓とエラを取り除く。冷蔵庫で保管する。
2　コマツナは熱湯でゆでて冷水にとり、冷蔵庫で保管する。

[提供時]
1　マダイに串を打って薄塩をあて、こうばしく焼く。この段階でタイには完全に火を入れる。
2　バットに1のタイ、昆布、シイタケ、角切りの木綿豆腐を入れて、吸い地を注ぎ、蒸し器で12分間蒸す。
3　器に盛り、コマツナを添え、木ノ芽をあしらう。

揚

銀鮭の唐揚 初夏野菜の餡掛け

銀ザケ、塩、片栗粉、揚げ油
野菜餡（アスパラガス斜め切り、ヤングコーン斜め切り、赤パプリカ棒切り、コマツナざく切り、吸い地＊、味醂、水溶き片栗粉）
長ネギ（小口切り）、芽ネギ

＊だし、日本酒、塩、淡口醤油。

[仕込み]
1 銀ザケを三枚におろし、薄塩をあてて1時間冷蔵庫において塩をなじませる。
2 野菜をそれぞれ切って、冷蔵庫で保管する。

[提供時]
1 銀ザケを一口大の切り身にし、片栗粉をまぶして170℃の揚げ油で揚げて油をきる。
2 野菜餡をつくる。鍋に吸い地と少量の味醂を入れて、各種野菜を取り分けて煮る。野菜に火が入ったら、水溶き片栗粉でとろみをつける。
3 揚げたての唐揚げを器に盛り、熱い野菜餡をかける。長ネギと芽ネギを添える。

揚

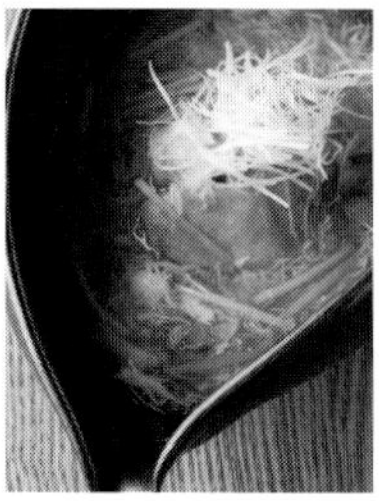

えび芋唐揚 せりと蟹の餡かけで

エビイモ、煮汁（だし10：淡口醤油1：味醂1）
片栗粉、揚げ油
餡（だし、塩、日本酒、淡口醤油、ほぐしたズワイガニ、ざく切りのセリ、水溶き片栗粉）
白髪ネギ

[仕込み]
1 エビイモを六方にむき、水から火にかけてゆでこぼして水洗いし、ヌメリを取り、半分に切る。
2 煮汁を合わせて、1のエビイモを入れて柔らかく煮る。このまま冷まして味をしみ込ませる。煮汁に浸けたまま冷蔵庫で保管する。

[提供時]
1 エビイモを取り出して、蒸し器で温める。片栗粉をまぶし、160℃の揚げ油で揚げて油をきる。
2 餡をつくる。だしに塩、日本酒、淡口醤油、味醂を少量ずつ加えて、吸い物地程度の味に調える。
3 2を熱してズワイガニのほぐし身を加え、水溶き片栗粉でとろみをつける。最後にざく切りのセリを加えて火を止める。
4 揚げたてのエビイモに餡をたっぷりかけて、天に白髪ネギを盛る。

揚

目光り南蛮揚

メヒカリ、片栗粉、揚げ油
南蛮酢（だし3合、酢2合、白醤油1合、砂糖100g）
玉ネギ（薄切り）、シシトウ、白髪ネギ、芽ネギ

[仕込み]
1 メヒカリはウロコを落とし、頭を切り落とす。内臓を抜いて水洗いし、水気をふいて冷蔵庫で保管する。
2 玉ネギは水にさらしておく。

[提供時]
1 メヒカリに片栗粉をまぶし、骨まで食べられるように、160〜170℃の揚げ油でじっくり揚げて油をきる。
2 玉ネギの水気をきって盛り、1のメヒカリを盛り合わせる。

3　同時に南蛮酢を合わせて沸かし、2にかける。素揚げのシシトウを添え、白髪ネギ、芽ネギをあしらう。

一品料理

穴子と茄子の湯葉餡かけ

アナゴ、ナス、薄力粉
天ぷら衣（薄力粉、水）、揚げ油
生湯葉
餡（だし7：味醂1：淡口醤油1：水溶き片栗粉適量、ワサビ少量）
白髪ネギ、三ツ葉

［仕込み］

1　アナゴは背開きにして水洗いし、表面のヌメリを取り除く。バットなどに入れてリードペーパーをかけて保管する。

［提供時］

1　アナゴは適宜に切る。薄力粉をまぶして、天ぷら衣をつけて、170℃の揚げ油で揚げる。

2　ナスは縦半分に切り、皮面に鹿の子に包丁目を細かく入れる。これをさらに半分に切る。天ぷら衣をつけて170℃の揚げ油で揚げる。

3　生湯葉は蒸し器で温めておく。

4　餡をつくる。だし、味醂、淡口醤油を合わせて熱し、水溶き片栗粉でとろみをつける。香りがとばないように、火を止めてからおろしワサビを溶かして仕上げる。

5　器にアナゴとナスを盛り、生湯葉と餡をかける。白髪ネギと三ツ葉をあしらう。

一品料理

鰊と春野菜の炊合せ

◎鰊
ニシン、塩、煮汁（だし10：味醂1：淡口醤油1：日本酒0・5）、ショウガ（薄切り）適量

◎春野菜
タケノコ、煮汁（だし10：味醂1：淡口醤油1）
タラの芽、コゴミ、菜ノ花
吸い地（だし、日本酒、塩、淡口醤油）

削りカツオ

［仕込み］

◎鰊

1　ニシンは三枚におろし、薄塩をあてて丸1日冷蔵庫において乾燥させ、水分を抜いて味を凝縮させる。

2　鍋に湯を沸かし、1を入れてすぐに取り出し、霜降りする。残ったウロコなどをていねいに取り除く。

3　煮汁にショウガを加えてニシンを並べ、弱火で3分間ほど煮て火を止めてそのまま冷ます。

◎春野菜

1　菜ノ花は熱湯でサッとゆで、冷水にとって水気をきる。吸い地に菜ノ花を浸しておく。

2　コゴミ、タラの芽はそれぞれ熱湯でゆでて、吸い地に浸けておく。

3　タケノコは赤唐辛子と米ヌカを入れた水でゆでる。串が通るようになったら火を止めて、そのまま1日おいてアクを抜く。翌日煮汁を合わせて、アク抜きしたタケノコを25分間煮て、そのまま冷まして味をしみ込ませる。

［提供時］

1　ニシンと春野菜を別々にバットなどに入れて蒸し器で温める。

2　器に盛り合わせ、削りカツオを添える。

一品料理

黒毛和牛の肉じゃが

牛ロース肉、煮汁（だし12：味醂1・2：淡口醤油1：日本酒0・5）

ジャガイモ（インカのめざめ）、煮汁（だし10：味醂1：淡口醤油1）

金時ニンジン、煮汁（だし10：味醂1・2：淡口醤油1）

シラタキ、玉ネギ（くし形切り）、煮汁（だし、日本酒、塩、味醂）

菜ノ花、吸い地（だし、塩、日本酒、淡口醤油）

［仕込み］

1　牛ロース肉は熱湯にくぐらせて霜降りをする。煮汁を合わせて火にかけ、沸いたら弱火におとし、牛ロース肉を40分間煮る。そのまま冷ます。

2　ジャガイモは皮を六方にむき、水からサッと下ゆでする。煮汁を合わせて下ゆでしたジャガイモを入れ、柔らかくなるまで煮る。火を止め、そのまま冷まして味をしみ込ませる。

3　金時ニンジンは棒状に切り、水からサッと下ゆでする。煮汁を合わせてニンジンを入れて、柔らかくなるまで煮る。そのままおいて味をしみ込ませる。

4　シラタキは熱湯にくぐらせて、吸い物地程度に薄味をつけた煮汁で40分間ほど煮る。火加減は弱火。火を止めたらそのまま浸けて味をしみ込ませる。

5　玉ネギは熱湯で下ゆでして、4と同じ煮汁でサッと炊いて、そのまま冷まして味をしみ込ませる。

6　菜ノ花は熱湯でサッとゆでて吸い地に浸けておく。

［提供時］

1　それぞれの材料をバットなどに取り分けて、蒸し器で温めて、器に盛り合わせる。

一品料理

根菜の炊合せ

レンコン（輪切り）、煮汁（だし12：味醂1：淡口醤油1）

カブ（くし形切り）、吸い地（だし、塩、日本酒、淡口醤油、味醂）

サトイモ（六方むき）、煮汁（だし10：味醂1：淡口醤油1）

ゴボウ（筒切り）、煮汁（だし10：味醂1：淡口醤油1）

菜ノ花、吸い地（だし、塩、日本酒、淡口醤油、味醂）

［仕込み］

1　根菜類を水から火にかけて下ゆでする。

2　それぞれの根菜に合った配合の煮汁で柔らかく煮て、そのまま冷まして味をしみ込ませる。煮汁とともに密封容器に入れて保管。

3　菜ノ花は熱湯でゆでて冷水にとり、吸い地に浸けておく。

［提供時］

1　根菜を取り分けて、蒸し器で温める。

2　個別の蒸し器に、温めた根菜を盛りつけ、菜ノ花を添えて蓋をする。固形燃料を点火して提供する。

一品料理

京鴨と芹たっぷり小鍋

合鴨胸肉（京鴨）、セリ
割下（だし10：味醂1：淡口醤油1：日本酒1）

［仕込み］

1　合鴨は余分なスジなどを切り落として掃除する。

2　セリはざく切りにして冷蔵庫で保管する。

［提供時］

1　合鴨を薄切りにする。

2　土鍋に割下を入れて火にかける。グツグツと沸いたらセリを入れ、合鴨をのせる。

3　すぐに提供する。

一品料理

天然真鯛の柚庵とろろ蒸し

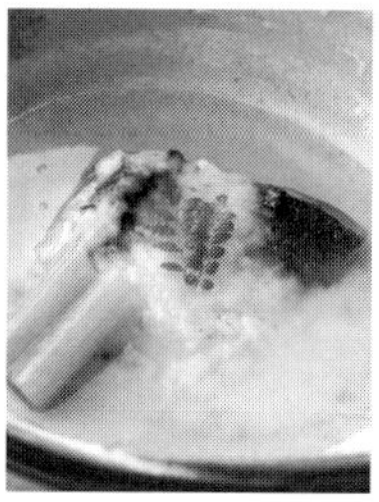

マダイ（切り身）130g、塩、柚庵地（濃口醤油1：味醂1：日本酒1、柚子）
ナガイモ（すりおろし）
銀餡（吸い地、味醂、水溶き片栗粉）
フキ、塩、吸い地（だし、日本酒、塩、淡口醤油）
木ノ芽

［仕込み］

1　マダイは三枚におろし、切り身にする。薄塩をあてて40分間おいたのち、柚庵地に浸けて冷蔵庫で半日おく。

2　ナガイモをすりおろして冷蔵庫で保管する。

3　フキは塩みがきして、熱湯でゆで、スジをむく。吸い地に浸けて味をなじませる。

［提供時］

1　マダイの水気をふき、串を打って焼く。この段階でタイには完全に火を通しておく。

2　バットにタイをのせ、おろしたナガイモをかけて蒸し器で3〜5分間蒸す。ナガイモが固まったら取り出す。

3　銀餡をつくる。吸い地を熱し、味醂を少量加える。沸いたら水で溶いた片栗粉を加えてとろみをつける。

4　2を器に盛り、フキを添える。上から銀餡をたっぷりかけ、木ノ芽をあしらう。

選びやすさを考慮してメニュー数を決める

適正なメニューの品目数はどのくらいか。これを決めるのはむずかしいし、単純に何品がよい、ということはいえない。お客さまの側と店側の双方の視点から考えていく必要があるし、そこにはさまざまな要素がかかわってくるからだ。

お客さまの側からすれば、メニュー数すなわち選択肢は多いほうがいいと思うかもしれないが、そうとは限らない。あまりに数が多いと選びにくいし、決めるのにも時間がかかる。メニューが多いと店の作業は煩雑になるが、それはお客さまの側にもいえることなのだ。

また、品数が多くさまざまな要素（調理法や料理ジャンルなど）を取り込んだメニューのことを"総花的"と表現するが、これはお客さまからすると「何屋か」がわかりにくいメニューということになる。何屋かというのは、どういうときに利用する店かということであり、これがお客さまにわかりやすく伝わるメニューになっていることが大切だ。その観点からも、メニューの幅を広げすぎることは危険である。

もっとも、品数が多いのがダメで、絞り込まれていればいい、という単純な話ではない。大切なことは以下の3点だ。すなわち、①お客さまにとって魅力あるメニューがそろっていて、②かつ選びやすく、③一品一品がきちんとしたクオリティで提供されること。それができる限りにおいては、メニュー数は多いほうがいいことになる。

つまり、この三つの要素を実現できるようにメニュー数と具体的な品揃えを決めていくことが重要なのである。

先述したように、メニュー数＝お客さまの選択肢の数だが、どのように選択の幅をとるかによってもお客さまの選びやすさは変わってくる。

たとえば、サラダ、焼き物、揚げ物といったカテゴリーをたくさん設けるのか、逆にカテゴリーは絞ってカテゴリーの中での選択肢を多くするのかといった違いがある。トータルの品数が同じだとすると、後者のほうがバラエティ感が出るし、お客さまも選びやすい。もちろん、絞るとはいっても割烹として必要なカテゴリーは持つ必要があるが、1カテゴリーにつき2品しかないのと5品あるのとでは、後者のほうがはるかに豊富な品揃えとしてうつることは明らかだろう。

メニューの品数を決めるにあたっては、原価のかけ方のところでも述べた調理に要する作業量と時間も重要なファクターだ。極端な話、ほとんどが仕込んでおけるメニューで構成されているのであれば、品数はどれだけ多くても問題ない。現実にそんなことはありえないが、作業の組み立て方によって提供できるメニューの数が変わってくることは確かである。

仕込みに手間と時間はかかるがスピーディに出せるもの、ツーオーダーでの調理がメインになるものをうまく組み合わせ、先述したお客さまの選びやすさを勘案しながらメニューの品数を決めていくことが大切だ。

熊本直送馬刺　一、六〇〇
寒ぶりわらタタキ　一、六〇〇
ホウボウ　一、四〇〇
黒イカ昆布〆　一、二〇〇
こはだ　一、〇〇〇
真鯛　一、〇〇〇
刺盛り（三人前）三、六〇〇

おすすめ

鰆の瞬間燻製 岩塩焼き　一、八〇〇

国産たけのこ炭焼き　一、二〇〇
温野菜の味噌チーズ　一、四〇〇
ホタテ貝と大根のクリームコロッケ　八〇〇

珍味！

からすみ　一、四〇〇
焼めんたいこ　八〇〇
ホタルイカ沖漬け　八〇〇
エイヒレ　六〇〇
子持ち昆布　八〇〇
自家製うずら燻製玉子　六〇〇
珍味の盛り合わせ　二、二〇〇

鹿児島産黒豚しゅうまい
ホッキ貝と山あさつきのぬた
海老とそらまめのポテトサラダ
ずわい蟹と三ツ葉の玉子焼き
旬菜の盛り合わせ
・菜の花からし醤油
・たけのこ木の芽味噌
・ふき梅おかか
・わらび白和え
・菊芋きんぴら

仔羊の炭焼き
真だこのやわらか煮
和風ローストビーフとクレソンのサラダ
あわび茸と白子のお椀

ごはん物！

金目鯛と山菜の炊き込みごはん
（三十五分程お時間をいただきます）
きしめん
炙り焼チャーシューどんぶり
鯛茶づけ
おわんのおにぎり
（ひじき、大葉、胡麻を混ぜたおわん型おにぎり）
しじみ汁
おしんこ

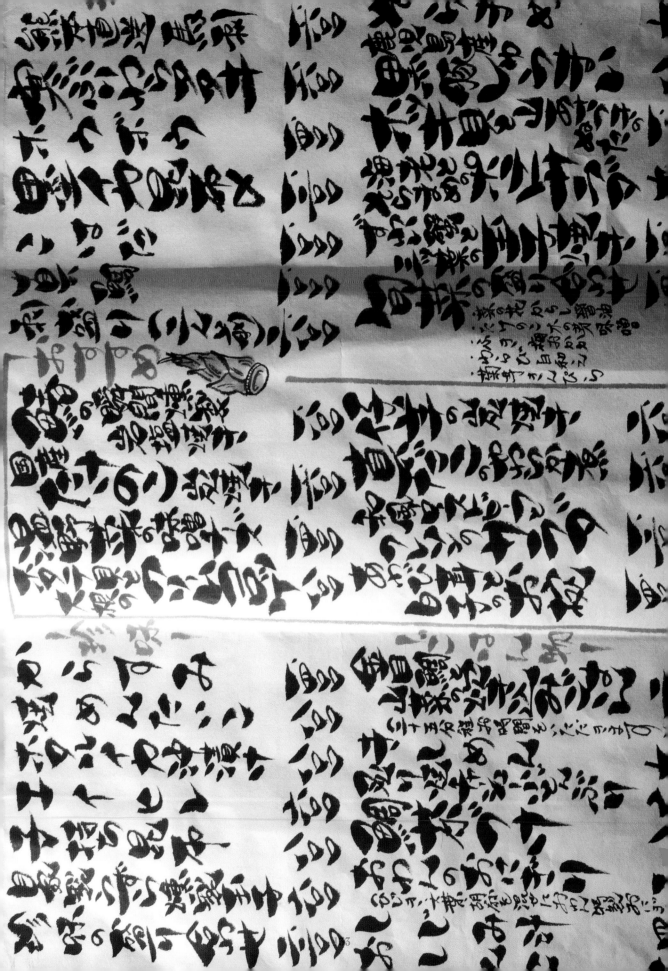

「稲水器 あまてらす」

都内屈指の銘酒居酒屋からの独立

池袋駅から明治通りをひたすら歩く。1本道だ。はじめて訪れた人は、やや遠いと感じる距離だろうか。繁華街を抜け、春日通りを渡ると左側に看板が見える。フリ客はまずのぞめない場所だ。この店を目指してやってくるお客さまのみを対象にした商売である。

圧倒的な日本酒の品揃えと料理で人気を集めている「稲水器 あまてらす」。店名につけた稲、水、器は、食べもの、酒、器を表わしているという。旨い酒と肴を目当てにやってくるのは、少人数のお客さまだけではない。2階の個室を予約するグループ客や接待客も多いという。

店主の古賀哲郎氏は大学を中退し、20歳で東京・大塚の

店名／稲水器 あまてらす
店主／古賀哲郎
料理長／唐牛竜治
住所／東京都豊島区東池袋2-62-11
電話／03-6912-9191
営業時間（L.O.）／
平日18：00～24：00（L.O.23：00）
土、日、祝17：00～23：00（L.O.22：00）
定休日／不定休
＊カード可・店内禁煙

開店年／2011年開店、2016年移転
店舗規模（坪）／40坪
客席数／50席（1階カウンター6席・テーブル14席、2階テーブル30席・内個室4室16席）
従業員数／厨房3名、サービス4名（シフト制）
料理価格／450～2200円
酒／日本酒中心。主銘柄は而今、東洋美人、十四代他40蔵、アイテム数約80
客単価／6500円
食材原価率／37～38％
ドリンク比率／40～50％
酒の価格の決め方／原価の3倍。日本酒の容量は90ccと180cc。要望があれば60ccも用意。

「串駒 房」に入社し、半年で、斜向かいにある本店の「串駒」に異動。「串駒」は、銘酒居酒屋がひしめく大塚界隈でも老舗級の実力店だった。

当初はホールでサービスを担当し、そののち厨房に。7年半同店に勤め、日本酒の知識を深め、和食の修業を積んだ。このまま「串駒」を受け継いで働いていくつもりだったのだが、「串駒」の主人、大林 禎氏の充実した人生を近くで見ているうちに、次第に自分の店を持ち、創業者にしか経験できない苦労や達成感を味わいたいと思うようになったという。

独立の準備を始めて半年後の2011年3月に店を辞め、その年の5月にはオープンにこぎつけた。東日本大震災で日本全体が沈み込んでいる年だった。

立地に関しては、山手線駅で地下鉄が乗り入れているターミナル駅と決めていた。山手線沿線やそのエリア内で働いている人たちがアクセスしやすいと考えたためだ。乗り換え1回程度であれば、2店目として足を運んでもらうこともできると考えた。

高田馬場が第1候補地で、まずまずの物件も見つかり、ようやく契約というところまでこぎつけたときに、古賀氏は池袋で営業終了の紙を貼られた物件を目にした。これが現在の店のすぐ隣にあった移転前の旧店舗である。高田馬場よりも周辺の環境がかなりよかったので、急遽こちらに変更した。

池袋東口から店までの道順はわかりやすく、春日通りを越えると池袋の駅周辺の喧騒は届かない。友人や家族に意見を聞いたほか、大塚の隣駅ということで「串駒」の大林氏にも池袋での出店について相談。周囲からの温かい言葉に支えられて、ここに店を開く決心をした。もと和風イタリアンの店で、営業不振で店仕舞いとなった物件だったが、不思議と古賀氏には不安はなかったという。

「串駒」の同僚で、郷里の弘前で独立しようと店を辞めて

移転後に増床した店舗。1階はカウンターとテーブル席、そして日本酒用の大型冷蔵庫が設置されている。

写真正面に日本酒用の大型冷蔵庫1台。向こうには燗酒用の日本酒や焼酎用の常温の棚が並ぶ。その右隣にもう1台大型の冷蔵庫を日本酒用に設置している。

2階は半個室4室と大人数の宴会に対応できるテーブル席で合計30席。

いた料理長の唐牛竜治氏が、一緒にやってくれることになったのも心強かった。

自己資金ゼロだったが、銀行と知人からの借入金のみで何とか店を始めることができた。

増床で新規客を摑み、売上げロスをなくす

オープン以来、店の経営は順調だったが、開店から5年を経過する頃に少し客足が落ち着いてきた。そこで古賀氏は移転増床を考え始める。

平日の稼働率を上げるために、接待用の個室が欲しかったこともあった。平日には空席が出ることがあっても、忙しい週末にはその分しっかり儲けたい。しかし週末は予約客を断ることもあったため、席数を増やすことで売上げのロスをなくそうと考えたのだ。

旧店舗に隣接する喫茶店がちょうど閉店することになったため、その物件を借りようと家主と交渉を開始。2階も合わせて借りる条件で家賃交渉し、旧店舗の半分以下の坪家賃1万円で契約を結ぶことができた。

新店舗は2フロアとなり広さは倍。客席数は26席から50席に増えたが、家賃は以前とほぼ同額に抑えることができた。旧店舗は狭かったために倉庫代わりに別に部屋を借りていたが、それも必要なくなった。

1フロア増えたために従業員を1名増員する必要があり、また2階の従業員を古賀氏が把握できないというマイナス面もあったが、移転増床による売上げ面での効果はそれを十分カバーできるものだった。

日本酒を売るために日本酒を識る

「あまてらす」の魅力は、40の蔵元から平均して2種ずつ仕入れている日本酒の豊富な品揃えだ。「而今」「東洋美人」「十四代」「天明」「王禄」といった人気の蔵元の酒を揃えるだけでなく、その飲み比べができるというのがセールスポイントになっている。

同じ蔵の銘柄を2種類以上おいている店は意外に少ない。これが日本酒マニアにとって来店のフックとなっているという。大吟醸がそろっているのも特徴の一つだ。酒器にこだわり、遊び心のある楽しい演出をすることも店の印象を強めるのに大事だという。

「私は自分を日本酒のセールスマンだと思っています。ですからAではなくBをすすめる理由をきちんと説明できなければなりません。ディーラーのセールスマンなら、商品である車の特徴を隅々まで熟知しているでしょう。同じように、私も店においている日本酒のすべてを説明できるように勉強しています」

思わず注文したくなるセールストークも大事だ。「これもディーラーなら当然のこと。でも、居酒屋が酒のことを説明すると『すごい』となるのは複雑な思いがします」と古賀氏。残念ながらそれが居酒屋の現状だが、そこを変えていきたいとのだと古賀氏は言う。

店では、訪れたことのある酒蔵の酒のみを売っている。そこで得た新しい情報をもとに、新しい有望な蔵元と知り合うこともある。「将来性のある自分好みの蔵と良好な関係を初期段階で構築で

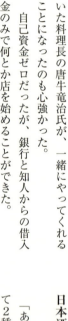

料理長の唐牛竜治氏は青森県弘前市出身。店主の古賀氏とは東京・大塚の「串駒」時代の同僚だ。

「あまてらす」のファサード。池袋駅から明治通りを真っ直ぐ歩き、春日通りを越えてすぐ左手が移転後の店舗。２フロア 50 席が週末は満席になる（上）。
２階に上がる階段からは、主要銘柄の「東洋美人」や「而今」などのディスプレイが見える（右）。

きると、そのあとも酒をきちんと仕入れられるようになる」（古賀氏）ことから、蔵元とのつき合いには力を入れている。また、増床を機にアルバイトも店の費用負担で蔵元をめぐることができるようにした。作業負担が増えた従業員をメンタル面でケアすることと、人材育成の一環という狙いがある。

　蔵元の在庫状況を把握したうえで、酒は近所の酒屋から仕入れる。酒屋が「『あまてらす』ではこの酒がこんなに売れている」と広くセールスしてくれれば、酒屋も蔵元もうるおうからだ。「日本酒は季節商品ですから、蔵元の在庫数を把握して発注をかけるのも大事。現在店内の冷蔵庫で５００本は保管できるのですが、将来は氷温庫が欲しい」と古賀氏はますます意欲的だ。

　こうした取組みが日本酒マニアの心を摑んだわけだが、店としてマニアックになりすぎないことも大切だ。お客さま全員が日本酒マニアというわけではない。どんな飲み手にも気持ちよくお酒を飲んでいただくことが大事。お酒をすすめる際の会話では、けしてお客さまのいうことを否定してはいけないという。

　料理を目当てにくるお客さまには、料理に合う酒をすすめると喜ばれる。あくまでも料理ありきである。「日本

２階

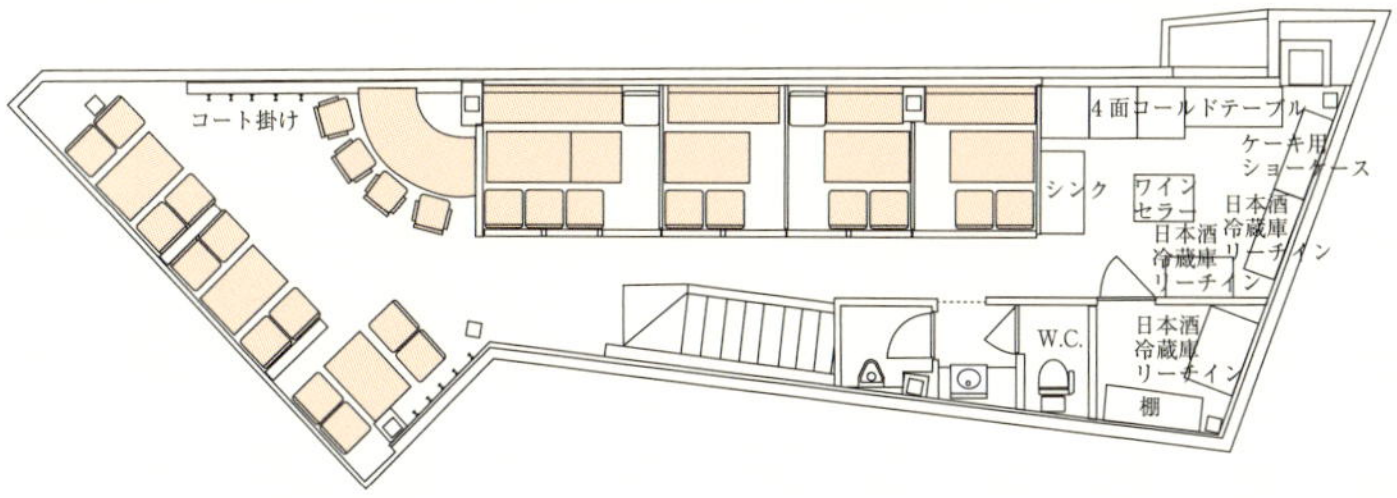

１階

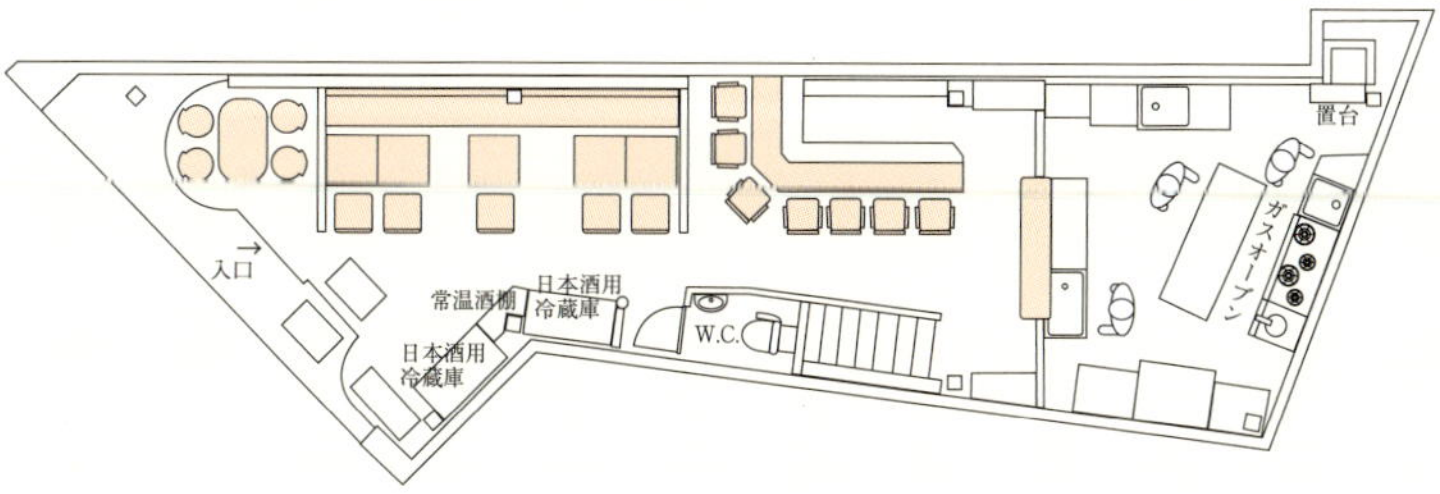

1階と2階の2フロア構成。1階はカウンター席、テーブル席、厨房。厨房は奥の壁側に火元を集中させた。調理担当は３名体制で、厨房に奥行きがあるので中央に作業台を１台おいて対応している。1階、2階の料理はすべてこの厨房で調理し、サービス担当が2階へ運ぶ。
店に入るとまず目に入るのが、あまてらすの主力商品である日本酒冷酒用の大型冷蔵庫。隣には常温・お燗用の日本酒と焼酎の棚、この棚の向こうにもう１台日本酒冷酒用大型冷蔵庫を設置。2台の冷蔵庫には日本酒がぎっしり保管されている。
2階はテーブル席と個室４室。大人数のグループ客はこのテーブル席のスペースを貸切にすることも可能。個室は中の様子が見えるように格子の引き戸にしている。個室間の仕切りははずせるようになっているので、つなげて使うこともできるフレキシブルなつくり。

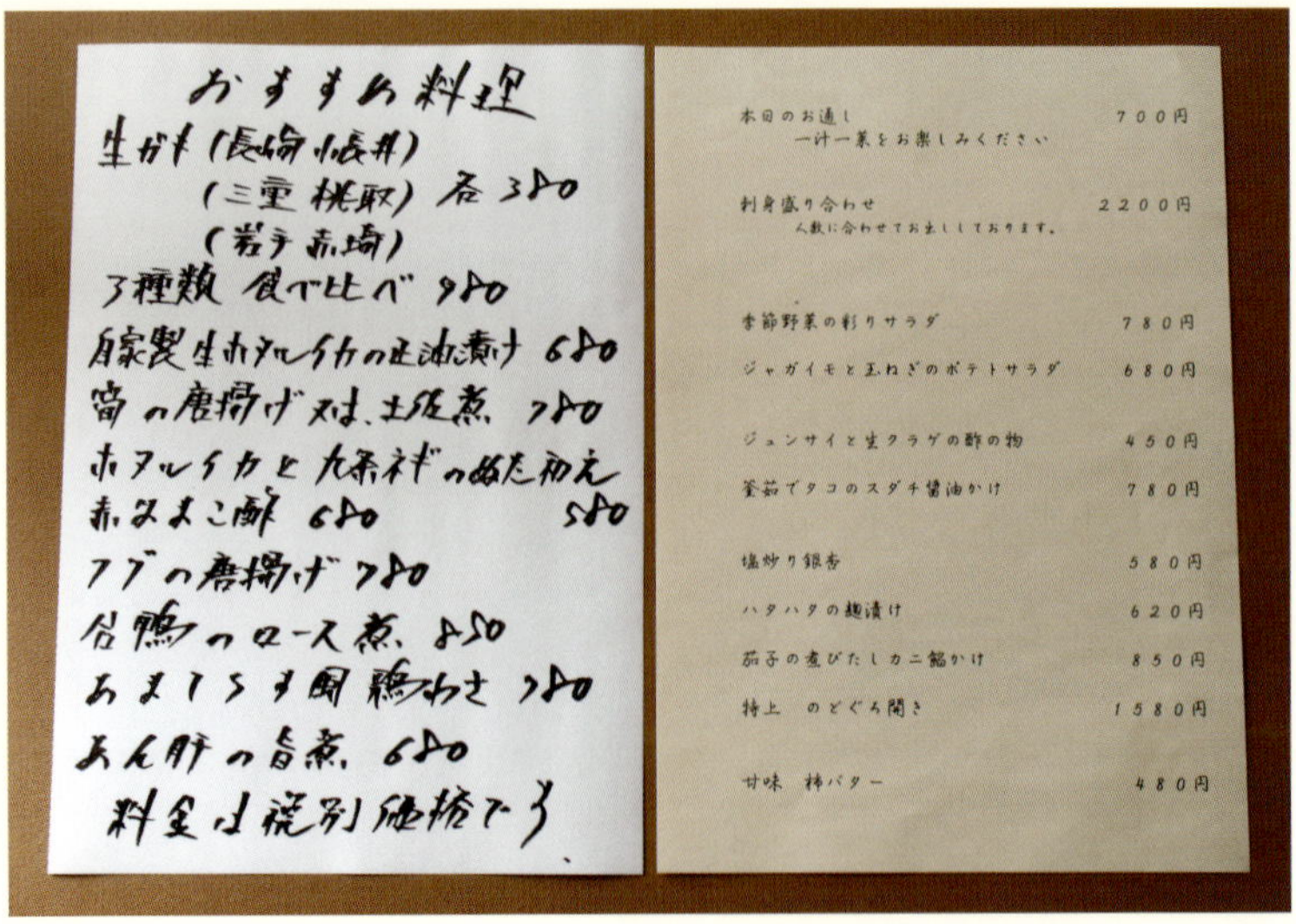

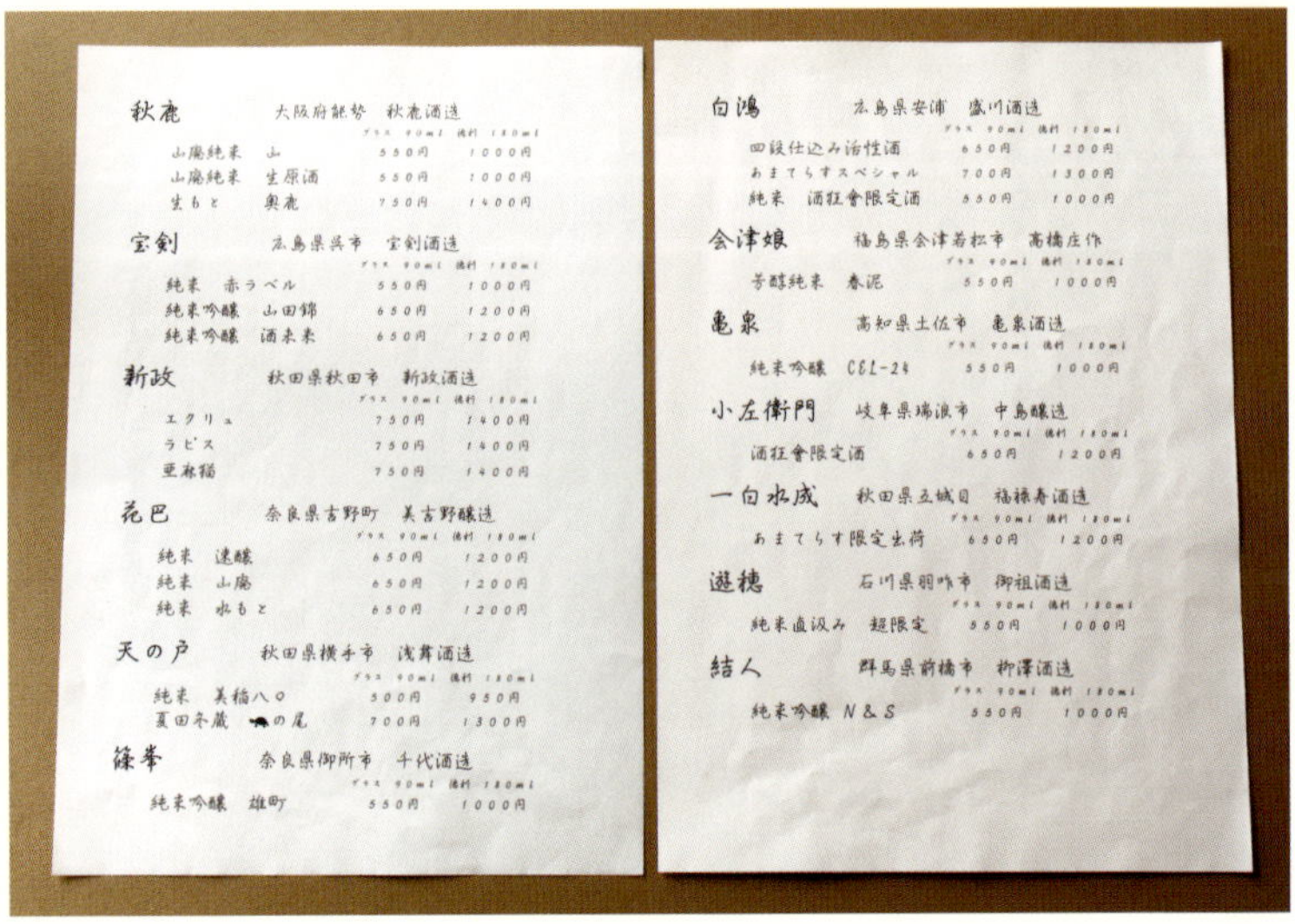

酒はワインと違ってよい意味でも悪い意味でも懐が深く、ほとんどの料理に合うのです。ですから、ことさら酒との相性を意識して料理をつくってはいません。もっとも最近の日本酒は、しっかりした濃厚な吟醸タイプが増えているので、料理もおのずと味が濃いめで油分多めのしっかりしたものが合うようになってきたのではないでしょうか」と古賀氏は言う。

一方で、お新香、チーズ、発酵食品などは必ずメニューに組み込む。一口サイズで食べやすく、塩味、酸味、甘みがあり、時間をかけて食べても味の劣化が少ないからだ。細かいことだが、こうした料理が揃っていることも日本酒好きにアピールする部分だろう。

「最近、20蔵60アイテムくらいの品揃えもいいのではと思うようになりました。その場合は、自分の言葉で酒を伝えるためにカウンター中心の小さな店がいいですね」という。日本酒セールスマンとしての古賀氏の構想は、新しい段階に入っているようだ。

写真上段左：料理メニューとドリンクメニューは別冊子で用意する。ビニールのブックカバーをかけている。
写真上段右：料理のメニュー。本日のおすすめ料理はよく目立つ1頁目にのせ、そのあとにグランドメニューがつづく。
写真下段：ドリンクのメニュー。1頁目は紙の色を変えて「日本最高峰の極上旨美酒」として、高価格の人気銘柄が12、そのあとに同一蔵で複数アイテムそろえている日本酒がずらりと並ぶ。

稲水器 あまてらす　料理

本日のお通し

ずんだすり流し ピータン豆腐　6月

お通しは1週間ごとに入れかえている。つねにお椀と小鉢の2品構成。本日のお通しに合わせる1杯目の日本酒は、少し活性系のものを選んだ。胡麻油を加えたピータンダレに合う「新政 あま猫スパークリング」。

料理解説152頁

桜胡麻豆腐

胡麻に牛乳を加えた嶺岡豆腐風に仕上げた胡麻豆腐。春らしく桜の葉の香りをつけ、桜花をあしらった。合わせたい日本酒は花見酒の一つ、能登のうすにごり「遊穂 花さかゆうほ 純米吟醸無濾過生原酒」。料理解説152頁

トマトの蜜煮

フルーツトマトをシロップで煮含め、モッツァレッラチーズとバジルを添えた。甘みの少ないトマトやプチトマトでも十分おいしくつくることができる。煮終えてから1日おくと味がなじむ。合わせたい日本酒は、トマトの名産地である栃木県の甘みのある「仙禽 モダン無垢」。

料理解説153頁

蛸と白瓜の湯葉梅和え

6月の和え物。シロウリやタコに塩分があるので、加える叩き梅の分量は加減して、好みで調節する。生湯葉に合うように、梅干は甘口の果肉の柔らかいタイプを選んだ。合わせる日本酒はさらりとした夏吟といわれる「寳劔 涼香吟醸」（広島）。

料理解説153頁

じんたの南蛮漬け

じんたとは豆アジのことで、5〜7㎝ほどの大きさのアジをさす。酸味がさわやかな、夏に向く料理なので、旬のカマスなどでつくってもよい。この料理は酸味をおだやかに効かせているので、静岡の酸味の少ないさらりとした「磯自慢 特別本醸造」を合わせた。

料理解説153頁

あまてらす風とりわさ

低温のスチーマーで蒸して、しっとり火を入れた鶏モモ肉は、薬味を混ぜた鬼おろしとともに。さっぱりした鶏と、薬味の青っぽさに合うように、日本酒はメロン香のする静岡の「正雪 純米吟醸（使用米は山田穂）」。

料理解説154頁

豚バラ肉香味焼き

豚バラを新玉ネギでマリネし、そのマリネ液でソースを仕立てて焼いた豚肉にかける。脂が多い部位なので、甘みのある新玉ネギソースがよく合う。ソースは新玉ネギの生っぽさを残すように温めている。合わせる日本酒は、石川の「遊穂 純米酒直汲み」。

料理解説154頁

鶏モモ肉の黒胡椒焼き

黒コショウの香りと辛みがこの料理の決め手なので、ホールを挽いてたっぷり使う。スパイシーな料理には熟成感がある日本酒「篠峯 生酛 3年熟成」を合わせた。 料理解説154頁

シラスのオムレツ

仕込みなし、短時間で仕上がる玉子料理を一品。とろりとしたオムレツもいいが、酒のつまみには半熟すぎるよりもやや火を入れたほうが合う。合わせたい日本酒は奈良の「篠峯ろくまる 純米吟醸無濾過原酒（使用米は雄町）」。 料理解説155頁

出汁炊き玉子

出汁巻き玉子は定番の人気メニューだが、焼き時間がかかるので、あらかじめ焼いておいて、注文後にだしでふっくらと煮て、時間短縮をしている。合わせる日本酒は主張の強いにごり系の「而今 特別純米にごり」。とろみのある「蟹餡」に、口の中で滞留する時間が長い「にごり」を合わせて両者の滞留時間を合わせてみた。

料理解説155頁

空心菜と豚肉の豆豉炒め

旬の野菜をサッと炒めた中華風。野菜の歯応えが残るように炒めるのがポイント。豆豉のタレは中華風炒め物全般に合う。合わせる日本酒は「遊穂 純米無濾過生原酒」。この酒は中華系のつまみとの相性がよい。

料理解説156頁

粒貝の練ウニ炒め

食感のよいツブ貝を炒め、濃厚な旨みの練りウニで調味。ウニ卵黄はツブ貝以外の歯応えのよいサザエなどの貝類全般に合う。貝は咀嚼時間が長いので、余韻が長い酒を選ぶのも手だが、ここでは素直な香りの「仙禽 クラシック 亀ノ尾 純米吟醸」を選んだ。 料理解説156頁

筍の唐揚げ 蕗味噌添え

アクを抜いたタケノコは味を含ませておくので、唐揚げのほかに、木ノ芽焼きなどにも利用している。添えた蕗味噌は会津坂下の曙酒造の裏庭に自生するフキノトウで仕込んだもの。合わせる日本酒は曙酒造の「天明 瑞穂黄金88 無濾過生原酒」。 料理解説156頁

房付きヤングコーン天ぷら

ヤングコーンは薄い皮1枚を残したまま天ぷらにすると、香りを中に閉じ込めることができる。必ずヒゲがついたものを選ぶこと。揚げ物なので、しっかりめの日本酒もいいが、種が野菜なので、酸味やガス感がある、酒の味がくどくないさっぱり系の「王禄 渓 直汲み」。 料理解説157頁

燻製春巻きコロッケ

炒めた鶏モモ挽肉を燻ぶし、ジャガイモと合わせてつくったコロッケの種を春巻の皮で巻いてカラリと揚げた。コロッケとはいえ、パン粉をつけないので、仕込みおきしてもいい状態をキープできる。合わせたい日本酒は燻製香のニュアンスのある、火入れ熟成タイプで大阪の「秋鹿 山 山廃純米」。

料理解説157頁

牛かつ なめ茸ソース

使用する牛肉は、モモやヒレなどの赤身肉のほうが、旨みのあるなめ茸ソースに合う。なめ茸ソースはまとめて仕込んでおけば、ほかの料理に応用できる。冷奴の上にのせても美味。日本酒は、赤身肉に合う、すっきりしているがどっしりタイプの「佐久の花 熊本酵母純米酒」を選んだ。

料理解説157頁

鯛蕪

桜ダイのお頭を使った春らしい華やかな一品。手間はかかるが、原価が抑えられるうえ、ボリューム感もある。合わせたい日本酒は、愛知の「義侠 はるか 純米酒」。アルコール分はやや少ないが、米の旨みがしっかり出ているので、燗か常温がおすすめ。

料理解説158頁

合鴨のロース煮

皮下に脂がたっぷりついているので、ていねいに落とし、タンパク質が凝固を始める60℃で加熱すると、しっとりと火が入る。合鴨は赤身肉に近いので、合わせる日本酒は、甘みと酸味のニュアンスが赤身肉に近い、昔ながらの製造方法をとっている奈良の「花巴 水酛 純米原酒（使用米は吟のさと）」。

料理解説158頁

筍豆腐芹餡かけ

タケノコの根もと近くのかたい部分をフードプロセッサーにかけて利用した一品。柔らかい穂先は土佐煮や唐揚げなどに使う。タケノコはほのかにえぐみがあるので、合わせる日本酒も苦渋がしっかりした島根の「開春 純米超辛口（使用米は神の舞）」を選んだ。

料理解説159頁

生ホタルイカ醤油漬け

4月から5月にかけて出回るホタルイカ。漬け地はたっぷり用意し、完全に浸かるようにすると、しっかり味がのる。合わせる日本酒は奥能登の「白菊 純米吟醸 無濾過生原酒」。

料理解説159頁

レバーパテ

なめらかな鶏レバーパテには、ドライフルーツ入りのクラッカーとブルーベリージャムを添えて。鶏レバーは血合いが残るとクセが出やすいので、できるだけ取り除く。ブルーベリーを合わせるとレバーのクセが気にならなくなる。合わせる日本酒は新政の貴醸酒「陽乃鳥」。甘みと酸味のある酒が合う。

料理解説160頁

甘エビ酒盗和え

アマエビのとろりとした甘みが、日本酒によく合う。マグロの酒盗は、アマエビと味の相性が抜群。1日おけばよいが、2日間おくと一層とろみが出てくる。4日間ほど日持ちする。香りがある酒は、エビの生ぐさみを引っ張ってしまうので、香り抑えめの広島の酒「寶劔 純米超辛口」を合わせる。 料理解説160頁

あん肝の旨煮

アンキモは、均等に火が入るように、同じ大きさに切りそろえるとよい。残った場合は、裏漉しして練り直し、だしを加えて葛で練り、あん肝豆腐をつくる。甘みがあるつまみなので、しっかり火入れした熟成タイプの「磐城壽 純米酒アカガネ」（山形県）を合わせたい。 料理解説161頁

筋子の粕漬

スジコの醤油漬けを粕床に漬けた、まさに日本酒に合うあて。福島県の天明の吟醸粕（ゆるい粕）の粕床でつくり、1年を通して提供している。合わせる日本酒は粕床の酒粕と同じ「天明純米酒 夢の香65％」。

料理解説161頁

あまてらす特製漁師丼

その日の刺身の切り落としを使った漁師丼。たっぷり120gの刺身を使ったお値打ち感が人気で、最近では切り落としだけではまかないきれなくなるほど。〆のご飯としてだけでなく、上の刺身をつまみながら酒を飲む一人客も。合わせたい日本酒は、ご飯の米と同じ農家で収穫した米で仕込んだ岐阜の「小左衛門 純米吟醸（使用米は美山錦）」。料理解説161頁

穴子の棒寿司

仕込んでおける〆の食事。棒寿司は味がしっかりしたボリュームのある味なので、合わせる日本酒もボディのあるものを選ぶ。「群馬泉 山廃純米」（群馬）。料理解説162頁

柿バター

市田柿にクリームチーズを混ぜたバターをのばして巻き込んだ柿バター。冷凍のまま切り分けるときれいに切れるうえ、凍った味と溶けた味の双方を味わうことができる。お土産に持ち帰るお客さまもいるほど人気の一品。合わせる日本酒は高知の「亀泉 純米吟醸 CEL－24」。料理解説162頁

稲水器 あまてらす　料理解説

本日のお通し

ずんだすり流し ピータン豆腐　6月

◎ずんだすり流し

ずんだペースト1kg、昆布だし2リットル、西京味噌100g、淡口醤油・味醂・塩各適量

玄米あられ

◎ピータン豆腐

絹漉し豆腐（クリーミーなもの）

ピータンダレ（ピータン6個、ザーサイ100g、白練り胡麻120cc、胡麻油120cc、生クリーム60cc、淡口醤油45cc）

白胡麻、クコの実、パクチー（みじん切り）

［仕込み］

◎ずんだすり流し

1　ずんだペーストを仕込む。枝豆は塩ゆでしてサヤをはずし、薄皮をむく。フードプロセッサーにかけて裏漉ししてずんだペーストをつくる。

2　1のずんだペーストを昆布だしでのばし、火にかける。沸騰させないように火加減し、西京味噌、淡口醤油、味醂、塩で味を調える。

3　味噌が溶けたら火を止めてミキサーにかけて再度裏漉しして、ダマをなくす。氷水にあてて冷ます。冷蔵庫で保管する。

◎ピータン豆腐

1　ピータンダレを仕込む。ピータンは殻をむき、よく水洗いしたのち、水気をきる。5㎜角のあられに切る。ザーサイは粗みじんに刻む。

2　ピータンダレの材料をすべて合わせ、白練り胡麻が分離しないように注意して、木ベラか泡立て器でよく混ぜ合わせる。冷蔵庫で保管する。

［提供時］

1　ずんだすり流しを冷やした器に注ぎ、玄米あられを散らす。

2　絹漉し豆腐を切って水気をきり、ピータンダレをかける。白胡麻、水で戻したクコの実、パクチーを添えて提供。

桜胡麻豆腐

◎桜胡麻豆腐

牛乳1000cc、葛粉180g、桜リキュール30cc、白練り胡麻180cc、水180cc、桜葉塩漬け10枚

◎胡麻味噌

玉味噌＊2：黒練り胡麻1

桜花塩漬け、白胡麻

＊白味噌2kg、日本酒360cc、味醂270cc、砂糖180g、卵黄5個を混ぜ、湯煎にかけて練る。

［仕込み］

◎桜胡麻豆腐

1　桜葉塩漬けはサッと洗って塩気を落とし、牛乳に浸けて1晩おいて香りを移す。

2　水、葛粉、白練り胡麻、桜リキュール、桜葉を取り除いた1の牛乳を鍋に入れてよく混ぜ合わせ、中火にかける。

3　どろりとしてきたら弱火にしてさらに10分間程度練る。

4　流し缶に流し、粗熱がとれたら冷蔵庫で保管する。

◎胡麻味噌

1　玉味噌と黒練り胡麻を混ぜ合わせる。

［提供時］

1　器に桜葉を敷き、桜胡麻豆腐を切り出して上に盛り、胡麻味噌と塩抜きした桜花塩漬けを添えて白胡麻をふる。

トマトの蜜煮

フルーツトマト、煮汁（水900cc、三温糖100g）、
レモン汁適量
モッツァレッラチーズ、バジル
レモンオリーブ油

［仕込み］
1　トマトは皮を湯むきする。
2　煮汁を合わせて火にかけて沸かし、レモン汁を入れて火を止め、1のトマトを入れる。そのまま自然に冷ます。
3　冷蔵庫に入れて保管する。1日おくと味がなじむ。

［提供時］
1　トマトの水気をきり、器に盛る。モッツァレッラチーズとバジルを添えて提供する。上からレモンオリーブ油をかける。

蛸と白瓜の湯葉梅和え

タコ（ボイル）50g、シロウリ1／4本、昆布
叩き梅（梅干、せん切りの大葉、削りカツオ、味醂）
15g、生湯葉15g
ミョウガ（せん切り）

［仕込み］
1　シロウリは縦に割って、スプーンなどで種をくり抜く。昆布ではさんで鍋や皿などで重しをし、冷蔵庫に2時間（ものによって時間調節する）おいたのち、1cm角に切る。冷蔵庫で保管する。
2　叩き梅をつくる。梅干の種を取り除いて、包丁で叩く。大葉、削りカツオ、味醂を加えて叩き梅とする。密封容器に移して冷蔵庫で保管する。

［提供時］
1　タコを1cm角に切り、シロウリと合わせる。
2　生湯葉を包丁で叩き、叩き梅をざっくりと混ぜる。
3　2で1を和えて盛り、ミョウガを添える。

じんたの南蛮漬け

豆アジ1kg、片栗粉、揚げ油
玉ネギ（薄切り）2個、赤パプリカ（せん切り）2個、
ニンジン（せん切り）1／2本、ヤングコーン20本、
エリンギ（細切り）6本
南蛮酢（だし1440cc、酢360cc、味醂360cc、
淡口醤油270cc、砂糖180cc、赤唐辛子3本、
追いガツオ）
大葉（せん切り）、白胡麻

［仕込み］
1　野菜はそれぞれ刻んでおく。ヤングコーンは焼き目がつく程度まで直火で焼く。
2　豆アジは内臓とエラを抜いてよく洗って水気をふく。片栗粉をまぶして170℃の揚げ油で10分間ほどかけて揚げる。取り出して湯をかけて油抜きをする。
3　野菜と揚げた豆アジを大きな密封容器に入れる。
4　同時に南蛮酢を用意する。だしに調味料、種を抜いた赤唐辛子を合わせて火にかけ、沸いたら追いガツオをする。再度沸騰したら、熱いうちに3の容器にたっぷり漉し入れて浸す。そのまま自然に冷まして一晩おいて味をなじませる。

[提供時]

1　器に盛りつけ、白胡麻をふって大葉を盛る。

あまてらす風とりわさ

鶏モモ肉1枚
塩、コショウ、サラダ油
薬味おろし（大根鬼おろし、みじん切りの大葉、みじん切りのミョウガ、小口切りの万能ネギ、刻んだワサビ）

[仕込み]

1　鶏モモ肉の身側に、塩、コショウをふって45分間冷蔵庫におく。取り出して水気をふく。

2　フライパンにサラダ油を薄くひき、1の鶏モモ肉を皮側から強火で焼き色をつける。こうばしい色がついたら、裏返して身側を焼く。身側はサッと表面の色が変わる程度でよい。

3　バットに入れてスチーマーに移し、60℃で1時間蒸して、ぬらした布巾に包んで冷凍庫に入れて急冷し、冷蔵庫で保管する。

4　薬味おろしをつくる。鬼おろしは絞って水気をきり、みじん切りにしたそのほかの薬味を加えて混ぜる。

5　密封容器に入れて冷蔵庫で保管。

[提供時]

1　鶏肉を薄切りにする。

2　薬味おろしを器に盛り、鶏肉を6枚盛りつける。

豚バラ肉香味焼き

豚バラ肉（ブロック）、マリネ液（新玉ネギ大玉1個、サラダ油180cc、濃口醤油180cc、白練り胡麻60g、味醂20cc、塩・コショウ各適量）
新玉ネギソース（マリネ液、味醂・白練り胡麻各少量）
新玉ネギ（スライス）、サニーレタス、万能ネギ（小口切り）

[仕込み]

1　マリネ液を用意する。新玉ネギをすりおろし、そのほかの材料と混ぜ合わせる。

2　ここに豚バラ肉を1時間漬け込む。

[提供時]

1　豚バラ肉を取り出し、マリネ液をふき取って、焼き台にのせて弱火で焼く。

2　マリネ液を鍋に移し、味醂と白練り胡麻を少量加えて火にかける。玉ネギの生っぽさを残したいので温めるのみ。

3　器にサニーレタスと新玉ネギのスライスを盛り、食べやすく切った豚バラ肉を盛る。上から2のソースをかけ、万能ネギを散らす。

鶏モモ肉の黒胡椒焼き

鶏モモ肉1枚、浸け地（日本酒200cc、味醂200cc、濃口醤油150cc、黒粒コショウ10粒）
黒コショウ
鬼おろし、大葉

［仕込み］
1　浸け地を合わせて火にかけ、アルコールをとばす。
2　浸け地が冷めたら鶏モモ肉を3時間浸ける。取り出して水気をふいて冷蔵庫で保管する。

［提供時］
1　鶏モモ肉に挽いた黒コショウをたっぷりふり、弱火～中火の焼き台で10分間焼いて切り分ける。
2　大葉と鬼おろしを添える。

シラスのオムレツ

卵2個、シラス干し30g、万能ネギ（小口切り）大さじ1
サラダ油
大根おろし、サニーレタス

［提供時］
1　卵を割りほぐし、シラス干しと万能ネギを混ぜる。
2　フライパンを熱し、サラダ油をひいて余分な油をふき取る。ここに1の卵液を入れて好みのかたさのオムレツをつくる。
3　器に盛り、サニーレタスと水気をきった大根おろしを添える。

出汁炊き玉子

◎出汁炊き玉子
卵3個、だし120cc、淡口醤油・塩・砂糖各少量
グレープシード油
煮汁（だし、淡口醤油、塩）
◎蟹餡
カニほぐし身100g、だし200cc、日本酒10cc、味醂10cc、淡口醤油10cc、葛粉適量
三ツ葉

［仕込み］
◎出汁炊き玉子
1　卵を溶きほぐし、だし、調味料を加えてよく混ぜ、細かい目のザルで漉す。
2　玉子焼き器を火にかけ、グレープシード油を少量入れてのばし、余分な油をふき取る。
3　2に卵液を4回に分けて入れて巻く。火加減は強火。ラップフィルムを敷いた巻簾で巻いて形を整える。ラップのまま冷蔵庫で保管する。

◎蟹餡
1　だしは日本酒、味醂、淡口醤油を加えて薄味に調えて沸かす。
2　沸く寸前にカニのほぐし身を入れてアクをひき、水で溶いた葛粉を加えてゆるめのとろみをつける。冷蔵庫で保管する。

［提供時］
1　だしに淡口醤油と塩で薄味をつけた煮汁を鍋に入れる。分量は玉子が浸かる程度。
2　沸いたら玉子を切り分けて1の煮汁で温める。グラグラ沸かすと玉子がくずれてしまうので、火加減に注意。
3　器に盛り、温めた蟹餡をかけ、刻んだ三ツ葉を散らす。

空心菜と豚肉の豆鼓炒め

クウシンサイ1／2束、豚バラ肉（薄切り）70g
赤ピーマン（せん切り）、胡麻油、日本酒
豆鼓のタレ（豆鼓50g、日本酒30cc、味醂15cc、オイスターソース15cc）10g
長ネギ（薄い斜め切り）

［仕込み］

1 赤ピーマンはせん切りにする。長ネギの白い部分は薄く斜め切りにして水にさらす。それぞれ密封容器に入れて冷蔵庫で保管する。
2 豆鼓のタレを仕込む。豆鼓をしっかりとつぶし、そのほかの調味料をすべて加えて混ぜ合わせる。密封容器に移して冷蔵庫で保管する。

［提供時］

1 クウシンサイは長さ5cmに切りそろえる。
2 フライパンに胡麻油をひいて火にかけ、豚バラ肉を炒める。色が変わったら日本酒を1まわし加える。豚肉に7割程度火が通ったら、クウシンサイ、赤ピーマンを入れて炒める。ここに豆鼓のタレ10gを加えてからませる。
3 器に盛り、天に水気をきった長ネギを盛る。

粒貝の練ウニ炒め

ツブ貝（ボイル）2個、シメジタケ1／2株、ブロッコリー（ボイル）40g、オリーブ油15cc
ウニ卵黄（練りウニ50g、卵黄3個、日本酒15cc、味醂15cc、濃口醤油15cc）大さじ2、日本酒15cc
万能ネギ（小口切り）、黒コショウ

［仕込み］

1 ウニ卵黄を用意する。練りウニに溶いた卵黄を加えてよく混ぜ、日本酒、味醂、濃口醤油で味を調える。
2 弱火にかけて木ベラでとろりとした状態に練る。こがさないように注意する。火からおろしてザルで裏漉しする。

［提供時］

1 フライパンにオリーブ油をひき、ツブ貝、ばらしたシメジタケ、ブロッコリーを入れて炒める。
2 火が通ったら、ウニ卵黄大さじ2を日本酒15ccでのばして、具にからめる。
3 全体によくからんだら、火を止めて器に盛り、万能ネギを散らし、挽きたての黒コショウをたっぷりふる。

筍の唐揚げ 蕗味噌添え

タケノコ（アク抜き済）1本、浸け地（日本酒５４０cc、味醂１８０cc、濃口醤油90cc）
片栗粉、揚げ油
蕗味噌（フキノトウ1：仙台味噌1、胡麻油、味醂）

［仕込み］

1 アク抜きしたタケノコをよく水にさらして、薄いくし形切りにする。
2 浸け地を合わせて火にかけ、アルコールをとばして煮きり、火を止めて冷ます。
3 1のタケノコを2の浸け地に1晩浸けて、味をしみ込ませる。
4 蕗味噌を仕込む。フキノトウを掃除し、フードプロセッサーにかけて細かく切る。胡麻油を引いた鍋で炒め、仙台味噌を入れる。フキノトウと味噌は同量ずつが目安。こがさないようによく炒め、味醂で軽くのばしながら味を調える。

［提供時］

1 翌日、タケノコは浸け地をきり、片栗粉をまぶして１８０℃の揚げ油でサッと揚げる。
2 紙を敷き、唐揚げを盛り、蕗味噌を添える。

房付きヤングコーン天ぷら

房付きヤングコーン2本、薄力粉
天ぷら衣（卵LL玉1個、水60cc、薄力粉60g）
揚げ油
スダチ、塩

［提供時］
1 ヤングコーンはヒゲと内側の薄皮を1枚残して皮をむく。
2 天ぷら衣をつくる。卵を水で割って卵水をつくり、薄力粉をざっくりと混ぜる。
3 ヤングコーンに薄力粉をまぶし、天ぷら衣にくぐらせて、170℃の揚げ油で揚げる。
4 油をきって、スダチと塩を添える。写真では半分に切ったが、実際は切らずに提供している。

燻製春巻きコロッケ

春巻の皮25枚
コロッケの種（ジャガイモ1kg、鶏モモ挽肉650g、みじん切りの玉ネギ2個、マヨネーズ大さじ3、サラダ油・塩・コショウ・濃口醤油・味醂各適量）
揚げ油

［仕込み］
1 みじん切りの玉ネギをサラダ油で甘みが出るまで色づけないよう弱火で炒める。この段階でトロリとしてくるまでじっくり炒める。
2 トロリとしてきたら、塩、コショウ（多めに）、濃口醤油、味醂で下味をつける。
3 鶏挽肉も玉ネギと同様、サラダ油で炒めて、塩、コショウ、濃口醤油、味醂で下味をつける。
4 挽肉が冷めたら燻製にかける。中華鍋に桜のチップ（分量外）を入れて網をわたし、挽肉を広げたバットをのせて蓋をして火にかける。途中で挽肉を混ぜてまんべんなく香りをつける。2〜3分間加熱したのち火を止め、4分間そのままおく。
5 ジャガイモは丸のまま水から塩ゆでして、熱いうちに木ベラでつぶす。
6 玉ネギ、挽肉をジャガイモの中に入れてまんべんなく混ぜ、マヨネーズ、濃口醤油、塩、コショウで味を調える。
7 6を春巻の皮で包み、冷蔵庫で保管する。

［提供時］
1 春巻きコロッケを170℃の揚げ油で中が熱くなるまでしっかり揚げる。

牛かつ なめ茸ソース

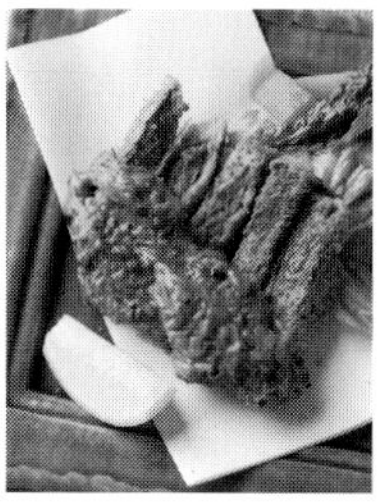

◎牛かつ
牛内モモ肉120g、塩、コショウ
薄力粉、溶き卵、ドライパン粉、揚げ油
◎なめ茸ソース
エノキダケ10袋
バター20〜30g、塩1つまみ、日本酒90cc、濃口醤油90cc、味醂90cc
練り芥子、甘醤油
レタス、赤パプリカ*、レモン

*丸のまま直火でこんがり焼いて皮をむき、胡麻油、酢、塩、三温糖、輪切りのスダチでマリネする。

［仕込み］

◎なめ茸ソース

1　エノキダケを適当な長さに切り分けてバターで炒める。塩を加えて、しんなりしたら日本酒を加えて強火にし、アルコールをとばす。

2　ここに浸るくらいの水を加えて煮詰める。水気がなくなったら、濃口醤油、味醂で味を調えて火からおろし、フードプロセッサーにかけてなめらかにする。密封容器に移して冷蔵庫で保管する。

［提供時］

◎牛かつ

1　牛内モモ肉を120gに切り分け、塩、コショウをふる。

2　薄力粉をまぶし、溶き卵にくぐらせて、パン粉をつける。180℃の揚げ油で色よく揚げる。

◎なめ茸ソース

1　ソースを取り分けて火にかけ、練り芥子、甘醤油を少量ずつ加えて味を調える。

2　揚げたての牛かつを食べやすく切って盛る。なめ茸ソースをたっぷりかけ、レモン、つけ合せのレタスと赤パプリカを添える。

鯛蕪

マダイ（頭）3尾分、カブ6個
煮汁（水2リットル、日本酒100cc、昆布5cm角1枚、淡口醤油150cc、味醂100cc、塩1つまみ）
菜ノ花、白髪ネギ

［仕込み］

1　マダイの頭は2等分に梨割りにする。80℃の湯で霜降りし、冷水にとってウロコと汚れを取り除く。カブは皮をむいて4等分のくし形に切る。

2　水、日本酒、昆布を鍋に入れ、タイの頭、カブを入れて強火で沸かす。

3　アクを取り除き、淡口醤油、味醂、塩を加えて味をつけ、中火で15分間煮る。煮汁に浸けたまま保管する。

4　菜ノ花は、ゆでておく。

［提供時］

1　タイとカブ、煮汁を小鍋に取り分けて温める。

2　器に盛りつけ、菜ノ花と白髪ネギを添える。

合鴨のロース煮

合鴨胸肉（ロース肉）5枚、浸け地（日本酒540cc、味醂360cc、淡口醤油180cc）
だし、葛粉
白髪ネギ、万能ネギ（小口切り）、コショウ

［仕込み］

1　合鴨胸肉は太い血管とスジを取り除く。身縮みしないように皮側と身側に針打ちをする。

2　フライパンを強火で熱し、皮側をしっかりと焼く。出てきた脂はキッチンペーパーで吸い取って、全体に回らないようにする。身側は、3〜4秒間あぶる程度焼いて冷ます。冷めたら身に残っている脂を取り除く。

3　浸け地の材料を合わせて火にかけ、アルコールを煮きって火を止める。地が60℃まで冷めたら2の合鴨を皮を上に向けて浸ける。浸け地の温度が50℃まで下がったら、鴨を取り出し、再度60℃まで温める。ここに皮を下に向けて合鴨を浸ける。

4　3の作業を5回ほどくり返して、鴨の中まで火が通ったら、浸け地に浸けたまま冷まして冷蔵庫で保管する。

[提供時]

1 合鴨を切り分けて、天火で温める。

2 浸け地を少量取り分けてだしでのばし、味を調え、火にかける。水で溶いた葛粉を加えてとろみをつけて餡とする。

3 合鴨を盛り、上から餡をかける。天に万能ネギを散らし、白髪ネギを添え、コショウをふる。

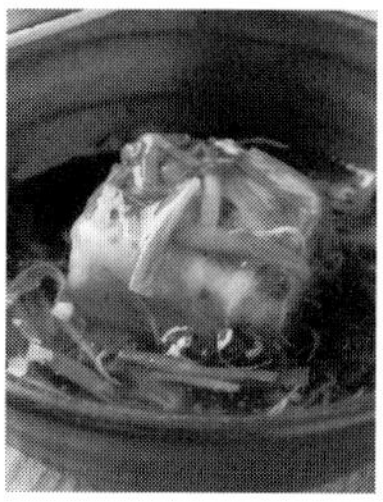

筍豆腐芹餡かけ

◎筍豆腐(18㎝×18㎝の角型1台分)
タケノコ(アク抜き済)2本、煮汁(だし14：淡口醤油1：味醂1)、淡口醤油、塩
玉子の素(卵黄1個、サラダ油160cc)
木綿豆腐2丁
薄力粉、揚げ油

◎芹餡
セリ1束、餡(だし14：淡口醤油1：味醂1、水溶き葛粉適量)、菊花少量

[仕込み]

◎筍豆腐

1 アク抜きしたタケノコを沸かした煮汁に入れ、再び沸騰したら火を止める。そのまま1晩おいて味を含ませる。

2 玉子の素をつくる。卵黄をボウルに入れて泡立て器で混ぜながら、少しずつサラダ油をたらしてマヨネーズ状にする。

3 豆腐の水気をきり、1本分のタケノコ250gと玉子の素全量を合わせてフードプロセッサーにかける。

4 もう1本のタケノコは、粗みじん切りにして3に加えてよく混ぜ、淡口醤油、塩で味を調える。

5 流し缶に流し入れ、蒸し器で25分間蒸す。冷めたら冷蔵庫で保管する。

◎芹餡

1 セリを熱湯でゆで、水気をきっておく。菊花は酢水でゆで、酢水にとって水気をきる。ともに冷蔵庫で保管する。

[提供時]

1 筍豆腐を取り出して角切りにし、薄力粉をまぶして、180℃に熱した揚げ油でカラリと揚げる。

2 芹餡のだしと調味料を合わせて熱し、水で溶いた葛粉を加えてとろみをつけ、セリと菊花を加えて餡をつくる。

3 1を器に盛り、2の芹餡をかける。

生ホタルイカ醤油漬け

ホタルイカ(生)50杯、漬け地(日本酒360cc、味醂90cc、濃口醤油270cc)
大根おろし、おろしショウガ、大葉

[仕込み]

1 ホタルイカの目、口、軟骨を取り除いて、日本酒(分量外)で洗う。

2 漬け地を用意する。まず日本酒と味醂を合わせて火にかけ、アルコールを煮きる。ここに濃口醤油を加え、沸いたら火を止めて完全に冷ます。

3 かぶるくらいたっぷりの漬け地にホタルイカを1〜2日間浸けると、しっかり味が入る。

[提供時]

1 漬け地から取り出し、器に盛る。大葉を敷き、大根おろし、おろしショウガを添える。

レバーパテ

（21㎝×18㎝の角型1台分）
鶏レバー1kg、A＊（水1・8リットル、濃口醤油180cc、味醂180cc、日本酒180cc、砂糖40g、ニンジン1本、玉ネギ中1個、ニンニク4片、セロリ少量、ショウガ100g、ローリエ3枚、セロリの葉適量）、有塩バター400g、無塩バター400g、黒コショウ適量、ブランデー適量
クラッカー、ブルーベリージャム

＊ニンジンと玉ネギは1㎝厚さに切っておく。ニンニクはつぶしておく。つぶしたショウガとローリエ、セロリの葉は取り出しやすいようにガーゼに包んでおく。

［仕込み］
1　鶏レバーを切り分けて、熱湯でサッと下ゆでし、なるべく細かい血合いまで残さずに取り除く。
2　鍋にAとレバーを入れて強火にかける。沸いたら浮いてきたアクを取り除き、弱火で1時間煮る。
3　火を止めて、ガーゼに包んだショウガとローリエとセロリの葉を除く。粗熱がとれたらザル漉しして水気をきる。
4　3をフードプロセッサーにかける。途中で湯煎で溶かしたバター、ブランデー、黒コショウを加えて、流し缶に流してラップフィルムをかけて1晩冷蔵庫で冷ます。

［提供時］
1　クラッカーの上に角に切ったパテをのせ、ブルーベリージャムを添える。

甘エビ酒盗和え

アマエビ、日本酒、塩
マグロの酒盗
万能ネギ（小口切り）

［仕込み］
1　アマエビは殻をむき、背ワタを抜いて日本酒で洗って3等分に切る。
2　1に薄塩をふって10分間おいてくさみを除き、水洗いする。
3　水気をふいて、マグロの酒盗で和えて密封容器に移し、冷蔵庫で1日おく。

［提供時］
1　器に少量盛り、万能ネギを天に盛る。

あん肝の旨煮

アンコウの肝1kg、塩
煮汁（水900cc、日本酒900cc、三温糖180g、味醂180cc、濃口醤油180cc、薄切りのショウガ1片）
奈良漬け、木ノ芽

［仕込み］
1 アンコウの肝は表面の血管を包丁でこそげ取って、均一の大きさに切り分ける。
2 たっぷり塩をふって、30分間おく。
3 塩を洗い流し、重ならないように鍋に並べ、ショウガ、水、日本酒、味醂、三温糖を入れて火にかける。
4 80℃になったら濃口醤油を入れ、温度を測りながら80℃を保って30分間煮て火を止める。煮汁に浸けたまま1晩常温において味をしみ込ませる。翌日、煮汁ごと密封容器に移して、冷蔵庫で保管する。

［提供時］
1 アンコウの肝を煮汁から取り出して常温に戻し、一口大に切って奈良漬けとともに盛りつける。木ノ芽をあしらう。

筋子の粕漬

スジコ醤油漬け（既製品）500g
粕床（西京味噌100g、吟醸粕100g、味醂30cc、三温糖大さじ2）

［仕込み］
1 粕床の材料をすべて合わせて密封容器に入れ、スジコの醤油漬けをどぶ漬けする。
2 冷蔵庫で2日間ほどおく。

［提供時］
1 漬けるとスジコの薄膜がかたくなるので、これをはぎ、器に盛って提供する。

あまてらす特製漁師丼

日替わり刺身（アイナメ、ハタ、ヒラメ、カンパチ、タイ、イシダイ、マコガレイ）計120g
タレ（卵黄、おろしワサビ、濃口醤油）
ご飯250g
刻み海苔、白胡麻、万能ネギ（小口切り）

［仕込み］
1 刺身用の魚を切りそろえる。
2 ご飯を炊く。

［提供時］
1 タレをつくる。卵黄を溶き、おろしワサビを混ぜ、濃口醤油で好みの味に調える。
2 刺身を1のタレで和える。
3 ご飯を丼に盛り、刻み海苔を散らし、2のヅケを盛る。上に白胡麻を散らし、万能ネギを添える。

穴子の棒寿司

◎煮穴子
アナゴ8本、日本酒300cc、水200cc
砂糖大さじ1、濃口醤油30cc、味醂30cc、甘醤油30cc
◎酢飯
米1合、すし酢（酢160cc、塩40g、砂糖10g）30cc、ミョウガ（みじん切り）、白胡麻

木ノ芽

[仕込み]
◎煮穴子
1 アナゴを背開きにし、皮目に熱湯をかけて霜降りして氷水に落とし、ヌメリをこすって落とす。
2 アナゴが入る口広の鍋に、日本酒、水を入れて火にかけ、アルコールをとばす。一旦火を止めて、アナゴの皮側を上に向けて鍋に並べ、落とし蓋をし、弱火にかけて20分間煮る。
3 砂糖、濃口醤油、味醂、甘醤油を入れてさらに30分間煮て火を止める。鍋のまま常温で冷まし、1晩おいて味をなじませる。翌日アナゴを取り出して、ペーパータオルで水気をふき取る。
4 残った煮汁を火にかけて煮詰める。とろみがつくまで煮詰まったら、味醂（分量外）を加えて照りを出しておく。
◎酢飯
1 米をかために炊き、温かいうちにすし酢30ccをきり混ぜる。
2 ミョウガと白胡麻を入れてさっくり混ぜる。
◎棒寿司
1 巻簾にラップフィルムを敷いて、皮側を上に向けてアナゴをのせる。
2 その上に酢飯を棒状にまとめてのせ、巻簾で巻く。巻簾のまま冷蔵庫で保管する。

[提供時]
1 巻簾をはずし、一口大に切って、ラップフィルムをはずして3かん盛りつける。
2 煮汁を取り分けてさらに煮詰め、周りに流す。木ノ芽をあしらって提供する。

柿バター

市田柿20個
クリームチーズ100g、無塩バター100g、ブランデー15cc

[仕込み]
1 市田柿はヘタを取り、縦に包丁を入れて開く。種を取り除き、すりこぎで平らにのばす。
2 常温に戻したクリームチーズと無塩バターをフードプロセッサーで均一に混ぜ、ブランデーをたらしてさらに混ぜる。
3 巻簾にラップフィルムを敷いて、市田柿を6～7個並べ、その上に2をのせて巻く。巻簾をはずし、冷凍する。

[提供時]
1 凍ったまま切り分けてラップフィルムをはずして盛りつける。

ドリンクの売り方もお客さまの立場で考える

飲食店にとって、ドリンクメニューの重要性が高まっているといわれる。人件費をはじめさまざまなコストが上昇し、利益が出しづらい状況になるなかで、飲み物をしっかり売ることが経営安定のために欠かせなくなっているのだ。

ドリンクの種類にもよるが、フードメニューと比較して粗利益率を高く設定できるものが多い。何より、料理のような調理作業が不要であることは大きい。ドリンクをしっかり売れば客単価も上がり、売上げの絶対額が高まる。収益面でのメリットはきわめて大きいのである。

さらに割烹にとっては追い風も吹いている。ドリンクの主力である日本酒へのニーズが高まっていることだ。意欲的な酒づくりに取り組む蔵元が増え、味わいの幅も大きく広がってきた。これによって若い女性客など、これまで日本酒にあまり親しんでこなかった層へと客層も拡大している。日本酒マーケットは着実に広がっているのであり、この追い風を生かさない手はない。

しかし同時に、日本酒をめぐっては競争も激しくなっている。日本酒の品揃えを売りにする店が増え、単に「いろいろな銘柄をそろえている」というだけでは差別化できなくなった。料理と同様に、ここでも店の個性が必要になってきたのである。本書で紹介した店も、この点では各店各様のこだわりを打ち出している。

たとえば「酒膳 蔵四季」では、根強いファンを持つ長野の銘酒「大信州」を店の看板として打ち出し、限定品を含めてさまざまなタイプを用意。「都内で大信州を飲むならここ」という強い来店動機を摑むことに成功している。

「稲水器あまてらす」の品揃えもおもしろい。「而今」や「東洋美人」「十四代」といった人気の銘柄をはじめ、40の蔵元から仕入れる豊富なラインアップを誇るが、売りはそれらの飲み比べができること。一つの銘柄で複数のタイプをそろえることで品揃えに深みが出るとともに、日本酒好きにアピールすることにつながっている。

稲水器あまてらすでは、そうした飲み比べがしやすいように、要望があれば60mlという少量での提供もしている。最近では「日なた」でも70mlの提供を始めた。これにより、複数の銘柄を楽しみたいが、あまり量は飲めないというお客さまの要望に対応することができる。「少量多品種」というのは時代のニーズであり、それに応える使い勝手のよさも人気の要因といえよう。

日本酒の価格設定は仕入れ原価の3倍程度が一般的だが、これも杓子定規に決めるのではなくメリハリをつけたい。たとえば「鈴しろ」はすべて850円均一という設定で、ものによって原価率に違いがあるわけだが、これがお客さまにとって注文しやすさにつながっている。価格の高低以前に、どれも同じ価格であることが注文する際の心理的なハードルを下げているのである。

ようは、お客さまの立場に立って考えること。これがドリンクの売り方を決める際にはもっとも重要なことなのだ。

コラム4

「三鷹 和食 日なた」

店名／三鷹 和食 日なた
店主／大関健司

住所／東京都武蔵野市中町1-25-10 岡本ビル1階
電話／0422-52-6733
営業時間（L.O.）／17：00～24：00（L.O. 23：00）
定休日／水（その他不定休あり）

開店年／2013年
店舗規模（坪）／10坪
客席数／14席（カウンター10席、テーブル1卓4席）
従業員数／厨房1名、サービス2名
料理価格／480～2380円
酒／日本酒中心。冷酒14種、燗酒6種、適宜銘柄を入れかえる。
客単価／6000～7000円（開店時は4800円）
食材原価率／35％
ドリンク比率／40～50％
酒の価格の決め方／原価の2.5～3倍

修業の初期に「いいもの」に触れる

38歳で念願の独立開業を果たした「三鷹 和食 日なた」の大関健司氏。和食の料理人として基本的な技術を一通り身につけ、料理長として店の経営にかかわる仕事も経験してきた。若くして独立するのがめずらしくない昨今であるが、大関氏の独立は「満を持して」というべきものだった。

調理師学校卒業後、東京ガスが委託する会員制の飲食施設「四谷クラブ」に入社。最初の3年間は「追い回し」といわれる雑用

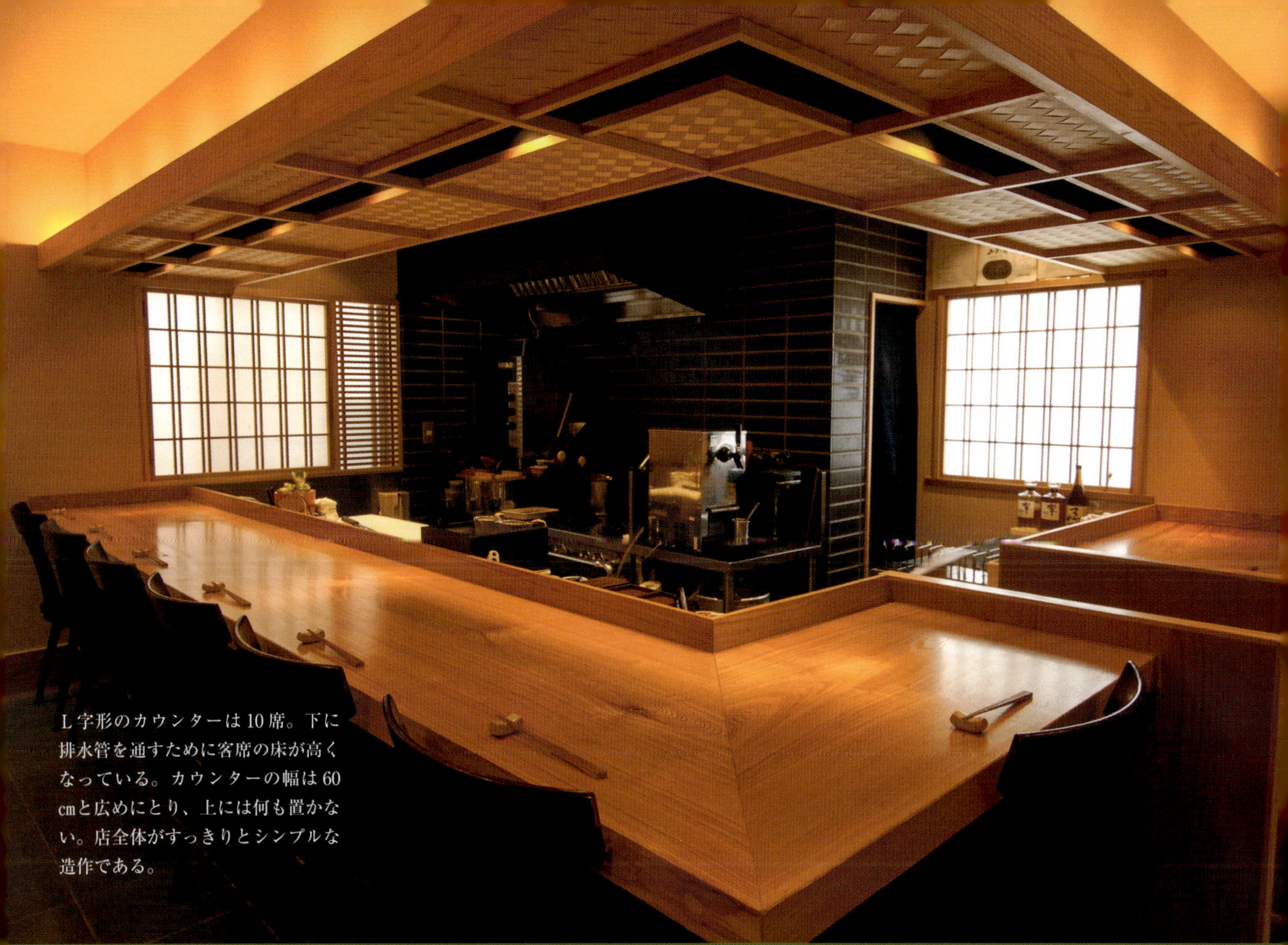

L字形のカウンターは10席。下に排水管を通すために客席の床が高くなっている。カウンターの幅は60cmと広めにとり、上には何も置かない。店全体がすっきりとシンプルな造作である。

の仕事につき、このあと3年間をかけて向板まで経験した。四谷クラブでは和、洋、中の部門が一つの厨房を共用していたので、ジャンルの違う仕事を見ることができた。

また、福利厚生目的の施設のため食材原価率は40％まで許されており、修業を始めたばかりのときに、よい食材を大量に扱うことができた。これらはのちのちまでとてもいい経験になったという。

このあと当時の親方の紹介で向島の料亭に移った。いわゆる高級料亭であり、これまでとは客単価が桁違いに高かった。つくる料理も当然グレードアップし、値段を気にすることなく、「つねに一点のくもりもないものをつくれ」と教えられた。ここでは昼食用の仕出し弁当もつくったという。

いわば料理人として恵まれた環境で、大関氏は日本料理の基礎を一通りしっかり身につけたのである。

和食ダイニングで学んだ「スピード」

ところがその後、大関氏は一転して吉祥寺を中心に支店経営する和食ダイニングに移る。お客さまの顔が見えない仕事を続けてきたので、カウンター仕事がしてみたくなったのだ。ここで10年間働き、料理長まで務めた。都合3軒の支店を回るのだが、「おいしい料理」をつくるだけでなく、数字管理、社員育成、売上げアップなど、「儲けるための料理」をつくることが使命となった。この経験によって、これまでの料理に対する考え方に幅が出てきたという。この店では、現在の「日なた」の仕事に非常に役に立っている「スピード感」が身についた。

一方で、社員育成の苦労も経験した。自分で店をやるなら、目が届く規模のカウンター中心の店をつくりたい。そういう思いが、できるだけ一人で切り盛りするという店のプランにつながっていった。

契約前にデザインを先行

独立の準備に入る前から、自分が理想とする店は常々思い描いていたため、これを体現してくれるデザイナーを決めることから大関氏の店づくりは始まった。物件を見るところから同行してもらい、手直しをくり返し、デザイン完成までに1ヵ月以上をかけた。デザインを先行しておけば、賃貸契約から開店までの期間を短縮できると考えたからだ。

当初考えていた場所は笹塚、下北沢あたり。店の近隣に住む人々にターゲットを絞っていたためだ。しかしこれらの街では「10坪程度の面積で、家賃が18万円まで」という大関氏の条件に合うような物件を見つけることができなかった。

偶然、出勤途中の三鷹で見つけたのが現在の物件。元は事務所として使われており、築年数が古いという難点があった。さらに、厨房の床下に排水設備を設けられないというネックも。地階にすでにテナントが入居しており、それ以上床下を掘り下げることができないためだ。

床を上げるとそのぶん天井が低くなってしまう。やむなく厨房の床はそのままにして、客席を一段高くしてその床下に排水管を通すようにした。店に入ってすぐのフロアは一段低くなっているので、入店時には天井の低さはさほど気にならないのが幸いした。

店内は装飾を排除し、メニューなどを貼らずすっきりした雰囲気に。設備の点で苦労はあったが、大関氏の思い描いていた店がこうしてできあがった。

売上げに寄与する献立表の工夫

「日なた」の献立表はクリアファイルに入ったメニュー2枚のみ。フードメニューとドリンクメニューがそれぞれ1枚に簡潔にまとめられていて、非常に見やすい。その狙いを大関氏はこう語る。

「冊子スタイルのメニューだと、ページを繰っているうちに頼もうと思っていた料理を忘れてしまうことがあるでしょう。それだと注文品目数が上がらない。品書き全体がパッと目に入れば注文しやすいし、いろいろ頼んでみようという気になるんです」

掲載のしかたにも工夫がある。ドリンクの中で一番出る日本酒は、５８０円、６８０円、７８０円、それ以上の順に価格別に載せている。すっきりとした味わいの純米酒から飲みごたえのある純米吟醸という順に並ぶことになるが、こうすればまず５８０円から1種、次は６８０円から1種というようにお客さまが順を追って注文してくれる。その結果、注文杯数も高まるのだという。

日本酒にはすべて、それぞれの味の特徴がわかるような簡潔な一言が添えられている。注目してもらいたい言葉やフレーズは、目にとまりやすいよう赤色で表示。日本酒はグラス提供で１２０ccが基本だが、徳利と猪口で楽しみたいお客さまにもわかりやすいように1合の価格を明示してあるのも親切だ。最近では70ccでの提供も始めた。

表面はグラス売りの日本酒、裏面はそれ以外のドリンク類と、燗酒が載っている。

料理の献立表も同様に、シンプルながらよく考

ドリンクは日本酒がメイン。季節物、定番の火入れ酒などバランスよく酒屋から仕入れている（上）。
厨房はカウンター席よりも少し低い。正面の壁面側に加熱調理設備を集中させている。左から焼き台、ガスコンロ3口（右）。

店主の大関健司氏。さまざまな業態の日本料理店で修業を積んだ。

入口のフロアは低いので、奥のカウンター席の天井が低いという印象はそれほどもたれない。棚の上には大型の空気清浄機を配置した（上）。
白い看板に紺色の暖簾。すっきりとした佇まいの「日なた」。入口部分の暖簾は短くして、店内が見えるようにしている。JR中央線の線路沿いだが、道を1本隔てると電車の音は気にならない（右）。

えられたものだ。表面に一品料理を全品、裏側には最後に食べていただく食事とデザートを載せているが、全体を枠で囲んだうえで罫線を引き、料理をいくつかのグループに区分している。これこそ、売りたいメニューを的確に売るための"仕掛け"なのだという。

「単純にメニューを並べるより、ある程度区分したほうが見やすくもなります。そして、区分することによってお客さまの視線を売りたいものに誘導できる。さらに色文字を使って、その日のおすすめや注目すべき言葉を目立たせるといった工夫もしています」

確かに罫線や色文字を使うと、献立表にメリハリがついて、視覚的に理解がしやすくなる。「おすすめ」という表示も効果的で、確実に出数が違ってくるので、仕込み数も増やしているという。

料理の献立表の枠外にも番外編としてお酒や簡単な一品料理を載せているが、これも効果的。コンビニエンスストアのレジ前商品のような感覚で、注文の最後に追加してくれるケースが多いのだという。

スピードとロスを考慮した仕込み

「一人で料理をつくっているため、仕込みは1週間単位で考えています。魚介類は3日間、煮炊き物も3日間、デザート

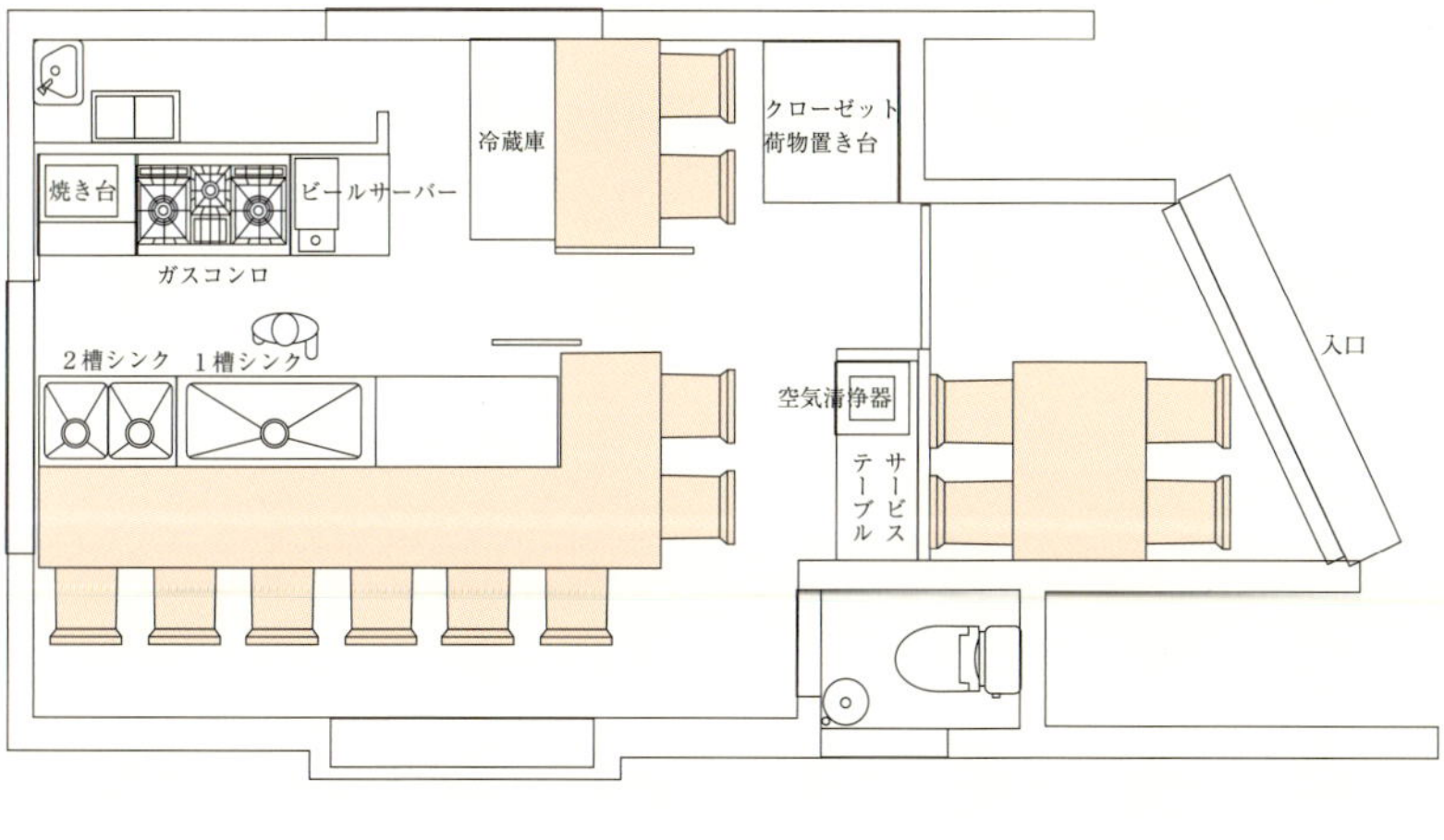

道路から1段高い位置に入口の引き戸があり、入口のテーブル席のフロアから1段高い位置にカウンター席がある。店内はカウンター席10席、テーブル席4席という構成。地下1階にすでにテナントが入居しているため、厨房部分を掘り下げて排水設備を通すことが不可能だったので客席のフロアの下に通した。
調理は店主の大関氏が1人で担当。サービス担当は2名。当初から1人で切り盛りする前提で店づくりをしたので、カウンターのうしろに火元を集中させて1人で動きやすい厨房にした。ビールサーバーや冷蔵庫などのドリンク関連はカウンターの出入り口近くに配置した。

は1週間もつものを考えます」

献立は定番が3割、日替わりが7割である。その料理が1日何食出るかを予測して、仕込み量を決めているという。

「日なた」の席数は14席だが、組数で考えると5組程度で客席が埋まる。最近は1回転目は前日までに予約でほぼ満席となり、2回転目のお客さまも入るようになったので、売れ筋商品は1日8人前以上仕込んでいる。おすすめ料理もよく出るので同じ程度用意する。それ以外の料理については、1品あたり3人前が仕込み量の目安だという。

仕込みに関しては、料理にもよるが全工程の7割程度まで済ませておくものが多い。ただし、極力ロスは出したくないので、仕込みをせずに素材のまま用意して、手をかけずに調理できる料理が献立全体の半分程度を占めるようにしている。提供スピードを勘案しつつ仕事量のバランスをとり、同時にロスを減らすための工夫だ。

「最近は宣伝しなくてもSNSなどの口コミでお客さまが来てくれるようになりました」と大関氏。さまざまな工夫が奏功し、開店から4年目にして「日なた」ファンは着実に増えつつあるようだ。

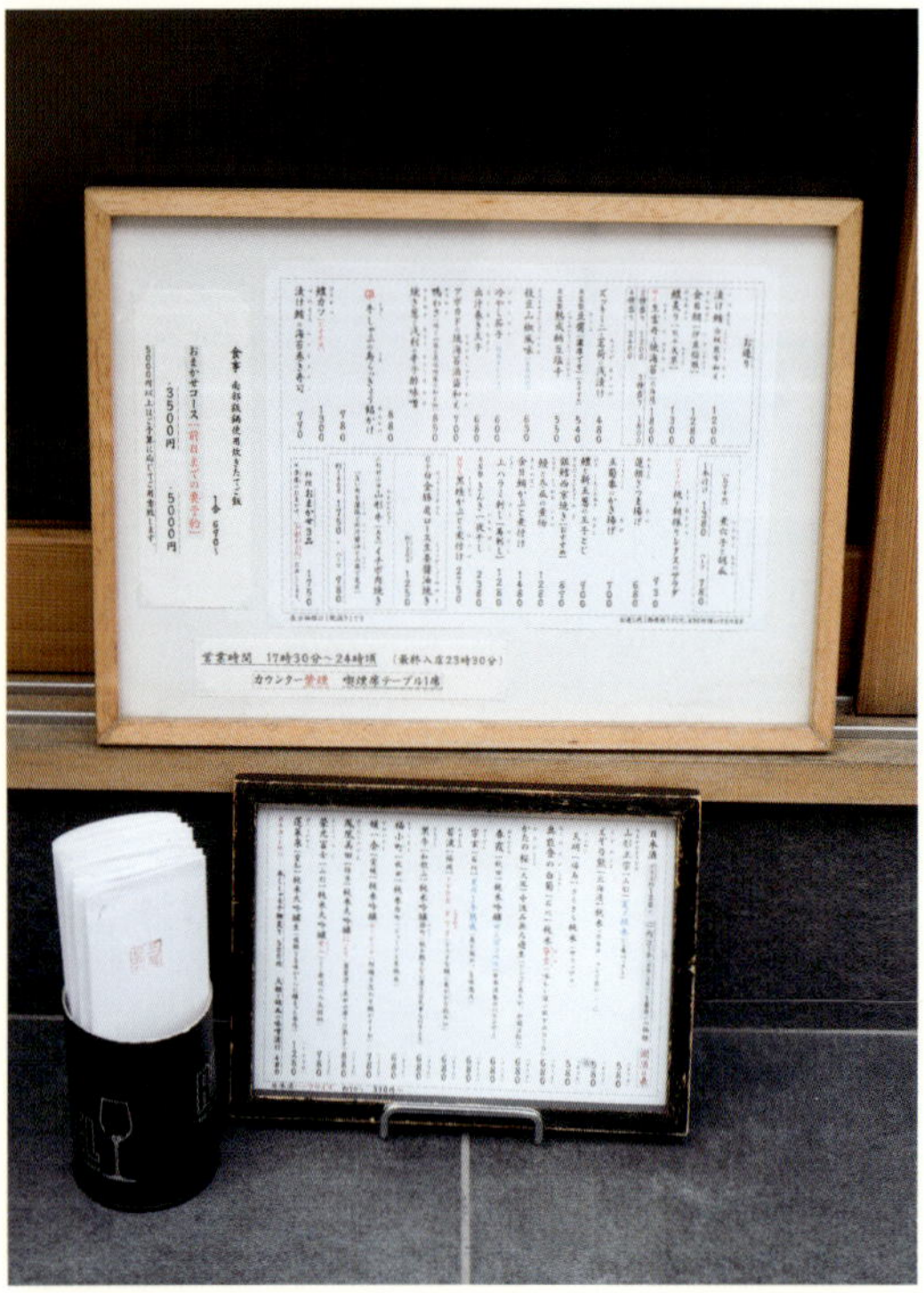

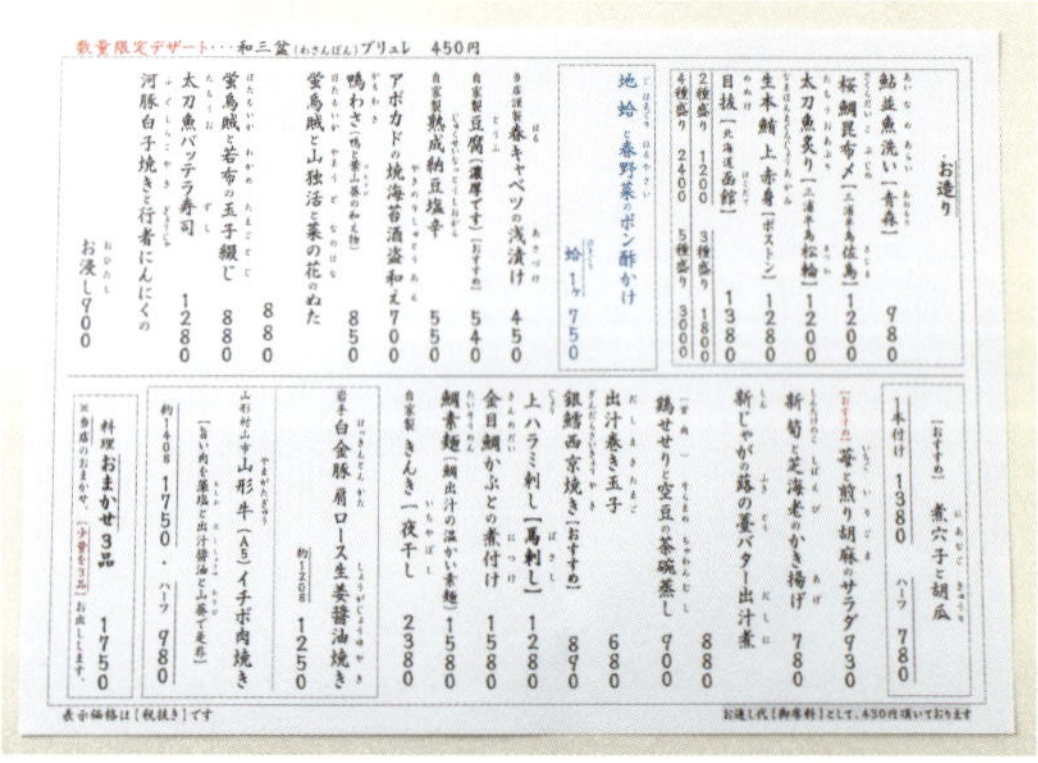

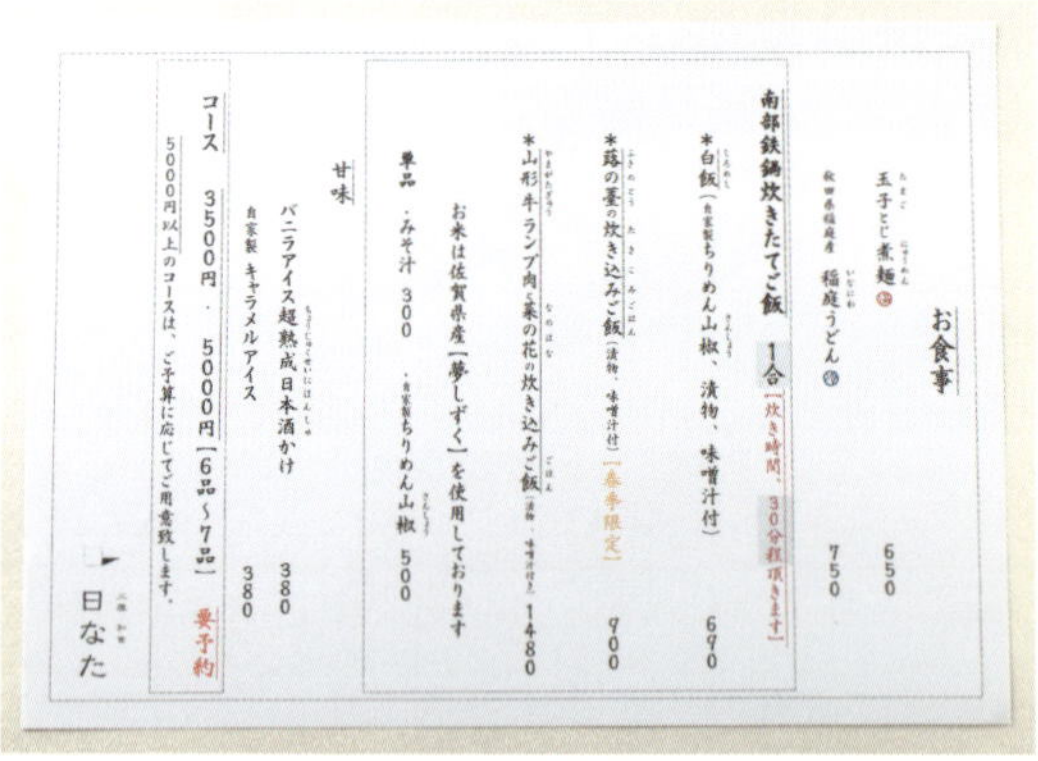

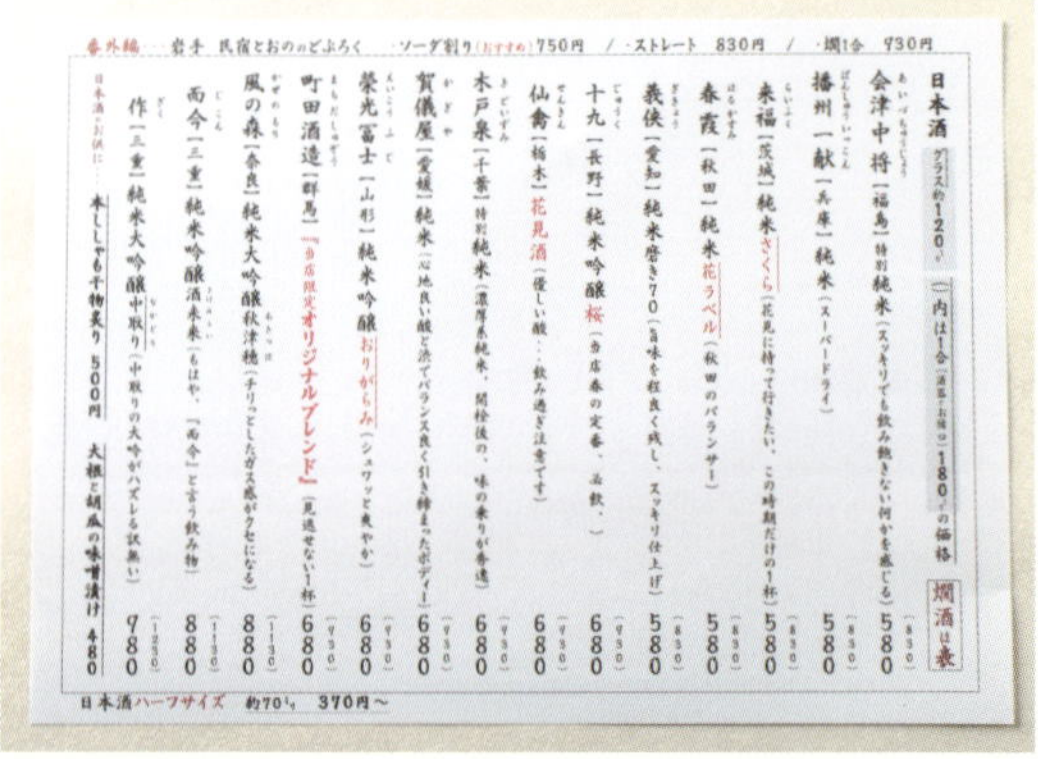

写真上段、中段：料理メニュー。表側に一品料理、裏側に食事と甘味のメニューが載っている。クリアファイルに入れて、表裏で一覧できるようにしている。メニュー表はほぼ毎日更新する。注文しやすいように料理、ドリンクとも品書きにはすべてフリガナをふっている。

写真下段：ドリンクメニュー。表側にメインの日本酒（冷酒）、裏側に燗酒とそのほかのドリンクが記載されている。こちらもクリアファイルを使用。わかりやすくお酒のタイプと価格を表示している。

料理 三鷹 和食 日なた

お通し

長いも素麺
さくらんぼのラム酒漬け　6月

「日なた」のお通しは和え物の小鉢と煮炊き物の2品構成。味わいの傾向が違うものを用意する。6月のお通しは、ひんやりと喉越しのよいナガイモの素麺仕立てと、旬のサクランボウを使ったほんのり甘いラム酒漬け。

料理解説181頁

枝豆の山椒風味

見た目は普通のゆでたエダマメだが、一口食べると青サンショウの実の風味が広がる。写真ではサンショウの実を添えているが、営業時はあえて添えずに提供しているので、予想外の味にお客さまも驚く。

料理解説181頁

地蛤と春野菜のポン酢がけ

ハマグリの火入れがポイント。かたくならないように、75～80℃の温度を保っただしの中に3分間浸けて火を入れる。

料理解説182頁

真つぶ貝と焼き葱の辛子酢味噌

マツブ貝はエゾボラともいい、別種のツブ貝よりも大型の種類で高値である。ここでは生のマツブ貝に辛子酢味噌を添えた。野菜から水分が出やすいので、和えずにかけて供している。酸味と辛みを効かせた辛子酢味噌は夏に合う味。辛みがとばないよう、オーダー後に練り芥子を加える。

料理解説182頁

かもわさ

オーダー後に一からつくる料理。仕込んでおくのは煮きり醤油と葉山葵の醤油漬けだけ。鴨は片栗粉を打って旨みや肉汁を中に閉じ込めて火を通す。合わせた薬味野菜は粗めに切って、ボリューム感を出してみた。

料理解説182頁

アボカド焼海苔酒盗和え

酒盗の和え衣はアボカドとの相性を考慮し、卵黄を加えてまろやかさを出した。和え衣は仕込んでおけば冷蔵で1週間ほど日持ちする。

料理解説183頁

イチゴと煎り胡麻のサラダ

季節のフルーツを使ったサラダは、日なたの人気メニュー。日本酒好きの人はフルーツ好きが多いので、季節ごとにモモ、巨峰、洋ナシ、柑橘類などに変えて必ず献立に入れている。

料理解説183頁

桃と朝どりレタスと塩昆布のサラダ

甘いモモとシャキッとした歯ざわりのレタスのサラダ。加えた塩昆布が料理全体のアクセントになっている。使用する塩昆布の味はまちまちなので、ドレッシングの味で調整する。

料理解説183頁

蛍烏賊と若布の玉子とじ

ホタルイカはすでにボイルしてあるものを仕入れるため、煮すぎると身が締まって小さくなり、食感も悪くなるので、吸い地にホタルイカの旨みが少しなじむ程度にとどめる。

料理解説184頁

ぎんだら西京焼き

脂がのったギンダラを旨みのある西京味噌に漬けてこうばしく焼いた。シンプルな焼きものは、分厚く切ってボリューム感で値打ちを出す。

料理解説184頁

山形牛いちぼ肉焼き

イチボ肉は牛のお尻の部分の、柔らかでほどよくサシが入った部位。厚さが出るようにカットし、ゆっくり火を入れる。好みで140gとハーフの70gのどちらかを選択していただく（写真はハーフ）。料理解説184頁

新筍と芝海老のかき揚げ

4月の天ぷら。献立には、つねに季節の天ぷらを1種類入れている。種のみずみずしさを逃さぬようカラリと揚げる。料理解説185頁

ハモかつ

ハモは夏のご馳走。梅雨どきから京都・祇園祭の前までは高値になるが、5月から6月前半までは、比較的手頃な価格で出回るために使いやすい。天ぷらにせず、パン粉をつけた「かつ」にして、外はカリカリとこうばしく、中はふんわりとした食感の違いを楽しんでいただく。料理解説185頁

煮穴子と胡瓜

煮穴子は通年提供する定番。アナゴの煮汁を煮詰めてつくる煮ツメは、継ぎ足しながら使っている。添えたキュウリはさわやかな歯応えが生きるよう、あまり細くしすぎないように切る。料理解説185頁

牛しゃぶと島らっきょうの銀餡

牛肉は、タンパク質が固まり始めるぎりぎりの温度の湯にくぐらせて、柔らかく火を入れる。仕込み作業が必要なく、素早く調理して出せる献立は、少人数でまかなう場合欠かせない。

料理解説186頁

鶏せせりとそら豆の茶碗蒸し

旨みが強く、歯応えのよい鶏のセセリ（首肉）を、ゆるいなめらかな卵地と合わせた。この日のメインの焼き物には牛肉と豚肉を用意しているので、鶏肉を使って献立に幅を出した。

料理解説186頁

太刀魚のばってら

春先に脂がのった身厚のタチウオを押しずしに。皮目をこうばしくあぶり、芽ネギをしのばせた。新ショウガが出回っている時期に甘酢漬けを大量につくってストックしておく。

料理解説186頁

赤身と中トロの海苔巻き寿司

つまみ代わりになるように、シャリをぎりぎりまで減らした巻き寿司。端からはみ出すほどたっぷりネタを使って、満足感を高めている。赤身と中トロの色のコントラストも美しい。料理解説187頁

お食事

蕗の薹の炊き込みご飯

注文を受けてから炊く炊き込みご飯。佐賀県産の「夢しずく」を南部鉄鍋で炊き上げる。「夢しずく」は米の芯までしっかりとして一粒一粒が立って炊き上がる。冷めてももっちり感がなくならないおいしいお米。料理解説187頁

お食事

焼きアユご飯

6月から7月までの季節のご飯。背開きにしたアユの皮目をこうばしくあぶって炊き込んだ。内臓と苦うるかを少量加えて、アユらしさと旨みを補っている。 料理解説187頁

お食事

鯛素麺

魚のアラは刺身などに使って残った部分を使う。タイのような白身魚のアラはクセもなく、上品な旨みが出るので、スープ煮などのだしを生かした料理に仕立てる。 料理解説188頁

甘味

和三盆ブリュレ

甘みがまろやかな和三盆を使ったブリュレ。アイスクリーム２種とブリュレは「日なた」定番の甘味。料理解説１８８頁

甘味

自家製キャラメルアイス

日なた定番の人気の甘味。砂糖は濃く色づくまでこがして、しっかり苦みを出すことがおいしいキャラメルアイスの秘訣。２週間は日持ちするので、まとめて仕込んでいる。料理解説１８８頁

お通し

長いも素麺 さくらんぼのラム酒漬け　6月

◎長いも素麺

ナガイモ、油揚げ、だし
素麺だし（だし10：淡口醤油1：味醂1）
おろしショウガ、万能ネギ（小口切り）

［仕込み］

1　ナガイモは皮をむき、薄い短冊に切る。これを素麺のような細いせん切りにして容器に移して冷蔵庫で保管する。ナガイモを水やだしに浸けておくとパリッとしてしまい、柔らかい麺状にならない。

2　素麺だしを用意する。だしに淡口醤油、味醂を加えて一煮立ちさせたのち、鍋を氷水に浸けて粗熱をとって冷やしておく。

3　油揚げはあぶったのち、だしで炊き、冷蔵庫で保管する。

4　器を冷やしておく。

［提供時］

1　冷たい器にナガイモを盛り、冷たい素麺だしを注ぐ。油揚げを短冊に切って盛りつけ、おろしショウガと万能ネギを添える。

◎さくらんぼのラム酒漬け

サクランボウ、薄蜜（水1リットル、上白糖200g、ザラメ糖50g）、ラム酒（ダーク）60cc

［仕込み］

1　サクランボウの果柄をはずし、つけ根部分に筒抜きをさして種を取り除く。

2　薄蜜の材料を合わせて火にかけ、沸いたらサクランボウを入れる。再度沸く寸前で火を止め、ラム酒を加える。ザラメ糖を少し使うと、薄く色づいて甘さも和らぐ。

3　鍋ごとラップフィルムで密封し、周りに氷水をあてて冷ます。冷蔵庫で保管し、翌日使う。

［提供時］

1　器に2粒盛りつけて提供する。

枝豆の山椒風味

エダマメ、サンショウの実
水800cc、塩25g

［仕込み］

1　エダマメは、味が入りやすいよう、柄付きの部分を切り落とす。熱湯を沸かして塩ゆでして水気をきる。

2　サンショウの実は、熱湯でゆでこぼして、おか上げする。

3　水800ccに対して塩25gを加えて沸かし、2のサンショウの実40gを入れる。沸騰寸前で火を止めて、香りがとばないように鍋ごとラップフィルムで包んで、あざやかな色を保つために周りに氷水をあてて冷ます。

4　冷めたエダマメを3に入れて、2日間冷蔵庫でおいてから提供する。

［提供時］

1　エダマメを盛りつける。

地蛤と春野菜のポン酢がけ

ハマグリ、煮汁（水8：日本酒2、塩少量）
コゴミ、菜ノ花、ウルイ
ポン酢（だし8：酢1：ダイダイポン酢醤油0・5）、粉寒天5g（ポン酢1合に対して5g）
蛇の目ラディッシュ
一味唐辛子

［仕込み］

1　ハマグリの殻をはずして身を取り出す。
2　煮汁を合わせ、ハマグリの塩分濃度と同等程度の塩加減にし、火にかける。沸いたら1のハマグリを入れて、75～80℃を保って3分間加熱する。
3　取り出して氷水で冷やす。だしも同時に冷やし、ハマグリを戻して冷蔵庫で保管。2～3日間はいい状態で使える。
4　コゴミ、菜ノ花、ウルイは熱湯でサッとゆでて氷水にとり、水気をきって冷蔵庫で保管する。
5　ポン酢ジュレを仕込む。だし、酢を合わせる。1合に対して粉寒天5gを入れて火にかける。
6　沸いたら火を止め、ダイダイポン酢醤油を加えて容器に移し、氷水で冷やして冷蔵庫で保管。

［提供時］

1　ハマグリを煮汁から取り出して水気をふく。刻んだウルイの上にハマグリを盛る。
2　ポン酢ジュレを泡立て器で混ぜてくずし、ハマグリにかける。一味唐辛子をふる。
3　コゴミと菜ノ花の穂先を添え、蛇の目に抜いたラディッシュを添える。

真つぶ貝と焼き葱の辛子酢味噌

マツブ貝
長ネギ（白い部分）、ワカメ、オカヒジキ
辛子酢味噌（白玉味噌＊100g、酢30cc、練り芥子少量）

＊西京白漉し味噌2kg、味醂400cc、日本酒400cc、上白糖200g、卵黄Mサイズ8個をよく混ぜ合わせて火にかけ、木ベラでよく練る。冷蔵庫で保管する。

［仕込み］

1　マツブ貝は殻を割って取り除き、唾液腺や可食部以外の部分を取り除いて塩もみして掃除する。容器に移して冷蔵庫で保管する。
2　ワカメは戻して茎をはずし、食べやすく切る。オカヒジキは熱湯でゆでてざく切りにする。ともに冷蔵庫で保管する。
3　白玉味噌を仕込んでおく。

［提供時］

1　マツブ貝をそぎ切りにする。長ネギは網で焼いて、小口からぶつ切りにする。
2　白玉味噌に酢と練り芥子を混ぜて、辛子酢味噌をつくる。
3　器にワカメ、長ネギ、マツブ貝を盛り、辛子酢味噌をかける。オカヒジキを添える。

かもわさ

鴨胸肉30g、片栗粉
ミョウガ（せん切り）、カイワレ菜（1cm長さ）、葉山葵醤油漬け（ワサビの葉、煮きり醤油＊）、ワサビ

＊濃口醤油1・5升、日本酒1升、味醂5合、昆布適量を合わせて火にかけ、アルコールをとばす。カツオ節を入れて1割程度煮詰めたら火を止める。そのまま冷まして漉す。

〔仕込み〕

1　葉山葵醤油漬けを仕込む。ワサビの葉はざく切りにして熱湯にくぐらせて、密封して辛みを出す。煮きり醤油に浸ける。

〔提供時〕

1　鴨胸肉を1㎝角の棒状に切って片栗粉をまぶし、旨みの流出を減らして身縮みを防ぐ。

2　湯を沸かし、1の鴨肉を2秒間ほど浸けてレアに火を通す。8割程度の赤みを残した火入れを目指す。すぐに水にとって冷まし、水気をきる。

3　刻んだミョウガとカイワレ菜と葉山葵醤油漬け、鴨肉をボウルに入れて、煮きり醤油で和える。

4　器に盛りつけて提供する。

アボカド焼海苔酒盗和え

アボカド1／2個、焼海苔
酒盗和え衣（酒盗100g、日本酒180cc、濃口醤油20cc、卵黄2個、黒コショウ少量）

〔仕込み〕

1　酒盗和え衣を仕込む。材料をすべてよく混ぜ合わせ、湯煎にかける。全体がとろりとして火が通ったら出来上がり。密封容器に移して冷蔵庫で保管する。日持ちは1週間程度。

〔提供時〕

1　アボカドを半分に切って種からはずし、皮をむいてさいの目切りにする。

2　ボウルにアボカドとちぎった焼海苔を入れ、スプーン1杯の酒盗和え衣を加えて和える。

3　器にセルクルをおき、その中に2を詰めて盛りつけ、セルクルをはずす。

イチゴと煎り胡麻のサラダ

イチゴ（1／4のくし形切り）
葉野菜＊（デトロイト、ルッコラ、ミズナなど）
新玉ネギのドレッシング（新玉ネギすりおろし1：サラダ油1、塩少量、酢微量）
白胡麻
＊夏はレタス、冬はシュンギクなどを加える。

〔仕込み〕

1　サラダ用の葉野菜を洗って掃除し、密封容器に入れて冷蔵庫で保管する。

2　新玉ネギのドレッシングを仕込む。すりおろした新玉ネギとサラダ油を合わせ、塩と酢を加えて味を調え、冷蔵庫で保管する。酢は酸味をたたせるのではなく、全体の味を締めてサラダ油のキレをよくするために加える。

〔提供時〕

1　葉野菜とイチゴを合わせて新玉ネギのドレッシングで和える。

2　器に盛りつけ、煎った白胡麻をふる。

桃と朝どりレタスと塩昆布のサラダ

モモ、レタス、塩昆布
新玉ネギのドレッシング（→上段）

〔仕込み〕

1　新玉ネギのドレッシングを仕込んでおく。

2　レタスは洗って水気をきって冷蔵庫で保管しておく。モモも冷やしておく。

〔提供時〕

1　モモの皮をむき、一口大に切る。レタスをちぎってモモと合わせ、塩昆布を加える。
2　新玉ネギのドレッシングで和えて器に盛って提供する。

蛍烏賊と若布の玉子とじ

ホタルイカ（ボイル）3杯、ワカメ適量
吸い地（だし、塩・淡口醤油各少量）
水溶き葛粉少量、卵1個
黒七味唐辛子

［仕込み］
1　ホタルイカは目と口を除き、軟骨を抜いて冷蔵庫で保管する。
2　ワカメはサッと熱湯でゆでて色出しをして氷水にとる。キッチンペーパーで水気をとって冷蔵庫で保管する。

［提供時］
1　だしを熱し、塩、淡口醤油を少量ずつ加えて吸い物地程度の味に調える。
2　味が決まったら、ホタルイカと適宜に切ったワカメを入れてサッと煮て、味を出す。
3　水で溶いた葛粉を少量加えてゆるくとろみをつける。卵をよく溶きほぐして回し入れる。葛でゆるくとろみをつけることによって、卵でだしがにごらず、きれいに仕上がる。
4　器に盛りつけ、吸い口に黒七味をふる。

ぎんだら西京焼き

ギンダラ（切り身）150g、味噌床（西京白粒味噌500g、日本酒60cc、味醂60cc、濃口醤油20cc）
染おろし（大根おろし、濃口醤油）

［仕込み］
1　ギンダラを切り身にし、酒塩（分量外）で洗う。水気をきってリードペーパーで包み、冷蔵庫で1晩おく。
2　味噌床の材料を合わせておく。1のギンダラの表面に直接ぬって、冷蔵庫で3日間おく。
3　ダイコンをすりおろし、酒塩（分量外）で洗って、冷蔵庫で保管する。

［提供時］
1　ギンダラを取り出し、味噌を手でぬぐって、串を打ち、遠火で両面を焼く。
2　串をはずして盛りつけ、大根おろしを添え、濃口醤油を少量たらす。

山形牛いちぼ肉焼き

牛イチボ肉70g、塩少量
万能ネギ（小口切り）
ワサビ、藻塩、だし醤油

［提供時］
1　牛イチボ肉はスジを引いて掃除をする。140gのブロックに切り分ける。厚みが出るように切る。
2　串を打ち、塩をふって、強めの上火で焼く。両面、側面と全面に焼き色をつけたらアルミホイルで包み、遠火でゆっくり10分間ほど火を入れる。
3　イチボ肉の串をはずして分厚く切り、器に盛る。上に万能ネギを散らし、ワサビと藻塩を添える。別皿でだし醤油を添える。

新筍と芝海老のかき揚げ

タケノコ、芝エビ、日本酒
薄力粉、天ぷら衣（薄力粉1：水1）、揚げ油
塩

［仕込み］
1　タケノコは穂先を斜めに切って、切り目を入れる。たっぷりの水に1つかみのヌカを入れてタケノコをゆでる。沸いたら1時間ほど煮て火を止め、鍋のまま1日おいてアクを抜く。翌日水にさらして皮をむき、ヌカなどを洗い落とす。水に浸けて冷蔵庫で保管する。
2　芝エビは頭と殻をむいて、背ワタを抜き、日本酒で洗って水気をきり、冷蔵庫で保管する。

［提供時］
1　天ぷら衣を用意する。薄力粉に水を加えて、ざっくりと溶く。
2　タケノコを角切りにし、芝エビと合わせる。薄力粉をまぶし、天ぷら衣を加えて混ぜ、170℃の揚げ油で揚げる。
3　かき揚げが浮いてきて、エビに火が通ったら取り出して油をきる。食べやすく切り、塩をふる。

ハモかつ

ハモ80g
衣（薄力粉、溶き卵、生パン粉）、揚げ油
藻塩、叩き木ノ芽

［仕込み］
1　ハモをおろして皮のヌメリをとり、サク取りする。骨切りをして、1切れ80gに切り落とし、水気をふく。
2　刷毛で薄力粉をまぶし、溶き卵にくぐらせて生パン粉をつける。容器に並べて冷蔵庫で保管する。

［提供時］
1　揚げ油を170℃に熱し、衣をつけたハモを入れる。最後は180℃まで温度を上げてカラリと油をきる。
2　食べやすく一口大に切って盛りつけ、藻塩と叩き木ノ芽を散らす。

煮穴子と胡瓜

アナゴ、煮汁（水3：日本酒1：濃口醤油0・2：ザラメ糖0・2）
煮ツメ（アナゴの煮汁、水溶き葛粉）
キュウリ（細切り）
粉サンショウ（朝倉山椒）、ワサビ

［仕込み］
1　アナゴを背開きにする。サッと湯通しして、皮のヌメリなどを包丁の峰でこそげ落とす。
2　アナゴの長さによって、そのまま、あるいは半分か1／3に切ってキッチンペーパーで包んで冷蔵庫で保管。
3　煮ツメを仕込む。前回アナゴを煮たときの煮汁を火にかけて煮詰める。こがさないように注意。

［提供時］
1　煮汁を合わせて鍋に入れ、アナゴは皮目を上に向けて鍋に並べて火にかける。一煮立ちしたら火を弱めて7～8分間煮る。
2　取り出してザルに並べて冷ます。この煮汁はのちほど煮ツメをつくるので取りおく。
3　キュウリを細切りにして器に盛り、一口大に切り落としたアナゴを上に盛る。
4　煮ツメをたらし、粉サンショウをふる。なお煮ツメがゆるい場合は、水で溶いた葛粉を加えてとろみをつける。ワサビを添える。

牛しゃぶと島らっきょうの銀餡

牛ロース肉（しゃぶしゃぶ用）50g
島ラッキョウ（輪切り）
銀餡（だし、塩、淡口醤油、水溶き葛粉）
黒七味唐辛子

［提供時］
1　しゃぶしゃぶ用の牛ロース肉は、70〜80℃の湯にサッとくぐらせて氷水にとる。水気をきって食べやすく切り、椀に盛る。
2　島ラッキョウは薄い輪切りにする。
3　だしを熱し、塩、淡口醤油で味をつけ、島ラッキョウを入れてサッと火を通す。島ラッキョウを取り出し、だしに水で溶いた葛粉でゆるいとろみをつける。
4　1の椀に3の銀餡を注いで、牛肉の上に島ラッキョウを盛り、黒七味を添える。

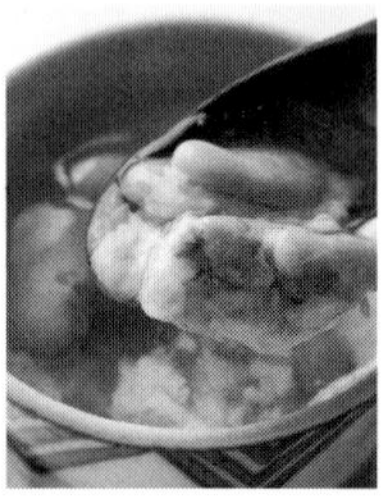

鶏せせりとそら豆の茶碗蒸し

卵地（卵1個、合せだし*60cc）
鶏セセリ肉（首肉）、ソラマメ
銀餡（だし、塩、淡口醤油、水溶き葛粉）
黒コショウ
*だし10：淡口醤油1：味醂1

［仕込み］
1　鶏セセリ肉は掃除をし、バーナーであぶって焼き霜にしてこうばしさをつけ、食べやすく切り、冷蔵庫で保管する。

［提供時］
1　卵を割り入れて溶き、合せだしを加えて泡立て器で十分攪拌して器に注ぐ。
2　1に鶏セセリ肉を入れて蓋をし、強火の蒸し器で10分間ほど蒸す。途中、蒸し器の蓋を開け閉めして温度を調節しながら蒸す。
3　だしと調味料を合わせて火にかけ、一煮立ちしたら水で溶いた葛粉を加えて銀餡をつくる。
4　卵地が固まったら、銀餡をかけ、皮をむいた生のソラマメをのせて、さらに1分間蒸す。
5　取り出して黒コショウを挽きかける。

太刀魚のばってら

タチウオ、酢飯（ご飯1合分、すし酢*40cc）、芽ネギ、ワサビ
新生姜甘酢漬け（新ショウガ、すし酢*）
*酢1升に上白糖５００g、塩１００g、昆布少量を加えて沸かして冷ましたもの。

［仕込み］
1　タチウオは適当な長さに切って、それぞれ三枚におろす。キッチンペーパーで包み、冷蔵庫で保管する。
2　酢飯を仕込む。ご飯をかために炊いて、熱いうちに冷たいすし酢をきり混ぜる。乾かないようにぬれた布巾をかけて常温で保管する。
3　新生姜甘酢漬けを仕込む。新ショウガを適当な大きさに切りそろえて熱湯でサッとゆでて冷まし、すし酢に浸ける。密封容器に移して酢に浸けたまま冷蔵庫で保管。半年程度は日持ちする。

［提供時］
1　タチウオをばってら用の押し型に合わせて切りそろえ、皮目のみをサッとあぶる。
2　ばってら用の押し型にラップフィルムを敷

き、皮側を下にむけてタチウオを入れ込み、ワサビをぬって、切りそろえた芽ネギを中央に縦長に並べ、酢飯を詰めて上からしっかり押す。

3　型からはずし、切り分けて盛りつける。新生姜甘酢漬けを添える。

赤身と中トロの海苔巻き寿司

酢飯（ご飯1合分、すし酢＊40cc）
マグロ赤身20g、マグロ中とろ20g、万能ネギ（小口切り）、ワサビ、海苔1枚
新生姜甘酢漬け（→186頁・太刀魚のばってら）
＊酢1升に上白糖500g、塩100g、昆布少量を加えて沸かして冷ましたもの。

［仕込み］
1　酢飯を用意する。ご飯を炊き、熱いうちにすし酢をきり混ぜる。

［提供時］
1　巻簾を広げ、海苔（裏を上に向ける）をのせる。海苔の上に人肌程度に温めた酢飯適量を広げ、ワサビと万能ネギ、赤身と中トロをのせて巻く。

お食事
蕗の薹の炊き込みご飯

米1合
炊き地（だし10：淡口醤油1：味醂1）1・2合
フキノトウ、胡麻油

［仕込み］
1　米は研いで水に10分間浸けたのち、ザルに上げて冷蔵庫で保管。
2　フキノトウはよく洗って掃除し、細かく刻んで水に浸けてアクを抜く。
3　フキノトウの水気をきって、胡麻油で炒めて冷蔵庫で保管する。

［提供時］
1　鉄鍋に研いだ米を移し、炊き地を注ぎ入れる。
2　ここに炒めたフキノトウをのせて炊き上げる。まず蓋はせずに強火にかけ、沸いたら蓋をして弱火で10分間炊き、火を止めて7分間蒸らす。

お食事
焼きアユご飯

アユ1尾、苦うるか少量
米1合
炊き地（だし10：淡口醤油1：味醂1）1・2合

［仕込み］
1　アユはウロコを引いて背開きにする。内臓は捨てずにとっておく。血合いを落としてエラをはずす。水洗いして水気をふき、リードペーパーで包んで冷蔵庫で保管する。
2　米は研いで水気をきり、冷蔵庫で保管する。

［提供時］
1　アユは網の上で皮目のみをあぶる。
2　米を鉄鍋に入れて、炊き地を注ぎ、アユの内臓と苦うるか、あぶったアユをのせて炊く。
3　沸くまで強火、沸いたら弱火にして蓋をして10分間加熱する。火を止めて7分間蒸らす。
4　アユの頭と骨を取り除いて身をほぐし、ご飯とさっくり混ぜて提供する。

お食事

鯛素麺

タイの頭、スープ（水5：だし3：日本酒2）、塩、淡口醤油
素麺
白胡麻、万能ネギ（小口切り）

［仕込み］

1　タイの頭は熱湯にくぐらせて霜降りをし、ウロコを残さずていねいに取り除いて掃除し、冷蔵庫で保管する。

［提供時］

1　鍋（提供時の鍋）にスープを注ぎ、タイの頭を入れる。火にかけ、沸いたらアクをひき、弱火でタイを10分間ほど煮てだしをとる。

2　ここに塩と淡口醤油を加えて、やや濃いめの吸い地加減に味を調える。

3　別にゆでた素麺を入れて温め、火を止める。白胡麻と万能ネギをたっぷりのせて提供する。

甘味

和三盆ブリュレ

卵黄2個、全卵2個、牛乳・生クリーム各200cc、和三盆40g

［仕込み］

1　卵黄と全卵をよく混ぜる。

2　ここに沸騰直前まで熱した牛乳と生クリーム、和三盆を加えて泡立て器で攪拌する。

3　器に漉し入れ、弱火の蒸し器で20分間蒸す。

4　蒸し上がったら冷やして、冷蔵庫で保管する。

［提供時］

1　冷蔵庫から取り出し、和三盆（分量外）を上にふって、バーナーでこげめをつける。

甘味

自家製キャラメルアイス

キャラメルクリーム（水53cc、グラニュー糖167g、無塩バター53g、生クリーム100cc）
アイスベース（卵黄Mサイズ14個、グラニュー糖167g、沸かした牛乳1リットル）、生クリーム（7分立て）100cc

［仕込み］

1　キャラメルクリームを用意する。水とグラニュー糖を鍋に入れて火にかける。グラニュー糖が溶けて色づき、こげ茶色が深くなったら、無塩バター、生クリームを入れて火を止める。この時のこがし具合が味の決め手になる。

2　アイスベースを用意する。卵黄とグラニュー糖をボウルに入れて泡立て器で白っぽくなるまでよくすり混ぜる。ここに沸かした牛乳を一度に入れて攪拌する。

3　2を鍋に移して火にかけ、85℃になるまでこげつかないようにゴムベラで混ぜながら火を入れる。鍋ごと氷水にあてて急冷する。

4　キャラメルクリームとアイスベースを混ぜたのち、生クリームを7分立てに泡立ててゴムベラで混ぜる。密封容器に移して冷凍庫に入れて凍らせる。1時間おきに取り出してホイッパーで攪拌する。これを都合4回くり返す。

［提供時］

1　キャラメルアイスをアイスクリームディッシャーですくって盛りつける。

メニューブックはコミュニケーションツール

意外と見過ごされがちで、しかし重要なことに「メニューブック（表）のつくり方」がある。メニューブックはお客さまが最初に触れる店の情報であると同時に、店からお客さまに対する最初のメッセージである。政治の世界では選挙に際して政党が掲げる公約を意味する「マニフェスト」という言葉がよく使われるが、これと同様にメニューブックは「わが店はこういうことができます」というマニフェストでもあるのだ。

だからこそ、店のメッセージがきちんと伝わるメニューブックにしなければならない。ここでいうメッセージとは「この店をこのように使っていただきたい」ということ。具体的には、店側が注文していただきたいメニューを的確に伝え、それを注文していただけるようにすることだ。いわばお客さまを〝誘導できる〟メニューブックであることが重要なのである。

その際にポイントになってくるのが、メニューブックの体裁とレイアウトだ。

体裁ということでは、本のようにパラパラとページをめくれるブックレット型のメニューにするか、1枚のみあるいは2つ折のシンプルなメニューにするかといった違いがある。ブックレット型はしっかり食事をする店というイメージが強くなり、女性客はこのタイプを好む傾向がある。メニュー全体の品揃えがパッと目に入らないのでストレートなバラエティ感は出せないが、同じメニューを複数のページに掲載することで品揃えを豊富に見せたり、そのメニューの注文数を高めていくといったことが可能になる。

1枚のみあるいは2つ折のメニューの場合は、メニューそれぞれの見せ方と、それらをどう配置するかというレイアウトが重要になってくる。売りたいメニューを大きな文字や色文字を使って目立たせたり、カテゴリーごとに罫線で囲んで見せ方にメリハリをつけるといったことだ。また、2つ折のメニューではどの位置に何を掲載するかがポイントになる。

これは、お客さまがメニューを見るときの視線の動き方と関係がある。縦書きの場合は、お客さまはまず右上に注目し、次いで左上、右下、左下の順に視線が移動していくとされる。横書きの場合は左上、右上、左下、右下の順だ。だから、縦書きなら右上、横書きなら左上の位置に看板商品やその時期に売りたいメニュー、あるいは儲け筋のメニューを掲載するとよい。

また、この視線の動きに合わせて、最初の一品として注文してほしいメニュー→メインになるメニュー→締めの食事やデザート、の順に掲載すれば、お客さまも注文しやすくなる。こうしたことも店側からのメッセージであり、それが伝わることでお客さまの中に「使い勝手のよい店」というイメージができあがっていく。

メニューブックは単なる品書きではない。店がお客さまといい関係をつくるための重要なコミュニケーションツールでもあるのだ。

店名／目白 待つ宵
店主／長江良樹

住所／東京都豊島区目白3-5-8
電話／03-6908-2364
営業時間（L.O.）／17：30〜23：00（L.O. 22：00）
定休日／日（月不定休）

開店年／2013年10月
店舗規模（坪）／7・5坪
客席数／18席（カウンター6席、テーブル席12席）
従業員数／厨房1名、サービス2名
料理価格／一品料理（480〜2800円）、
おまかせ料理（4500円〜）
酒／日本酒がメインで8種、そのほかビール、ワイン、焼酎など
客単価／6500円
食材原価率／38％
ドリンク比率／35％
酒の価格の決め方／原価が高い酒は原価の2・5倍、
低い酒は原価の4倍

地元住民の日常使いを狙った立地

目白駅から徒歩3分ほど。目白通りを左折してまもなく左手に見えるのが「待つ宵」。真っ白な和紙に筆文字で書かれた献立表が店頭のイーゼルに立てかけられている。店は通りから一段低くなっており、木塀の間から見おろせば、小ぢんまりとした店内は料理とお酒を楽しむお客さまでにぎわっている。

目白は学習院大学や川村学園などがある文教地区。隣の

「目白 待つ宵」

目白台には日本女子大学、かつて田中角栄氏の住居であった目白御殿（現在目白台運動公園）や講談社の野間美術館、椿山荘なども点在する。目白駅はターミナル駅ではなく、周辺にオフィスなどは少ない。おもな乗降客は学生が中心であるせいか、飲食店はチェーン店や居酒屋が目立ち、大人がお酒を楽しめる和食店がこれまでほとんどなかった。しかし、閑静な住宅街を控えているため、そうした地元住民が日常使いできる店の需要はあるのではないかと、店主の長江良樹氏は考えた。

場所柄、お客さまの平均年齢は高かったが、これは狙い通り。

「毎日来店客の統計をとっているのですが、想定以上に女性の一人客が多いのにはおどろきました」

28歳にして一から料理を学ぶ

長江氏はもと某メーカーの営業マンだった。営業成績もよかったのだが、小さい頃からものづくりが好きで、おいしいものも好き。どうしても料理をやりたいという思いが高じて5年勤務した会社を辞めた。そして28歳のとき、東京・国立のエコール辻東京に入学する。

「料理屋が採用するのは学校を卒業したての若い人がほとんど。つてもなく料理経験も皆無の28歳の素人を雇ってくれる店はまずないので、調理師学校に通って修業先を紹介してもらおうと考えたんです」

長江氏が選んだのは日本料理だった。若い学生たちと机を並べて勉強し、調理師学校を卒業して新たな道のスタートラインについたのは29歳のときだ。

最初に入社した東京・広尾の会席料理店「季楽」（現在閉店）で親方の斎藤昌彦氏（現在「銀座吉本」料理長）に基本から仕込まれた。この店で季節ごとの上質な食材を使

入口から店内を見渡す。右手にはテーブル席12席、左手がカウンター席6席。

い、正統な技術や器づかいを身につけることができたのは、長江氏にとって幸運だったという。器の知識は「季楽」の母体「ギャラリームウ」(山梨県北杜市)が、店に併設した「ギャラリー旬」で毎週開催する個展で学んだ。

「料理経験が浅い私にとって、じつは賄い食づくりがとてもいい勉強になりました」

賄い食は11時と17時の2回。食材に肉は使わないことという制約はあったが、毎日2回の賄いづくりによって、1品の料理を最初から最後まで一人で完成させるという貴重な体験をすることができたという。

この「季楽」で7年ほどみっちり修業を積んだ長江氏は、30歳も半ばを過ぎそろそろ結婚を考えるようになる。次のステップに進むためにより安定した収入を得ようと(株)円らくが都内に展開する料理居酒屋「円らく三鷹荘」に移った。途中で中野店への異動を経て料理長となり、店の運営を任されるようになった。

「円らく」には和食の料理人だけでなく、フランス料理などの異業種を経験した料理人もいて、よい刺激を受けたという。円らくでは年に2回、全店をあげて料理のプレゼン大会が開催されていた。このイベントで評価された料理は店のメニューとして採用される。本書で紹介した「黒豆きな粉のレアチーズケーキ」は同店の料理コンテストで高評価を得たデザートで、長江氏の自信作である。

この店で「季楽」で叩き込まれてきた基本の日本料理にアレンジを加える術を習得した。

冷蔵庫には常時8種類の日本酒が用意されている。料理の邪魔をしない食中酒に適したものをセレクト(上)。
濃茶色の木板と木塀が印象的なファサード。一段下りて入口の扉となる。イーゼルの上に開いた献立表と暖簾の白が店の清潔感をあらわしている(右)。

やっと見つけた元すし店の居抜き物件

5年間ほど「円らく」で働いている間に、長江氏は独立するための物件を探し始めた。駅から徒歩10分以内で、10坪〜12、13坪の視認性の高い1階の物件を探し求めて、何軒もの不動産屋に2〜3年間通いつめた。最初はなじみのある三鷹近辺で探したが、なかなか気に入った物件には出会えなかったため、視点を変えて、夫人の実家がある山手線沿線の目白周辺で探すことにした。

やっと見つけたのが、元すし店の居抜き。店主が高齢になり廃業した物件だった。厨房やカウンターの位置は変更しなかったものの、店内はかなり老朽化が進んでいたので、大改装が必要だった。

「テーブル席はもとからベンチシートでした。客席をフレキシブルに使えない不自由さがあるので、これを取っ払うことも考えたのですが、そこに可動式のテーブル席を置くのはスペース的にムリでした」

白い壁には季節の花々を飾り、カウンターには独立を見据えて少しずつ買い集めた器や酒器が並ぶ、小さいながら居心地のよい店になった。

オーソドックスな割烹のよさを追求

割烹のよさは、お客さまと話をしながらその場で臨機応変に料理をアレンジして楽しんでいただけること。「待つ宵」の場合は、ほとんどのお客さまが1皿の料理をシェアするので、人数によって分量や個数を調整して提供する。

また「あん肝と白子、両方食べたいけれど、2

カウンターの前には、取り分け用の器や酒器が並ぶ。現代作家ものや古伊万里が中心（上、右）。
店主の長江良樹氏。地元目白の祭礼などにも参加するようになり、この地に少しずつ根をおろしはじめた（左）。

品頼むとちょっと量が多くて」というお客さまには、2品を1皿に盛り合わせるといった要望にも応えている。

「老若男女を問わず、1人客が結構多いので、こうしたリクエストにも、できるだけ対応しています」と長江氏。

オーソドックスな日本料理のよさをアピールするためには、しっかりとしたクオリティの料理を出すこと。「待つ宵」の料理はどれを食べても間違いないと思っていただくことが、次回の来店と追加注文につながる。

よいものを仕入れ、工程を省かずにていねいに下処理をして仕込むのが長江氏のやり方だ。派手な演出はなくても、当たり前のことをきちんとやっていくことが、お客さま、とりわけ大人のお客さまに満足感を与えることにつながるのではないかという。

「とはいえ調理担当は私1人なので、仕込みは体力勝負です」と長江氏は笑う。

「時間」を念頭に献立と調理を考える

「待つ宵」の献立は「造り」「特選」「酒肴」「サラダ」「揚物」「温物」「お食事」「甘味」に分類。料理の内容を想像しやすいように、必ず食材名を2種類程度メニュー名に入れるようにしているという。一品の価格は原価率から算出するだけではなく、そのメニューをお客さまが見たときに納得の

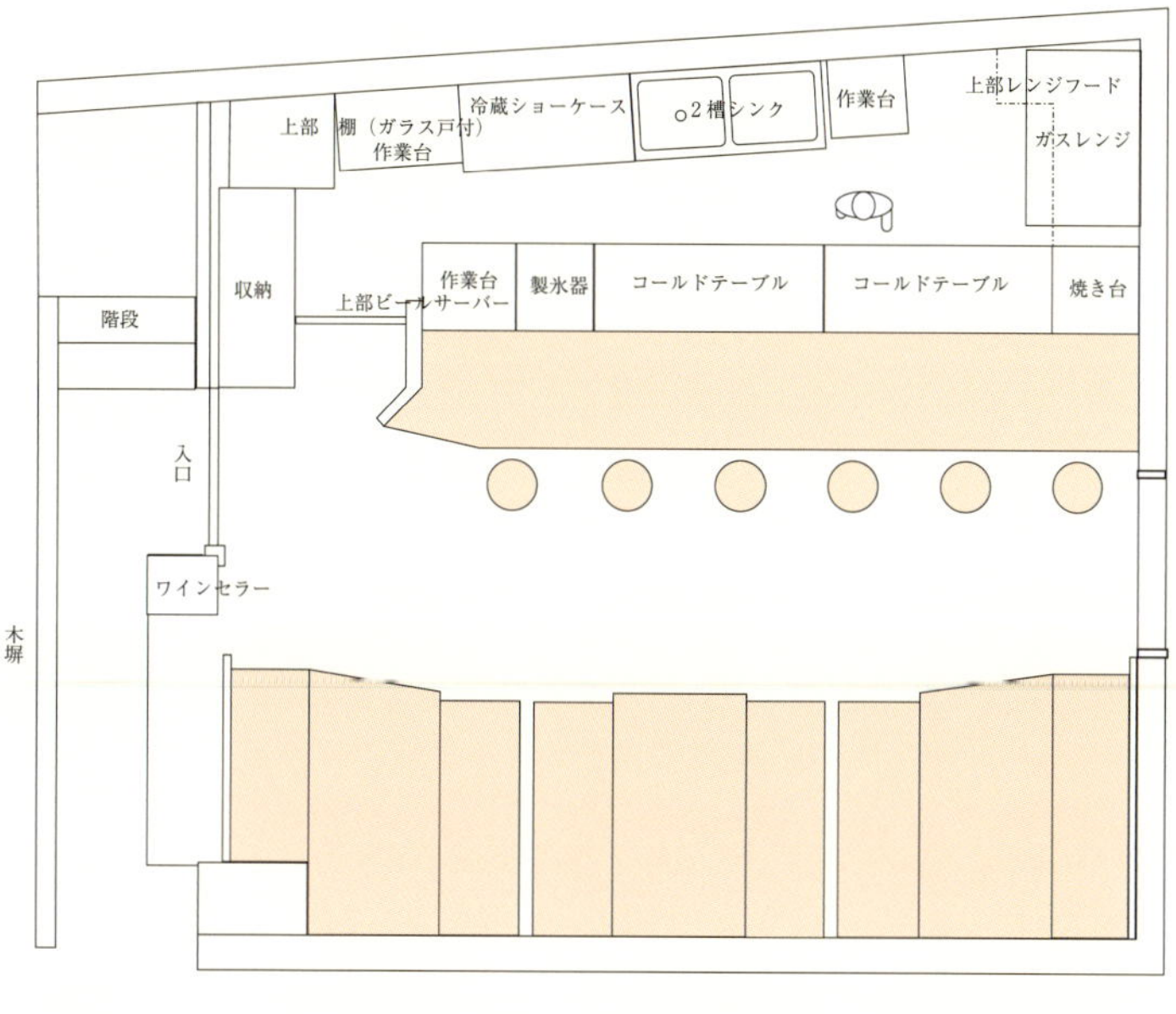

目白通りを1本入った通り沿いは車の通行量もあるが、階段を数段降りたところにフロアがあるので店内からも通りからも双方の様子はあまり見えない。
元すし店の居抜きを大改装。カウンター席6席と、テーブル席12席という構成。スペースがとれないため、もともとベンチシートを採用していたテーブル席は、椅子やテーブルはすべて新しくしたが、配置はそのまま生かした。白壁を生かして、季節の草花や書を飾っておちついた雰囲気に。
ガスコンロと焼き台は厨房の奥に集約して1人で調理しやすいような配置に。

いく相応の値段であるかを考えてつけるようにしている。

①最短時間で出せるもの、②仕込み段階でほぼ出来ていて最後のフィニッシュ調理だけですむもの、③ツーオーダー調理で時間がかかるもの。このように提供までの調理時間の長短で料理を大きく3つに分け、献立にバランスよく配分することが1人で店を切り盛りするポイントだという。

「造りはやや時間がかかる。酒肴やサラダは短時間で提供できる。後半に出したい揚物はわりあい短時間で出せる。でも焼物などで構成する温物は時間がかかる」というように、入ったオーダーのタイムスケジュールを頭の中で整理し、逆算しながら調理に取りかかる。火口は揚物用、蒸し器用、温め用の3つと限られているので、同時に行なう複数の調理が集中しないようにしなければならない。

コース料理も用意しており（おまかせ8品コース6200円、おまかせ7品八寸なしコース4500円）、8名程度のグループ客には、スムーズに料理を出すために、予約時にコース料理をすすめている。

コース料理1本のほうが楽なのではという疑問もわくが、それに対する長江氏の答えはこうだ。

「18席分のコース料理を一度に仕上げるのは、うちの厨房ではムリがある。せいぜい12席が限界でしょう。なにより、自分が飲みに行きたい店は選べる楽しさがある店。仕込みも提供も大変ですけれど、今は一品料理を中心にしていきたいと思っています」

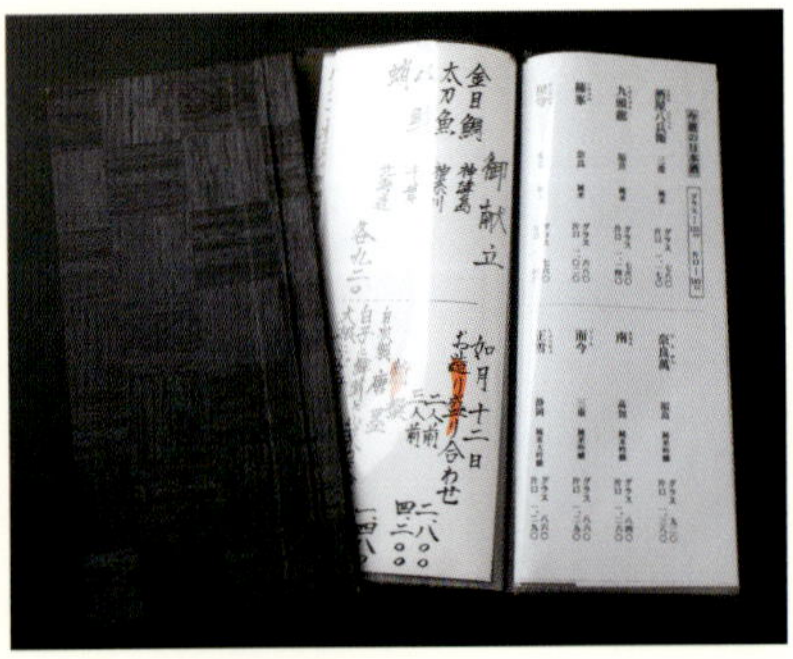

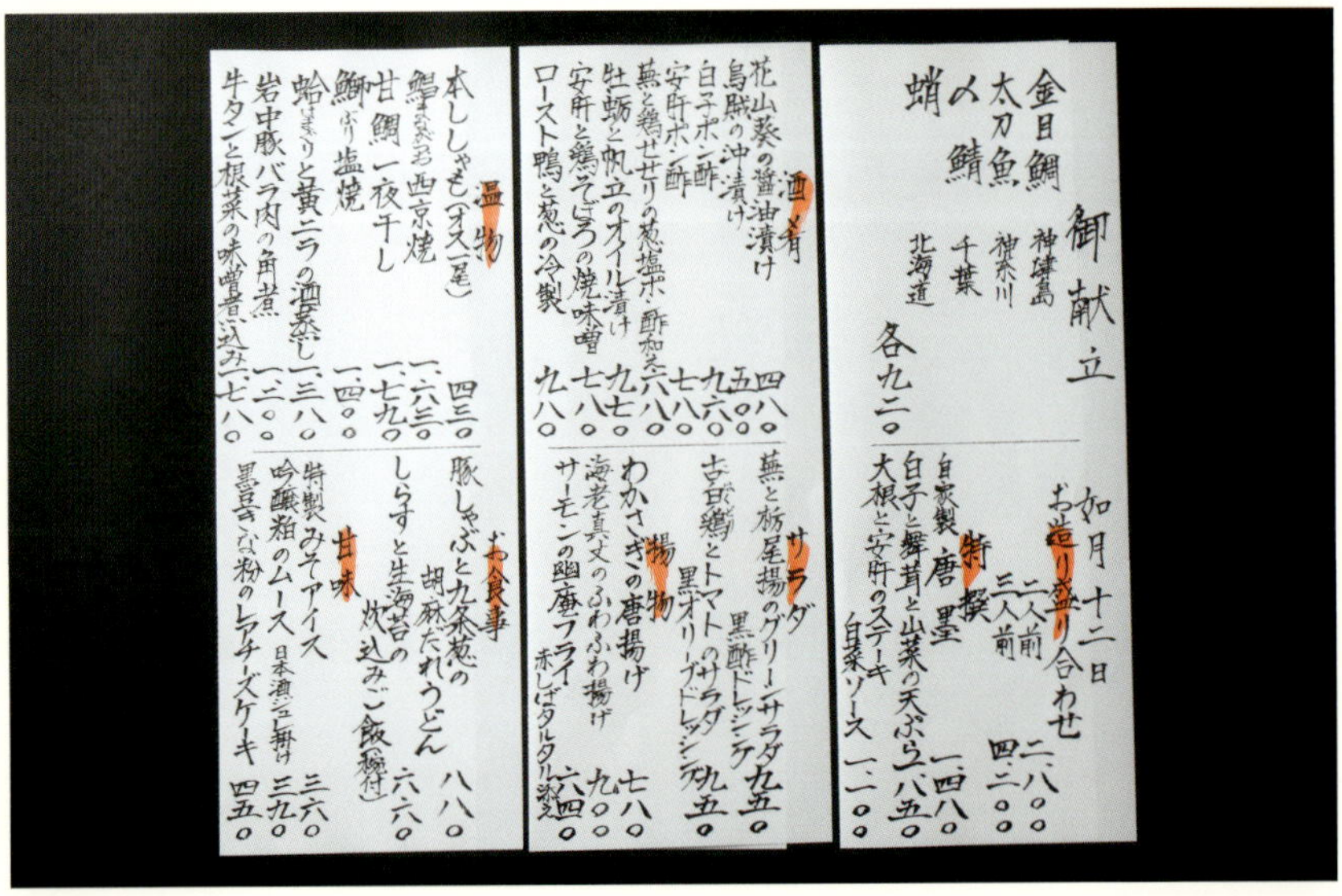

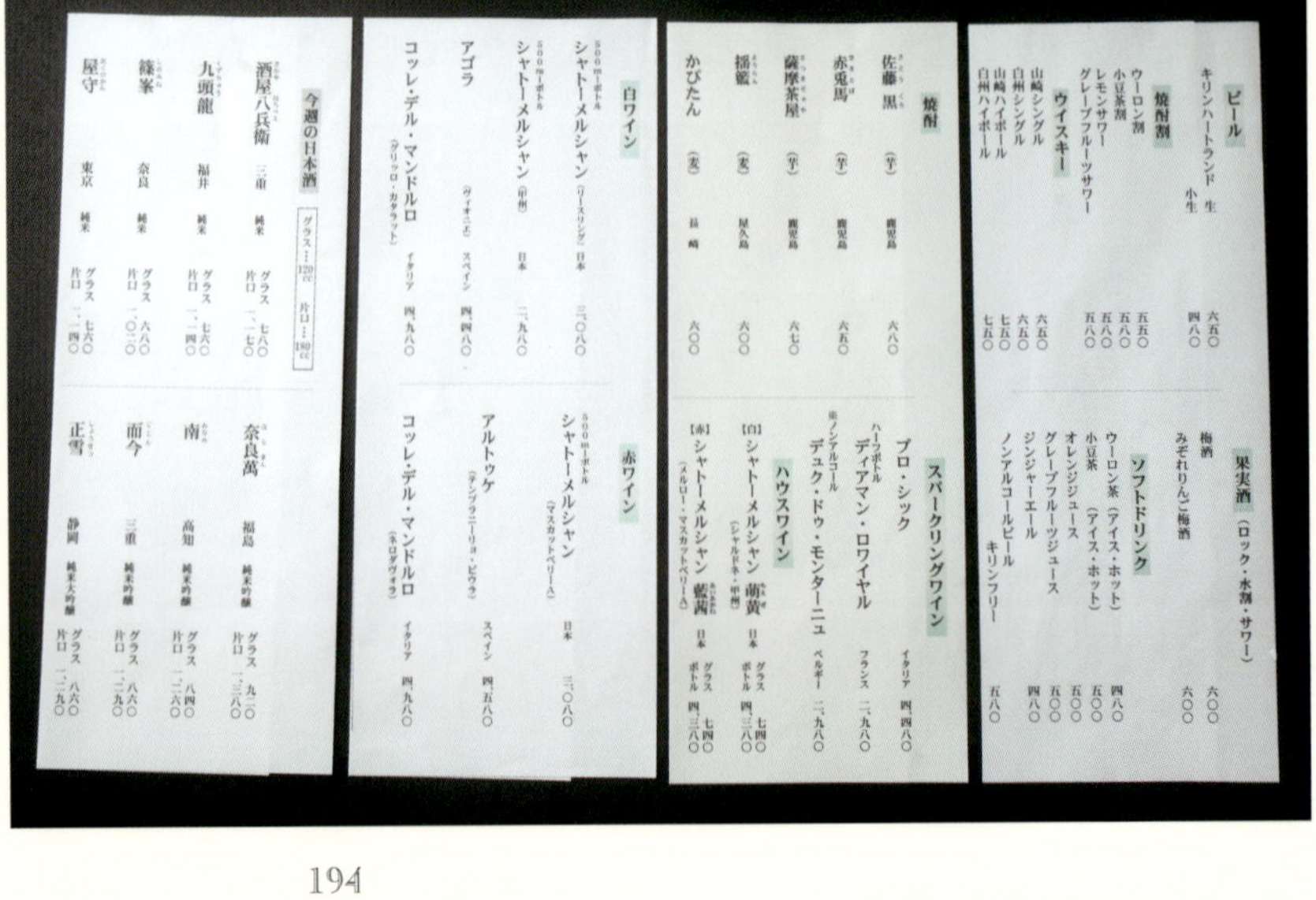

写真上段左：縦長の献立表は料理とドリンクがまとめて1冊の冊子になっている。
写真上段右：料理の献立は3頁(手書き)。造りからはじまって甘味まで。おすすめのコース料理は4500円と6200円を用意。
写真下段：ドリンクの献立は4頁。ビール、果実酒、焼酎、ワイン、日本酒の順に記載されている。

目白 待つ宵 料理

お通し

胡麻豆腐　2月

仕込んでおけば、待たせることなくすぐに出せる便利な料理。時には生湯葉に変えることもあるが、1年を通して提供する定番のお通し。

料理解説206頁

お通し

水無月豆腐　6月

6月のお通し。胡麻豆腐を練り、最後にゆでた小豆を加えて寄せた水無月豆腐。胡麻豆腐地は、上手にアレンジすれば季節感を表現することができる。

料理解説206頁

特撰

自家製唐墨

毎年10月から3回くらいに分けて10～12kgのボラの卵巣を店の屋上で仕込む。あぶった食感と焼かずにねっとりとした食感の双方を楽しんでいただく。

料理解説206頁

特撰

大根と牡蠣のステーキ 白菜味噌ソース

下煮したダイコンをソテーし、上には大粒のカキのコンフィを添える。冬に旨みが増すハクサイは、とろけるまで柔らかく煮て、ミキサーにかけて味噌を加え、ソースとした。 料理解説207頁

酒肴

茄子揚げ浸し 夏野菜添え 順才土佐酢ジュレ

夏野菜たっぷりの、サラダのような酢の物。ナスは素揚げし、ミョウガは甘酢に浸けるなど、それぞれの野菜に合った調理をして合わせた。土佐酢は夏らしくジュレに寄せて。 料理解説208頁

酒肴

鳥貝とアスパラの酢味噌和え

初夏の旬素材を辛子酢味噌で和えた酒肴。辛子酢味噌の味加減は冬は甘めに、夏は少し辛味を効かせてさわやかに仕上げる。 料理解説208頁

酒肴

ロースト鴨と葱の冷製

鴨は低温でしっとり火を入れるが、提供時には、皮をバーナーであぶってカリッとした歯応えをつけて仕上げる。 料理解説209頁

酒肴

白子と安肝ポン酢

白子とアンキモはそれぞれ別メニューにしているが、リクエストがあれば、盛合せにも応じる。これも割烹ならではのよさだ。 料理解説209頁

酒肴

安肝と鶏そぼろの焼き味噌

仕込んだ味噌地をシャモジにぬって、バーナーであぶるのみ。焼いたタイのほぐし身を混ぜる時期もある。日本酒に合う人気のメニュー。日持ちするので、まとめて仕込める。

料理解説210頁

サラダ

蒸鶏とトマトのサラダ 黒オリーブドレッシング

蒸鶏はまとめて仕込み、適量を小分けし、冷凍して保存できる便利な素材。加熱温度を守れば胸肉が失敗なくしっとりと仕上がる。

料理解説210頁

サラダ

豚しゃぶサラダ 黒酢ドレッシング

豚肉はタンパク質の凝固が始まる70℃の湯にくぐらせて氷を入れた塩水に落とす。温度管理をすることで、肉が柔らかく仕上がり、塩水に落とすことで、ほどよく下味がつく。料理解説２１０頁

揚物

海老真丈のふわふわ揚げ 海老塩まぶし

エビはすり身と粗く切った身を合わせた。形を残すと食感がよくなるだけでなく、エビの色も鮮やかに出る。昆布だしでのばしてかたさを調整。だしを増やすと軽い仕上りになる。料理解説２１１頁

揚物

いちじく変わり揚げ サワー味噌クリーム

火を入れると甘みが強くなるイチジクを、コーンフレークの衣で食感に変化をつけて揚げた人気の一品。イチジクはとろけるように柔らかく、周りの衣はカリッと仕上げる。 料理解説211頁

温物

新じゃがとズッキーニの塩辛焼

初夏に出回る小ぶりの新ジャガイモとズッキーニを揚げて塩辛を合わせた一品。油脂と塩辛が好相性の日本酒に合う味わい。 料理解説212頁

温物

甘鯛唐墨焼き

アマダイは酒塩で下味をつける。この塩加減が決め手となる。アマダイと衣に混ぜたカラスミの塩味がよく合う一品。

料理解説212頁

温物

稚鮎と蕪の香草バター焼き

稚アユはオーダーを受けてから揚げてサッと煮込む。揚げると骨まで柔らかくなるので、丸ごと食べることができる。

料理解説213頁

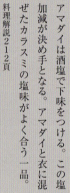

温物

鮎一夜干し

アユは肝のほろ苦い味わいとさわやかな香りが持ち味。ほどよく水分を抜いたアユの腹に、蒸した肝味噌をはさんで焼き、骨煎餅を添えて、アユを余すところなく食べていただく。

料理解説213頁

温物

牛タンと根菜の味噌煮込み

肉質が違うタン先とタン元は圧力鍋で別々に下ゆでする。１晩そのままおいて、まろやかに味噌味をしみ込ませたシチューのような一品。

料理解説２１４頁

温物

岩中豚と春キャベツの旨塩煮

豚の甘い脂と春キャベツのやさしい甘さがよく合う春の一品。豚バラ肉は重たい印象を与えがちのメニューだが、春キャベツやキノコなど野菜を合わせると軽快なイメージに。

料理解説２１４頁

お食事

太刀魚とすり胡麻の冷汁ごはん

郷土料理の冷汁は、干物などを焼いて汁にすり混ぜるが、ここではタチウオを細く切ってご飯の上にのせて具沢山な冷汁に。 料理解説２１５頁

お食事

しらすと生海苔の炊込ご飯

新海苔とシラス。2月に出回る季節のものを合わせた炊込みご飯。色はとんでしまうのだが、海苔は最初から炊き込んで、味と香りをご飯にしっかりとまとわせる。

料理解説214頁

甘味

黒豆きな粉のレアチーズケーキ

ビスケットと水羊羹とチーズケーキを重ねたケーキ。水羊羹を流して固めたら、少しバーナーをあてて表面を溶かしてからチーズを流すと各層が接着する。

料理解説215頁

甘味

吟醸粕のムース 日本酒ジュレ掛け

吟醸酒の酒粕でつくった香り高いムース。生クリームと牛乳を加えて、アルコール分を和らげ、コクをつけた。透明ですっきりとした日本酒のジュレをかけ、濃厚なムースにさわやかさをプラスした人気の一品。

料理解説216頁

目白 待つ宵 料理解説

お通し
胡麻豆腐 2月

みがき胡麻（白）500g、水2・7リットル、煮きり酒500cc、砂糖22g、塩12g、葛粉180g
旨だし＊

＊だし7：味醂1：濃口醤油1の割で合わせて一煮立ちさせて冷ましたもの。

［仕込み］
1 みがき胡麻を1晩水に浸けてふやかす。
2 翌日水をきって、分量の水とともにミキサーでなめらかになるまで回す。数回に分けて回すと早くなめらかになる。
3 2を漉し器で漉して、煮きり酒、葛粉、砂糖、塩を加えて溶かし、再び漉す。
4 鍋に移して火にかけ、25～30分間木ベラで練る。こげつかない程度の火加減を保つ。
5 ぬらした流し缶に流して、周りを氷水で冷やし、粗熱がとれたら冷蔵庫に1晩おいて締める。

［提供時］
1 胡麻豆腐を切り出して器に盛り、旨だしを注ぐ。

お通し
水無月豆腐 6月

みがき胡麻（白）500g、水2・7リットル、煮きり酒500cc、砂糖22g、塩12g、葛粉180g
小豆80g
旨だし（↓上段）

［仕込み］
1 みがき胡麻を1晩水に浸けてふやかす。
2 小豆は水洗いし、ゆでこぼして渋抜きをしたのち、水で2～3時間弱火でゆでる。途中数回差し水をする。
3 翌日、1の胡麻の水をきって、分量の水とともにミキサーでなめらかになるまで回す。数回に分けると早くなめらかになる。
4 3を漉し器で漉して、煮きり酒、葛粉、砂糖、塩を加えて溶かして再び漉す。
5 鍋に移して火にかけ、25～30分間木ベラで練る。こげつかない程度の火加減を保つ。
6 仕上がり直前に、小豆をざっくり混ぜて、ぬらした流し缶に流して、周りを氷水で冷やし、粗熱が取れたら冷蔵庫に1晩おいて締める。

［提供時］
1 水無月豆腐を切り出して器に盛り、旨だしを注ぐ。

特選
自家製唐墨

ボラの卵巣10kg
仮漬け液（水2：焼酎1、塩8％）
本漬け液（水2：焼酎1、塩6％）
ダイコン

［仕込み］
1 ボラの卵巣の表面の膜を掃除し、水にしばらくさらして血管から血を抜く。
2 仮漬けをする。1の水気をきって仮漬け液に1～2日間浸ける。
3 次に本漬けをする。卵巣を仮漬け液から取り出して、本漬け液の中に移して1～2日間おく。

4 取り出してリードペーパーを敷いたバットの上に重ならないように卵巣を並べて冷蔵庫で2〜3日間自重での脱水を行なう。

5 平らな網の上に並べ、昼は外気にあてて、夜は取り込んでトレーに並べ、同じトレーを上に重ねる。昼夜の作業を3週間ほど続けて乾かす。この間毎日卵巣の表面を焼酎でふく。

6 最後にトレーの上に重しをし、冷蔵庫に入れる。重しをして整形し、しっかり水分を抜いて味を凝縮させる。

7 1本ずつ小分けにしてラップフィルムで密封して冷凍保存する。

［提供時］

1 カラスミは皮をむいて薄切りにする。

2 半分は表面をサッとあぶり、残りはそのまま盛りつける。薄切りにしたダイコンを添える。

特選

大根と牡蠣のステーキ 白菜味噌ソース

◎大根

ダイコン（輪切り）、煮汁（だし25：味醂1：淡口醤油1）、薄力粉、サラダ油

◎牡蠣のコンフィ

カキ（むき身）、サラダ油、オリーブ油

◎白菜味噌ソース

ハクサイ500g、煮汁（だし1リットル、味醂30cc、淡口醤油30cc）、西京味噌30g、水溶き葛粉

フキノトウの素揚げ、菜ノ花*

*菜ノ花は熱湯でゆでて、濃いめの吸い地程度に味をつけた塩水に浸けておく。

［仕込み］

◎大根

1 ダイコンは面取りし、裏側に隠し包丁を1本入れる。水から下ゆでをする。

2 ダイコンに串が通るようになったら、表記の割で合わせた煮汁で20分間コトコトと炊いて火を止め、1晩おいて味をしみ込ませる。密封容器で煮汁とともに保管。

◎牡蠣のコンフィ

1 カキはよく洗う。サラダ油とオリーブ油を同量ずつ合わせて70〜80℃に温め、カキを入れて火にかけ、20分間この温度を保って加熱する。

2 密封容器に移して保管する。

◎白菜味噌ソース

1 ハクサイを刻み、合わせた煮汁の中でクタクタになるまで煮る。

2 1を煮汁ごとミキサーにかけ、裏漉しする。鍋に移し、西京味噌を加えて、水で溶いた葛粉でとろみをつける。密封容器に入れて冷蔵庫で保管。

［提供時］

1 ダイコンを電子レンジで温め、汁気をきって薄力粉をまぶす。サラダ油をひいたフライパンで焼く。

2 ダイコンの両面に焼き色がついたら、牡蠣のコンフィを入れて焼き目をつける。

3 器にダイコンを盛り、上に牡蠣のコンフィをのせる。

4 蒸し器で温めた白菜味噌ソースを流し、上に素揚げしたフキノトウ、菜ノ花を添える。

酒肴

茄子揚げ浸し 夏野菜添え 順才土佐酢ジュレ

◎茄子揚げ浸し
ナス、揚げ油、浸け地（だし10：味醂1：濃口醤油0・5：淡口醤油0・5）、針ショウガ

◎夏野菜
オクラ、塩水
ミニトマト、浸け地（だし10：味醂1：濃口醤油0・5：淡口醤油0・5）
ミョウガ、甘酢（水100cc、酢100cc、砂糖40g）

◎順才土佐酢ジュレ
土佐酢（だし400cc、味醂120cc、酢80cc、淡口醤油80cc）、板ゼラチン15g
ジュンサイ

花穂紫蘇

［仕込み］

◎茄子揚げ浸し

1 浸け地の材料を合わせて一煮立ちさせて冷ましておく。

2 ナスは皮に切り目を入れて、中心に縦に串を通しておく。

3 低めの温度の油でナスを素揚げにし、中まで火が通ったら串を抜いて、1の浸け地に浸ける。密封容器に浸け地ごと移して冷蔵庫で保存する。

◎夏野菜

1 オクラはヘタを切り落とし、破裂しないように竹串で穴を開けておく。揚げ油を170℃に熱して素揚げし、氷を入れた塩水にとる。密封容器に塩水を入れ、オクラを浸して冷蔵庫で保管する。

2 ミニトマトはヘタを落とし、皮を湯むきして水気をきる。密封容器に浸け地を入れ、ミニトマトを浸けて冷蔵庫で保管する。

3 ミョウガは縦半分に切り、熱湯でゆでておか上げする。甘酢を合わせ、ミョウガを浸ける。密封容器に入れて冷蔵庫で保管する。

◎順才土佐酢ジュレ

1 土佐酢を鍋に合わせて火にかけ、沸いたら火を止め、水で戻した板ゼラチンを溶かして冷ます。

2 ジュンサイはサッと熱湯にくぐらせて色出しをし、氷水で冷やす。水気をきって1の土佐酢に混ぜる。密封容器に移して冷やし固めて保管する。

［提供時］

1 冷やした器に、くずした順才土佐酢ジュレを敷く。

2 ナス、ミョウガ、オクラ、ミニトマトを食べやすく切り、1のジュレの上に盛る。ほぐした花穂紫蘇を散らす。

酒肴

鳥貝とアスパラの酢味噌和え

トリ貝
グリーンアスパラガス、水ナス、新玉ネギ
辛子酢味噌（白玉味噌*100g、酢35cc、辛子12g、卵黄1個分、だし・淡口醤油各少量）
紫芽
*白味噌500g、卵黄5個、全卵5個、上白糖150g、日本酒250ccを合わせて弱火で練る。

［仕込み］

1 トリ貝を掃除し、軽く塩水で洗って水気をきる。

2 アスパラガスは根元の皮をむき、熱湯でゆでて、氷を入れた塩水にとる。

3 辛子酢味噌の材料をすべて合わせて火にかけて木ベラで練る。フツフツと沸いてきたら火を止め、冷まして裏漉しする。

［提供時］

1 トリ貝、アスパラガス、新玉ネギ、水ナスを食べやすく切り分け、辛子酢味噌で和える。

2 冷やした器に盛り、天に紫芽を盛る。

酒肴

ロースト鴨と葱の冷製

鴨胸肉1枚、浸け地（だし5：味醂1：濃口醤油1、柚子コショウ適量）
長ネギ、煮汁（だし、味醂、淡口醤油）
ジュレ（鴨の浸け地、だし、板ゼラチン）
白髪ネギ、粒マスタード

［仕込み］

◎ロースト鴨

1　鴨の皮に細かく切り目を入れて、何もひかないフライパンで皮側を焼く。ジワジワと脂が出てきてカリッとしたら裏返して全面を焼く。
2　浸け地の材料を合わせてビニール袋に入れ、1の鴨を入れて密封する。
3　鍋で湯を沸かして70℃まで冷まし、2を入れて火にかけ、68～70℃を保って20分間おく。
4　鍋の中に水を細く注ぎながら冷ます。冷めたら密封容器に入れて保管する。
5　長ネギの白い部分をぶつ切りにする。だしに味醂と淡口醤油各少量を加え、ネギを入れて火にかける。
6　一煮立ちしたら火を止めて、そのまま冷まして余熱で火を入れる。密封容器で保管する。
7　ジュレをつくる。鴨の浸け地を漉して、だしでのばして温め、水で戻した板ゼラチンを加えて溶かす。容器に入れて保管。

［提供時］

1　鴨の皮をバーナーであぶってカリッとした食感をつけ、冷まして薄切りにする。
2　白髪ネギを盛って、1の鴨を盛りつける。上から冷たいジュレをくずして添える。
3　長ネギを盛り合わせ、粒マスタードを添える。

酒肴

白子と安肝ポン酢

◎白子
タラの白子、塩水（濃いめの吸い地加減）
◎安肝
アンコウの肝、塩水（塩分濃度5％）
◎ちり酢
ポン酢、大根おろし、万能ネギ（小口切り）、七味唐辛子

［仕込み］

◎白子

1　タラの白子を掃除して食べやすい大きさに切り分ける。水に1～2時間さらしておく。
2　鍋に湯を沸かし（沸騰させない）、1の白子を入れて7～8秒間おき、氷を入れた塩水に落とす。
3　密封容器に塩水を注ぎ、白子を浸けて冷蔵庫で保管する。塩水を毎日変えれば2～3日間は十分持つ。

◎安肝

1　アンコウの肝は周りを掃除して皮をむく。水に2～3時間さらしておく。
2　塩水に30分から1時間ほど浸けて取り出す。
3　巻簾にラップフィルムを重ねて肝をのせ、円柱状に巻いて両端をねじってとめる。
4　ラップフィルムの周りにアルミホイルを重ねて巻き、さらに巻簾で巻いてゴムでとめる。
5　中火の蒸し器で20分間ほど蒸して取り出し、そのまま冷ます。巻簾をはずして冷蔵庫で保管。

◎ちり酢

1　材料をすべて合わせて密封し、保管。まとめて仕込んでおくと便利。

［提供時］

1　安肝を切り出し、白子と盛り合わせる。別皿でちり酢を添える。

酒肴

安肝と鶏そぼろの焼き味噌

安肝（→209頁）200g、鶏胸挽肉300g、京桜味噌120g、西京味噌180g、砂糖110g、日本酒100g、卵黄2個、おろしショウガ5g、エシャロット（みじん切り）5本、水溶き片栗粉適量

［仕込み］

1　焼き味噌地を仕込む。安肝は裏漉しする。鶏胸挽肉は日本酒（分量外）で酒煎りする。

2　1とそのほかの材料（エシャロットと片栗粉以外）をすべて合わせて鍋に入れ、木ベラでこがさないよう中火から弱火で10分間ほど練る。

3　練り上げたら、最後に水溶き片栗粉を加えて火を止め、エシャロットを混ぜて余熱で火を入れる。

4　冷めたらビニール袋に入れて空気を抜いて保管。

［提供時］

1　シャモジに焼き味噌地をぬって、電子レンジで温める。

2　バーナーで焼き目をつける。

サラダ

蒸鶏とトマトのサラダ 黒オリーブドレッシング

◎蒸鶏

鶏胸肉2kg、水4リットル、塩80g、日本酒・淡口醤油各適量、ショウガ（薄切り）・長ネギ（青い部分）各適量

◎サラダ

トマト（大きめの乱切り）、葉野菜（グリーンカール、赤ミズナ）

黒オリーブドレッシング（黒オリーブ種なし150g、オリーブ油300cc、ニンニク5g、ケイパー5g、アンチョビ15g、塩・コショウ各少量）

糸がきカツオ

［仕込み］

◎蒸鶏

1　鶏胸肉は皮と脂を除いたら、血管とスジを掃除し、均等に火を入れるために大きさをそろえて3～4ブロックに切り分けておく。

2　鍋に水、塩、日本酒、淡口醤油、ショウガ、青ネギを合わせて火にかけて沸かす。一旦沸いたら70～80℃になるまで冷ます。

3　鶏胸肉を入れて再び火にかけ、68～70℃を保って20分間加熱する。

4　冷めたら取り出してビニール袋などに小分けして密封し、冷凍しておく。使用時は冷蔵庫で自然解凍させる。

◎サラダ

1　トマトは皮を湯むきして冷蔵庫で保管する。

2　葉野菜は水洗いして冷蔵庫で保管する。

3　黒オリーブドレッシングを仕込む。材料をすべてフードプロセッサーに入れて攪拌し、容器に移して冷蔵庫で保管する。

［提供時］

1　蒸鶏はそぎ切りにする。まず蒸鶏とドレッシングを和え、次に大きめの乱切りにしたトマト、葉野菜の順に和える。

2　器に盛り、糸がきカツオをふんわり盛る。

サラダ

豚しゃぶサラダ 黒酢ドレッシング

◎豚しゃぶ
豚ロース肉(しゃぶしゃぶ用)1kg、塩水(水2リットル、塩40g)

◎サラダ
ワサビ菜、トウミョウ、赤玉ネギ
黒酢ドレッシング(黒酢180cc、ハチミツ15g、濃口醤油40cc、太白胡麻油200cc、サラダ油120cc、長ネギの白い部分みじん切り)
刻み海苔

［仕込み］

◎豚しゃぶ
1 鍋に水を入れて沸かし、70℃を保つ。氷を入れた塩水を用意する。
2 豚肉を70℃の湯にくぐらせて適度に火を入れ、塩水に落とす。水気をきり、密封容器に入れて冷蔵庫で保管する。

◎サラダ
1 野菜類はそれぞれ適宜、ちぎったり、切ったりして密封容器に入れて冷蔵庫で保管する。
2 黒酢ドレッシングをつくる。材料を順次合わせて混ぜ、容器に移して保存する。

［提供時］
1 豚しゃぶ3〜4枚を半分に切る。
2 ボウルに野菜、豚肉を入れ、黒酢ドレッシングを加えて和える。
3 器に盛り、刻み海苔を天に盛る。

揚物
海老真丈のふわふわ揚げ 海老塩まぶし

海老真丈地(ブラックタイガーエビむき身500g、白身すり身500g、ヤマトイモ30g、玉子の素*全量、昆布だし100cc)
地(だし、日本酒、味醂、塩)
薄力粉、揚げ油
海老塩(乾燥サクラエビ30g、焼塩40g、グラニュー糖15g)
*卵黄5個分をボウルに入れて泡立て器で攪拌し、サラダ油200ccを少しずつたらしながらさらに混ぜてマヨネーズ状にする。

［仕込み］
1 海老真丈地を仕込む。エビは300gは粗みじんに切り、200gはすり身にする。
2 まずフードプロセッサーにすり身用のエビ200g、白身すり身、昆布だし(様子をみながら)を入れて回し、ヤマトイモ、玉子の素を入れてさらに回す。
3 ボウルに移し、粗みじん切りにしたエビを混ぜる。
4 鍋に薄味をつけた地を注いで火にかける。沸いたら3の真丈地を丸くとって落として火を通す。鍋に入れたまま冷まし、地と一緒に密封容器に入れて保管する。
5 海老塩の材料をすべてミキサーに入れて回す。

［提供時］
1 海老真丈は地から上げて汁気をきり、薄力粉をまぶして、180℃の揚げ油で揚げる。
2 油をきって、海老塩をまぶす。器に盛り、海老塩を少々添える。

揚物
いちじく変わり揚げ サワー味噌クリーム

イチジク
薄力粉、卵白、コーンフレーク、揚げ油
サワー味噌クリーム(サワークリーム90g、白玉味噌90g→208頁・鳥貝とアスパラ)
松ノ実

［仕込み］
1 サワー味噌クリームをつくる。サワークリームと白玉味噌を混ぜ合わせる。ビニール袋に詰め

て冷蔵庫で保管する。角を切って絞り袋のように使う。

[提供時]

1　イチジクは4等分のくし形に切る。薄力粉をつけ、溶いた卵白にくぐらせて、軽く砕いたコーンフレークをしっかりつけて、180℃の油でサッと揚げて油をきる。

2　アルミホイルの上に並べ、サワー味噌クリームを絞り出し、天火(近火で)で表面をあぶる。

3　器に盛り、天に松ノ実を添える。

温物

新じゃがとズッキーニの塩辛焼

新ジャガイモ(小)、ズッキーニ、揚げ油
イカの塩辛、玉子の素(↓211頁・海老真丈)、
淡口醤油、胡麻油
長ネギ(青い部分、白い部分)

[仕込み]

1　新ジャガイモは洗って蒸し器で20分間蒸し、スッと串が通る程度に火を通す。

2　冷めたら天地を切り落として中心をくり抜いて密封容器に移し、冷蔵庫で保管する。

3　ズッキーニは筒切りにして、中心の種の部分をくり抜き、180℃の揚げ油で揚げる。適度に水分が抜けて、少し揚げ色がついてきたら取り出して油をきり、火が入り過ぎないようにすぐに冷ます。密封容器に移して冷蔵庫で保管する。

4　塩辛はザルに上げて汁気をほどよくきる。粗く刻んで、ボウルに移す。玉子の素、淡口醤油、胡麻油を加えて混ぜ、味を調える。密封容器に入れて冷蔵庫で保管する。

[提供時]

1　揚げ油を180℃に熱し、新ジャガイモを揚げる。揚げ色がついたら、ズッキーニを入れる(2度揚げ)。

2　ズッキーニが温まったら、新ジャガイモとズッキーニの油をきり、アルミホイルの上に並べ、塩辛を中心部に射込む。

3　焼き台(天火)であぶって、塩辛に焼き目をつける。

4　器に並べ、青ネギと白髪ネギを添える。

温物

甘鯛唐墨焼き

アマダイ、酒塩水*(水1・6リットル、日本酒400cc、塩100g)、カラスミ衣(卵白、カラスミあられ切り↓206頁・自家製唐墨)、染おろし(大根おろし、淡口醤油)、花山葵の醤油漬け**

*すべてを合わせる。

**花ワサビを80℃の湯でゆでる。取り出して砂糖をまぶし、容器に放置して冷ます。甘辛く調えた浸け地(日本酒、味醂、濃口醤油)に1晩以上浸ける。

[仕込み]

1　アマダイを三枚におろし、酒塩水に30分間浸ける。水気をきって脱水シートではさみ、冷蔵庫で1晩おく。

2　翌日80g(1皿分)に切って、ラップフィルムで密封して冷凍し、保管。

3　営業前に衣用の卵白を泡立て器でしっかり泡立てておく。

[提供時]

1　アマダイは冷蔵庫に戻して自然解凍しておく。皮目に切り目を入れて焼く。ここでアマダイに完全に火を入れる。

2　使用時に卵白をもう一度泡立てて、あられ切りにしたカラスミを混ぜる。

3　1のアマダイの上に2の衣をのせて上火でメレンゲを焼き固める。

4　器に盛り、染おろしと花山葵の醤油漬けを添える。

温物

稚鮎と蕪の香草バター焼き

稚アユ、薄力粉、揚げ油
カブ、煮汁（だし30：味醂1：淡口醤油1）
香草バター（無塩バター、パセリ、チャイブ、チャービル、ニンニク、エシャロット、アーモンドパウダー、塩、コショウ）30g、太白胡麻油20cc、生パン粉

［仕込み］

1　稚アユは水洗いして、水気をふいたのち、薄力粉をまぶし、冷凍して保管する。

2　カブはくし形に切り、合わせた煮汁で歯応えが残るように煮て、そのまま冷ます。余熱で火が入るので注意する。

3　カブの葉は熱湯でゆで、食べやすい長さに切りそろえ、カブの煮汁に浸ける。カブと葉を密封容器に移し、冷蔵庫で保管する。

4　香草バターを仕込む。無塩バターを室温まで戻して練る。香草類をフードプロセッサーでみじん切りにして、それ以外の材料とともにバターに混ぜる。

5　バットにラップフィルムを敷いて4をのばし、冷やし固める。固まったらサクに切り分け、それぞれラップに包んで冷蔵庫で保管する。

［提供時］

1　稚アユは冷凍のまま１８０℃の揚げ油で揚げる。冷凍状態のほうがきれいに揚がる。

2　火にかけられる耐熱性の小鍋にカブ、カブの葉を並べ、その上に揚げたての稚アユを半分に切って並べる。

3　香草バターを薄く切って小鍋の上に均等に並べる。太白胡麻油を注ぐ。

4　さらに上に生パン粉をふり、弱火で加熱してカブを温める。全体的にグツグツ沸いて温まったら、上火でパン粉に焼き色をつける。

温物

鮎一夜干し

アユ、酒塩水（↓２１２頁・甘鯛唐墨焼き）
肝味噌（アユの肝、白玉味噌↓２０８頁・鳥貝とアスパラ）
骨煎餅（アユの中骨、揚げ油、塩）
たで酢（タデの葉1：酢1：だし1：全粥1）
谷中ショウガ、甘酢

［仕込み］

1　アユは背開きにして、中骨、腹骨、肝を取り除く。

2　酒塩水に30分間浸ける。水気をきって、はずした中骨とともにピチットシート（脱水シート）ではさみ、冷蔵庫に1晩おいて水分を抜く。

3　肝味噌を仕込む。アユの肝は蒸して裏漉しし、白玉味噌と混ぜ合わせて冷蔵庫で保管する。

4　たで酢をつくる。タデの葉と全粥をすり混ぜ、裏漉しする。酢、だしを加えて味を調え、冷蔵庫で保管する。

5　谷中ショウガは掃除して、熱湯でゆで、甘酢に浸けて容器に入れて保管する。

6　中骨は低温の油で素揚げにして骨煎餅とし、密封して冷凍保存する。

［提供時］

1　アユの内側の腹あたりに肝味噌を適量詰めて身を閉じる。

2　のぼり串を打ち、両面を焼く。

3　冷凍保存しておいた骨煎餅は、再度１８０℃の揚げ油で揚げて塩を軽くふる。

4　焼き上げたアユは串を抜いて盛りつけ、谷中ショウガ、骨煎餅、別にたで酢を添える。

温物
牛タンと根菜の味噌煮込み

牛タン1本
ダイコン（分厚いいちょう切り）、金時ニンジン（乱切り）、ゴボウ（筒切り）
煮汁（だし2リットル、京桜味噌400g、京桜赤玉味噌300g、砂糖70g、日本酒100cc、濃口醤油40g、デミグラスソース40g）
コマツナ、白髪ネギ

［仕込み］
1　牛タンはタン先とタン元に切り分けて圧力鍋でゆでる。沸騰後タン先は20分間、タン元は40〜50分間がゆで時間の目安。
2　熱いうちに表面の皮をむき、1人前の分量の塊に切り分ける。
3　根菜をそれぞれ水から下ゆでして火を通す。コマツナは熱湯でサッとゆがいておく。
4　鍋に煮汁の材料をすべて入れて、タンを1時間ほど煮る。1時間たったら根菜を入れてさらに20分間煮る。味噌がこげつかないように注意。密封容器に入れて冷蔵庫で保管する。

［提供時］
1　小鍋にタン（先と元をバランスよく取り合わせて食べやすく切る）、根菜類を取り分けてラップフィルムをかけ、蒸し器に入れて温める。鍋を火にかけると味噌がこげやすく、煮汁も煮詰まってしまう。
2　盛りつけし、ゆがいたコマツナを添えて、天に白髪ネギを添える。

温物
岩中豚と春キャベツの旨塩煮

豚バラ肉1.5kg、煮汁（水3リットル、日本酒200cc、昆布適量、塩20g、鶏ガラスープの素10g、味醂60cc、淡口醤油30cc、黒コショウ・柚子コショウ・赤唐辛子各少量）、水溶き片栗粉
春キャベツ、塩水
シメジタケ、エノキダケ
三ツ葉、糸唐辛子

［仕込み］
1　豚バラ肉はサク取りして圧力鍋で45分間下ゆでする。1かん50gに切り分ける。
2　煮汁を合わせて火にかけ、豚肉を入れて45分間煮て、そのままおいて冷ます。密封容器に移して冷蔵庫で保管する。
3　キャベツは大きめの一口大に切り分けて熱湯でゆで、氷を入れた塩水にとる。水気をきって密封容器に入れて冷蔵庫で保管する。
4　シメジタケ、エノキダケはほぐしてそれぞれ別に冷蔵庫で保管する。

［提供時］
1　鍋に煮汁と豚バラ肉を取り分けて温める。肉が温まったら、キャベツ、シメジタケ、エノキダケを入れて煮る。
2　温めた器に豚バラ肉と野菜を盛りつける。鍋に残った煮汁に水溶き片栗粉を加えて、ゆるめのとろみをつけて器に注ぐ。
3　天に三ツ葉と糸唐辛子を盛る。

お食事
しらすと生海苔の炊込ご飯

米4合、炊き地（だし14：味醂1：濃口醤油0.5：淡口醤油0.5）4合
シラス150g、生海苔40g
ゴボウの酢漬け、赤だし

［仕込み］
1 新米を研いで水に30分間浸けたのち、ザルに上げておく。
2 米と炊き地を釜に入れて、生海苔、シラスとともに炊き上げる。

［提供時］
1 茶碗に盛り、赤だしと漬物（ゴボウの酢漬け）を添える。

お食事
太刀魚とすり胡麻の冷汁ごはん

◎具
タチウオ、酒塩水（↓212頁・甘鯛唐墨焼き）
キュウリ（小口切り）、ミョウガ（せん切り）、大葉（せん切り）、三ツ葉（ざく切り）、塩

◎冷汁
水1.5リットル、いりこだしの素15g、味噌200g、白胡麻30g、白すり胡麻50g

ご飯

［仕込み］
◎具
1 タチウオは三枚におろし、酒塩水に30分間浸ける。水気をきって、ピチットシート（脱水シート）ではさみ、冷蔵庫に1晩おく。
2 翌日タチウオを網焼きして冷まし、5㎜幅に切る。30gずつ小分けして冷蔵庫で保管。冷凍も可能。
3 キュウリを小口から薄切りにし、塩をふってもむ。大葉、ミョウガをせん切りにし、三ツ葉はざく切りにする。それぞれ冷蔵庫で保管する。

◎冷汁
1 冷汁をつくる。水を沸かし、そのほかの材料を入れて一煮立ちさせたら冷ます。冷蔵庫で保管する。

［提供時］
1 ご飯は水で洗って少しふやかしたあと、ザルに上げ、水気をきる。
2 器に洗ったご飯、中央にタチウオ、周りにキュウリの塩もみ、三ツ葉、ミョウガを盛り、大葉を天に盛る。
3 冷やした冷汁を注いで提供する。

甘味
黒豆きな粉のレアチーズケーキ

◎台
ビスケット（マリー）113g（1箱）、無塩バター70g

◎水羊羹
こしあん320g、水320g、砂糖40g、板ゼラチン8g

◎チーズケーキ
牛乳800cc、グラニュー糖190cc、黒豆きな粉50g、クリームチーズ400g、生クリーム200cc、板ゼラチン25g

［仕込み］
◎台
1 ビスケットをフードプロセッサーにかけて砕く。
2 1と温めて液状にしたバターをボウルで混ぜ合わせ、生地をつくる。
3 流し缶に敷いて押し固め、冷蔵庫で締める。

◎水羊羹
1 水、砂糖、こしあんを合わせて火にかけ、一煮立ちしたら、水で戻したゼラチンを加えて火を止める。

2　粗熱がとれてドロッとしてきたら台の上に流して冷蔵庫で冷やし固める。

◎チーズケーキ

1　クリームチーズは電子レンジにかけて柔らかく戻し、分量の牛乳の一部を温めて加え、フードプロセッサーで回す。

2　牛乳を温め、グラニュー糖、黒豆きな粉、1のクリームチーズ、生クリーム、水で戻した板ゼラチンを加える。

3　沸いたら火を止めて裏漉しし、ドロッと濃度がつくまで冷ます。

4　接着しやすいように水羊羹の表面をバーナーでサッと温めて溶かし、3のチーズケーキの地を流す。冷蔵庫で冷やし固める。

［提供時］

1　流し缶から取り出し、切り分ける。

甘味

吟醸粕のムース 日本酒ジュレ掛け

◎ムース

牛乳700cc、生クリーム200cc、グラニュー糖120g、酒粕（吟醸酒）120g

板ゼラチン12・5g

◎ジュレ

水125cc、煮きり酒125cc、グラニュー糖50g

板ゼラチン7・5g

［仕込み］

◎ムース

1　板ゼラチンを水で戻しておく。牛乳は温めておく。

2　酒粕は電子レンジで加熱して柔らかくする。フードプロセッサーに移し、ここに温めた1の牛乳を加えて回す。

3　鍋にグラニュー糖、水で戻した1の板ゼラチンを入れ、2を加えて混ぜて溶かし、漉したのち冷ます。

4　7分立てにした生クリームと合わせて、密封容器に移して冷蔵庫で保管する。

◎ジュレ

1　水を沸かし、煮きり酒、グラニュー糖、水で戻した板ゼラチンを加えて溶かし、冷やす。

2　密封容器に移して冷蔵庫で保管する。

［提供時］

1　冷やした器にムースをスプーンですくって盛り、くずしたジュレをかける。

店の小型化は時代の流れ。少人数で回せる店を

独立するにあたって〝目の行き届く規模〟で店を開くという例が目立ってきた。店主一人、あるいは店主夫妻とアルバイトだけで運営できる小規模店での独立開業が増えている。

これは、リスクを避けるという観点からも至極当然の判断だろう。かつてのように右肩上がりで市場が拡大していく時代ではないし、飲食店同士の競争も激しい。コンビニエンスストアなど小売業が売っている食品も年々レベルが上がり、飲食店から顧客を奪っている。飲食店1店当たりの売上げも当然、それほど多くを望めない時代だ。

そうなると、できるだけ運営にかかるコストを抑えていかなければならない。少人数で運営できる小規模店であれば、運営コストの多くを占める人件費と家賃を抑えることができる。大手の外食企業が経営する店は別として、個人店では店が小型化するのは時代の流れといえよう。

小規模店の魅力は冒頭に書いた通り、細かい部分まで店主の目(と手)が行き届くことだ。店主との距離が近いことは、お客さまにとっても価値となる。個人店ならではのアットホームな雰囲気は常連客にとって大きな魅力であり、それが強い来店動機にもつながる。

しかし同時に、少人数で店を切り盛りしていくための工夫が必要になってくる。店主一人で運営するという場合はなおさらで、目は行き届いていても手が行き届かないというケースは多い。注文を受けた料理の提供に時間がかかったり、きちんとした状態で提供できないといったことだ。それによってお客さまの不満がたまっていったのでは、アットホームどころの話ではない。

そうした事態を防ぐための第一のポイントは、店のレイアウトにある。とくに大切なのは厨房内の機器配置だ。焼く、揚げる、煮るなど作業別にいくつかのセクションに分かれるが、複数のセクションの作業を同時進行でこなせるよう、移動距離ができるだけ短い配置にしておく必要がある。また、調理機器と客席の位置関係も重要だ。看板商品をはじめ、よく出る料理を調理するセクションは、客席に近いところに配置しておけばディッシュアップの際に厨房内を移動する距離が短くなり、作業負担も軽減される。

レイアウトと並んでポイントとなるのが調理の段取り、とくに仕込み作業である。仕込みは店の規模を問わず欠かせない作業であり、それが料理の品質と提供スピードを決めるが、少人数で運営する場合は省力化という観点からも重要だ。

本書で紹介している「日なた」では、魚介類の料理と煮物は3日間、デザートは1週間分をまとめて仕込んでいる。それだけの日数もつもの、つくりおいておけるものを念頭に料理をつくっているということだ。14席の店で、調理を店主一人でこなしていくための工夫である。

少ない人数で、いかに目と手を行き届かせるか。そのための環境(レイアウト)と行動計画(仕込み)が不可欠なのである。

「鈴しろ」

店名／鈴しろ
店主／渡邊大将《だいすけ》

住所／東京都世田谷区三軒茶屋2-6-9
電話／03-3413-2570
営業時間（L.O.）／18：00〜25：00（L.O.24：00）
定休日／月

開店年／2014年5月（2019年を以て閉店）
店舗規模（坪）／5・8坪
客席数／8席（カウンター8席）
従業員数／厨房1名、サービス1名
料理価格／500〜2500円
酒／メインは日本酒。定番銘柄20種、その他10種は適宜入れかえる
客単価／7000円（遅い時間は5000円）
食材原価率／40％
ドリンク比率／40％
酒の価格の決め方／1合850円均一
（酒器によって分量に若干のばらつきあり）

若いお客さまに支持される「鈴しろ」の魅力

「鈴しろ」は本書で登場していただいた割烹の中で、比較的年齢層が低いお客さまからも支持されている人気の店だ。若い方々はなかなか敷居の高い割烹に足を運んでくれないのだが、「鈴しろ」は違う。どこにその魅力があるのだろうか。

店主の渡邊大将氏は33歳。若いお客さまにとって店主が若いことはお店に入りやすい要因の1つに挙げられる。自分たちと年齢が近い渡邊氏がカウンターに立って迎えてくれると、安心感があ

店の奥に行くにしたがって狭くなる
変形の店内を上手く利用した設計。

るのだろう。また渡邊氏の親しみやすい温かい人柄も大いに影響しているのは間違いない。

それだけではない。「鈴しろ」は5・8坪と小ぢんまりとしており、店内はカウンターのみで構成されていてお客さまとの距離がとても近い。この店を狭いと感じるか、居心地がよいと感じるかは、人それぞれだろうが、常連のお客さまにとっては独特の一体感が生まれ、より一層親近感が増すことは確かだろう。

店内の内装や料理を盛りつける器もシンプルながら渡邊氏のこだわりが端々にうかがえる。カウンター上の料理を照らす裸電球や漆喰のような白壁、古木を生かした内装は、流行のカフェやバルなどのお洒落な店を好む若者に受け入れてもらえる雰囲気だ。

そして狭いがゆえに、調理中においしそうなだしの香りが店中に広がる。焼鳥店やカレー店がそうであるように、においがお店の印象を深める大切な要因であることは間違いない。若い人がだしに注目し、好むようになった昨今のだしブームも、「鈴しろ」の人気を後押ししているのかもしれない。

だしを感じてもらうために、一品目に季節のおひたしを出すのも「鈴しろ」らしい。冬には温かいおひたしも登場する。

「うちの料理の半分近くは、だしのおいしさを生かした料理です」と渡邊氏。

それを象徴するのが看板商品に据えている「おでん」である。だしのおいしさを楽しむ料理として、誰でも知っているおでんが、客層を広げるのに一役買っているのではないだろうか。

おでんはタケノコやハモなどを種にすれば、日本料理としての季節感を出しやすいし、高級感も出せる。手づくりの練りものには山椒をきかせるなど一工夫を加えることもできる。盛り合わせる定番の玉子と大根は価格変動も少なく使いやすい。

なによりおでんは仕込んでおくとおいしくなる料理の一つだ。人気の定番料理をスタンバイしておけるのは、1人で調理を担当する渡邊氏にとってありがたいという。

そして手軽な価格の酒の肴コース（4500円～、全7～8品。

食事なし）を用意していることも魅力の一つだろう。何をどのように頼んだらいいか、戸惑ってしまう若いお客さまでも安心だし、そのコース内容も分量も充分満足のいくものだ。

日本酒が850円均一という価格も注文しやすい。

「850円均一にしたのは、わかりやすさもさることながら、私自身が金額を間違えることがないようにするためでもあるのです（笑）」と渡邊氏。

ハレの日にたまに来てくれる店ではなく、ちょっとだけ背伸びしておいしいものを楽しめる店、リラックスして日常使いができる店を目指しているという。そうした渡邊氏の考えが、メニュー構成や日本酒の価格設定などに表れている。

最近は、フェイスブックをはじめとするSNSなどで参加者をつのった貸切の食事会の予約もたびたび入るという。こうした小さなプライベートなイベントにも、8席という規模はちょうどいいのかもしれない。ただ、貸切の予約を受ける際のリスクは直前キャンセルになると当日がノーゲストになる恐れがあること。そのため予約のさいには、過去に店に来てくれたお客さまが主催した会であるかどうかを確認するという。

オーストラリアで始めた和食修業

渡邊大将氏の料理修業の事始はオーストラリアのブリスベン。高校卒業後、見聞を広げるためにワーキングホリデーで1年間オーストラリアに滞在した。

ブリスベンから入ってオーストラリア各地をまわるつもりが、ブリスベンの和食店の厨房で1年間働くことになったという。

ここで渡邊氏は料理修業の第一歩を踏み出した。将来は山梨県で母親の実家が営む和菓子屋で働くつもりだったが、帰国後、渡邊氏は一生に一度は自分の力で東京で勝負してみたい、40代くらいまでは料理でがんばってみたいと思うようになった。

こうした思いがつのって24歳で上京し、学芸大学の「件」で4年間修業を積んだ。「件」はおでんのおいしい料理居酒屋で、渡邊氏が「鈴しろ」の看板商品のおでんを習得したのはこのお店だった。

最初の1年間はホールで働いた。このときは包丁を持てないことに嫌気がさしたが、振り返れば結局このときのホールでの接客が「件」での一番の収穫だったという。お客さまの要望を汲んだよい接客ができなければ、いい料理はつくれないということを身をもって知ることができたからだ。

ホールのあと厨房に入り、前菜場から焼場、板前まで一通りを経験したころ、かねてからの念願だった20代での独立開業を目指して準備を始めた。

一人でも回せるようカウンターのみの店に

渡邊氏が融資を受けようとしていた国民政策金融公庫は30歳未満と女性には低金利で貸し出しをしてくれるので、20代で独立しようと考えた。ただ物件が決まらなければ、融資を受けることができないので、まずは物件探しから開始。

実家の和菓子屋で長く使用していた木型などが飾られている（上）。
カウンターに下がった電球が店を温かく包んでいる（右）。

店が繁盛するように願いをこめた５円玉でつくった打ち出の小槌（上）。渡邊氏の祖母の手づくり。
外から見た「鈴しろ」の建物。この１階が店舗。右側から大型のダクトが外に配されている（右）。
店主の渡邊大将氏。店の木の引き戸の前で。胸元に「鈴」と名入れした紺の作務衣がよく似合う（左）。

立地は東急沿線に絞った。なかでも三軒茶屋は飲み歩きで知られた街で、駅の周辺はちょっとした飲み屋街になっており、お酒を目当てに集まる人が多いだろうと思ったからだ。銘酒居酒屋「赤鬼」、焼鳥「床島」、割烹「夕」など自分自身も好きな店が多い地域である。

三軒茶屋の駅から歩いてきて、今の物件を見たときにピンときたという。焼鳥店の居抜きだった。ほとんどの設備は取り払ったが、エアコンと大型のダクトはそのまま使用。小さい店だけに燻製や藁叩きなどのような煙が出る仕込みをするときに重宝しているという。

図面の通り、店は奥に向かって狭くなる台形をしている。そのため奥のカウンターから店内を見渡すと、外見から想像する以上に広く感じる。ただ、建物の基礎の関係上、カウンターの位置を動かせなかったため、うしろのスペースが狭くなってしまい、冬に分厚いコートをかけると通りづらくなってしまうのが難点だという。荷物置き場が設置できず、足元にも置けないため、椅子の下に板を渡して対応している。

「最初は小さい店で始めようと決めていました。店を持つのははじめてなので、資金面のリスクを減らしたかった。カウンター席だけなら、1人で切り盛りすることになっても大丈夫だろうと考えました」と渡邊氏。

こうしてはじめて自分の店を持ったのだが、開店当初から自分の料理のスタイルが確立していたわけではなかった。自ら食べ歩

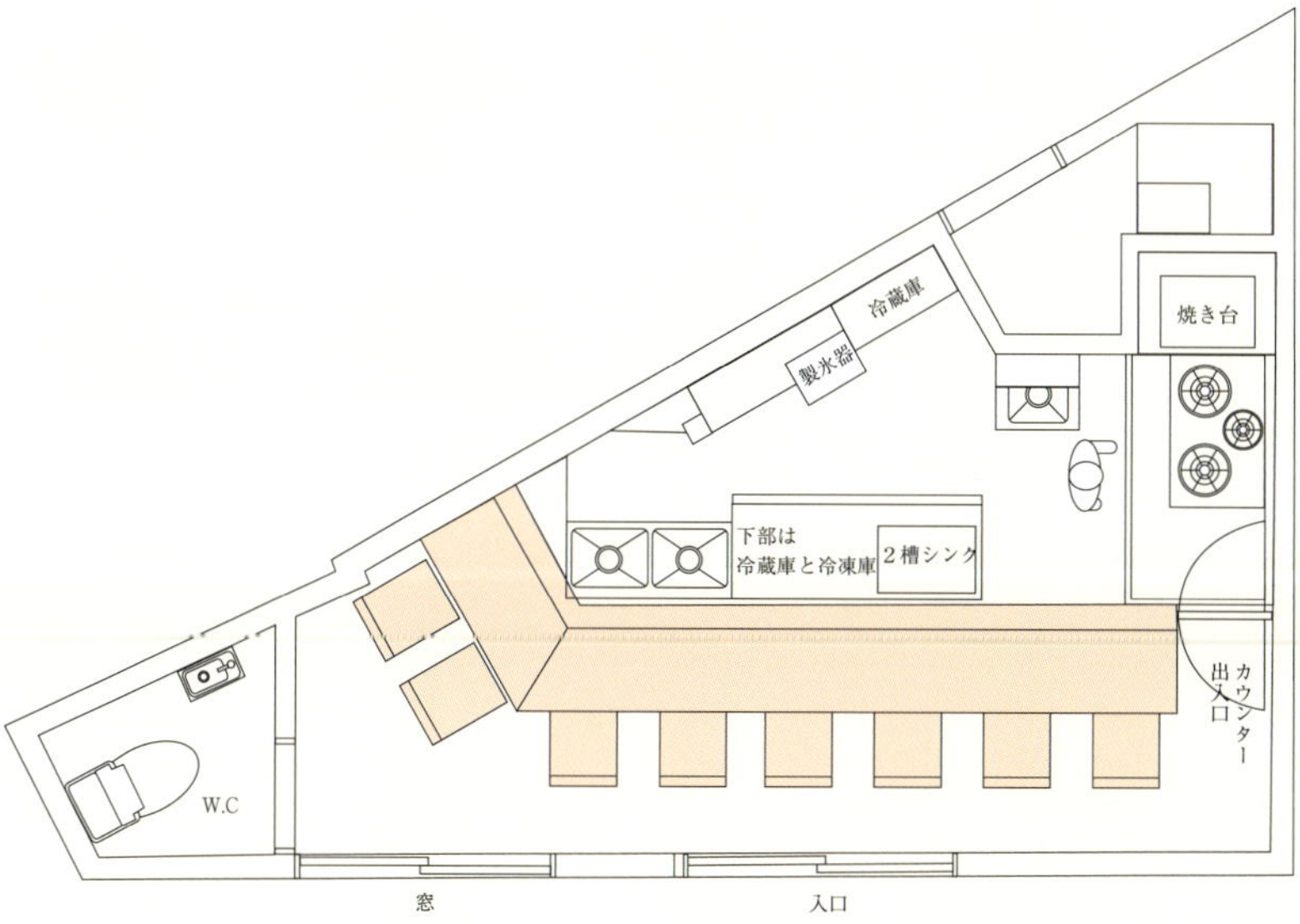

客席はカウンターのみ８席。カウンター内には１人で調理を担当する渡邊氏と、サービス担当１名が。入口から向かって右側に渡邊氏が、左側はサービス担当がスタンバイ。カウンター出入り口が１ヵ所で、席の背後の通路が狭いため、カウンター内から料理やドリンク類を提供している。
「鈴しろ」は変形の敷地に建つビルの１階。焼き台の脇から外の屋根の上まで伸びているダクトは、最初から設置されており、店内に充満する煙を強力に排気してくれる。

き、食べる人の気持ちを知ることから始めた。食べ歩くことで、お客さまが今何を求めているのかを身をもって体験し、これをメニューに反映できたという。

開店して3年半がたった。早い時間は「鈴しろ」を目指して来店してくれる予約客がほとんどだが、2回転目は地元のお客さまがメイン。最初、客単価は5000円を設定していたが、高級食材も取り入れるようになって、今は7000円を超えるようになってきた。

「将来は地方に移転するのもいいかもしれないし、海外に出ていくことも夢ではない。でも、今はこの店で精一杯がんばろうと思っています」

写真右段：料理の献立は3頁に収録。お造り、一品料理、珍味、〆、土鍋ご飯で構成される。

写真左段上：本日のお勧めは黒板に。そのほかの料理とドリンク類は1冊にまとめている。

写真左段中：日本酒のメニュー表。冷酒、常温とも片口1杯（約1合）850円均一。このほかにビールや焼酎などのドリンクをそろえている。

写真左段下：本日のお勧め料理。酒の肴コースの料理と一部共通になる。

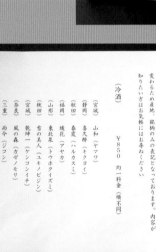

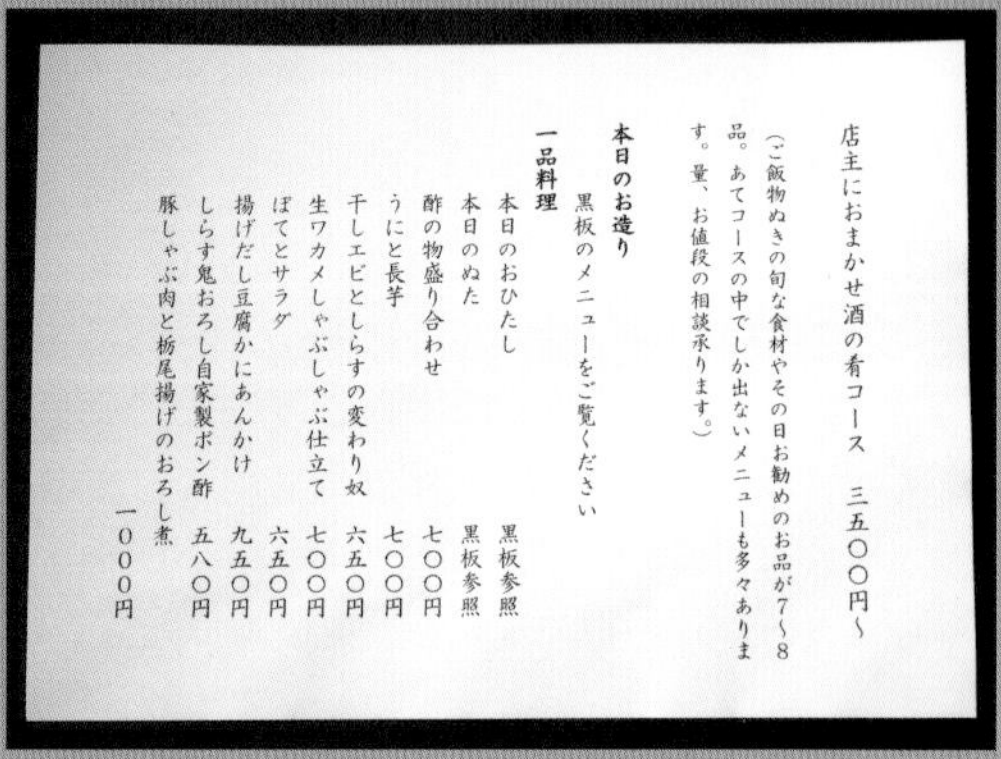

店主におまかせ酒の肴コース　三五〇〇円〜
（ご飯物ぬきの旬な食材やその日お勧めのお品が7〜8品。あてコースの中でしか出ないメニューも多々あります。量、お値段の相談承ります。）

本日のお造り
黒板のメニューをご覧ください

一品料理
本日のおひたし　黒板参照
本日のぬた　黒板参照
酢の物盛り合わせ　七〇〇円
うにと長芋　七〇〇円
干しエビとしらすの変わり奴　六五〇円
生ワカメしゃぶしゃぶ仕立て　七〇〇円
ぼてとサラダ　六五〇円
揚げだし豆腐かにあんかけ　九五〇円
しらす鬼おろし自家製ポン酢　五八〇円
豚しゃぶ肉と栃尾揚げのおろし煮　一〇〇〇円

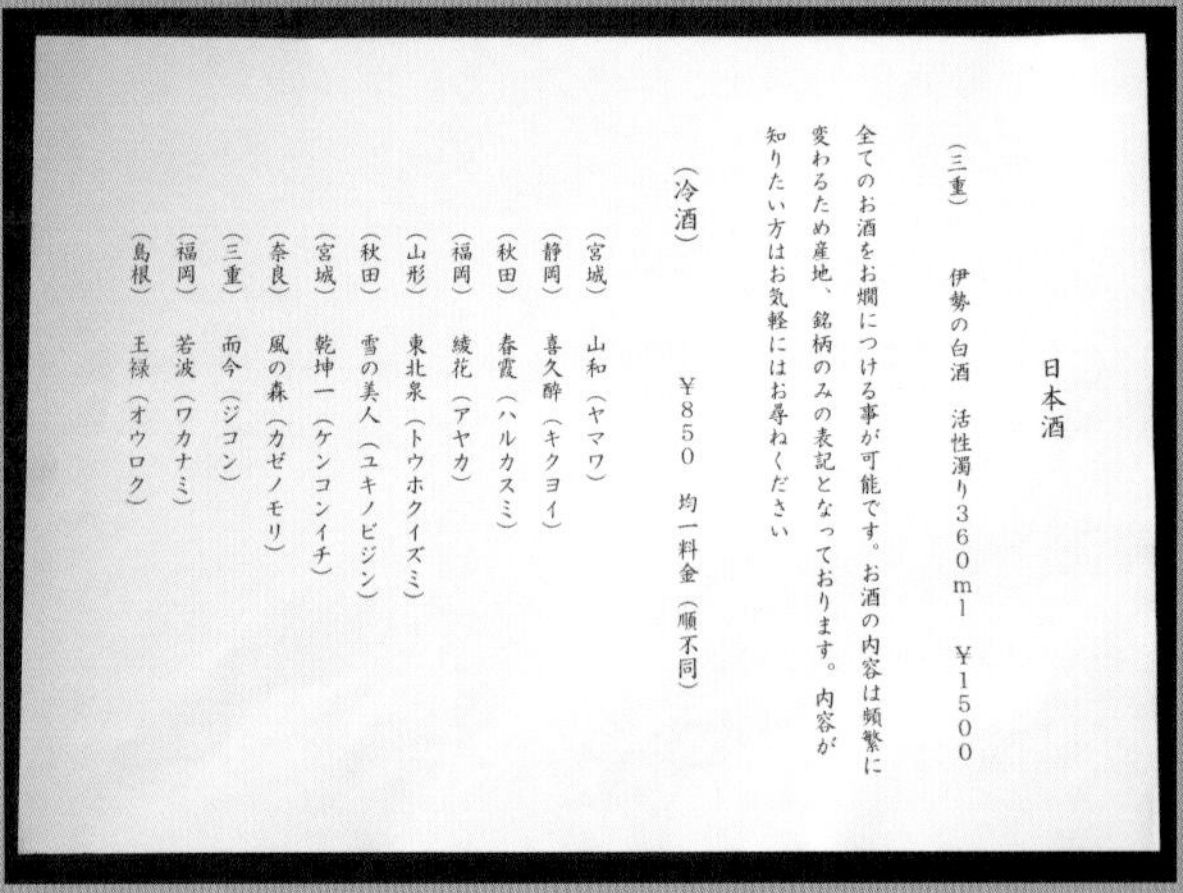

日本酒
（三重）　伊勢の白酒　活性濁り360ml　¥1500
全てのお酒をお燗につける事が可能です。お酒の内容は頻繁に変わるため産地、銘柄のみの表記となっております。内容が知りたい方はお気軽にはお尋ねください

（冷酒）　¥850　均一料金（順不同）
（宮城）　山和（ヤマワ）
（静岡）　喜久酔（キクヨイ）
（秋田）　春霞（ハルカスミ）
（福岡）　綾花（アヤカ）
（山形）　東北泉（トウホクイズミ）
（秋田）　雪の美人（ユキノビジン）
（宮城）　乾坤一（ケンコンイチ）
（奈良）　風の森（カゼノモリ）
（三重）　而今（ジコン）
（福岡）　若波（ワカナミ）
（島根）　王禄（オウロク）

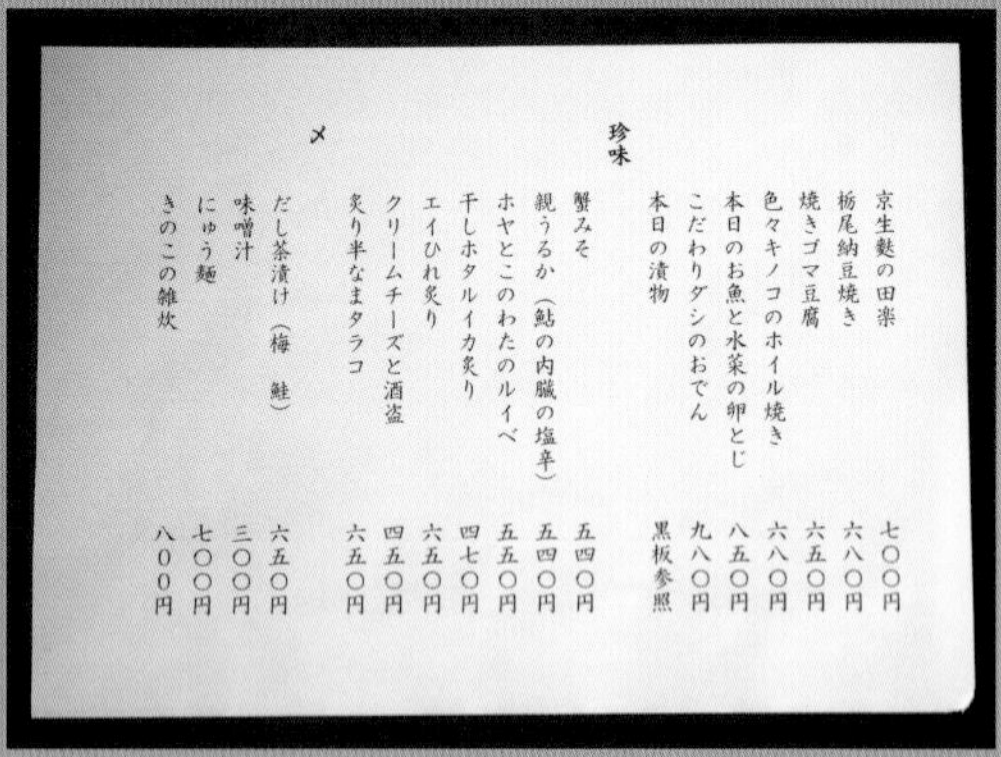

京生麩の田楽　七〇〇円
栃尾納豆焼き　六八〇円
焼きゴマ豆腐　六五〇円
色々キノコのホイル焼き　六八〇円
本日のお魚と水菜の卵とじ　八五〇円
こだわりダシのおでん　九八〇円
本日の漬物　黒板参照

珍味
蟹みそ　五四〇円
親うるか（鮎の内臓の塩辛）　五四〇円
ホヤとこのわたのルイベ　五五〇円
干しホタルイカ炙り　四七〇円
エイひれ炙り　六五〇円
クリームチーズと酒盗　四五〇円
炙り半なまタラコ　六五〇円

〆
だし茶漬け（梅　鮭）　六五〇円
味噌汁　三〇〇円
にゅう麺　七〇〇円
きのこの雑炊　八〇〇円

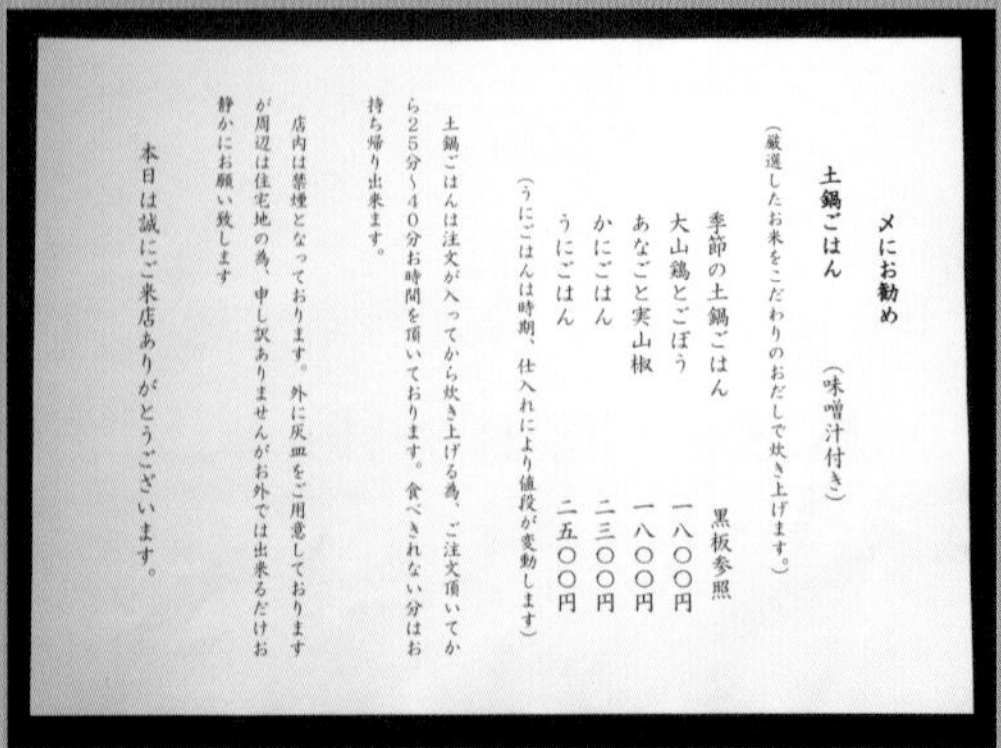

〆にお勧め

土鍋ごはん　（味噌汁付き）
（厳選したお米をこだわりのおだしで炊き上げます。）
季節の土鍋ごはん　黒板参照
大山鶏とごぼう　一八〇〇円
あなごと実山椒　一八〇〇円
かにごはん　二三〇〇円
うにごはん　二五〇〇円
（うにごはんは時期、仕入れにより値段が変動します）

土鍋ごはんは注文が入ってから炊き上げる為、ご注文頂いてから25分〜40分お時間を頂いております。食べきれない分はお持ち帰り出来ます。

店内は禁煙となっております。外に灰皿をご用意しておりますが周辺は住宅地の為、申し訳ありませんがお外では出来るだけお静かにお願い致します

本日は誠にご来店ありがとうございます。

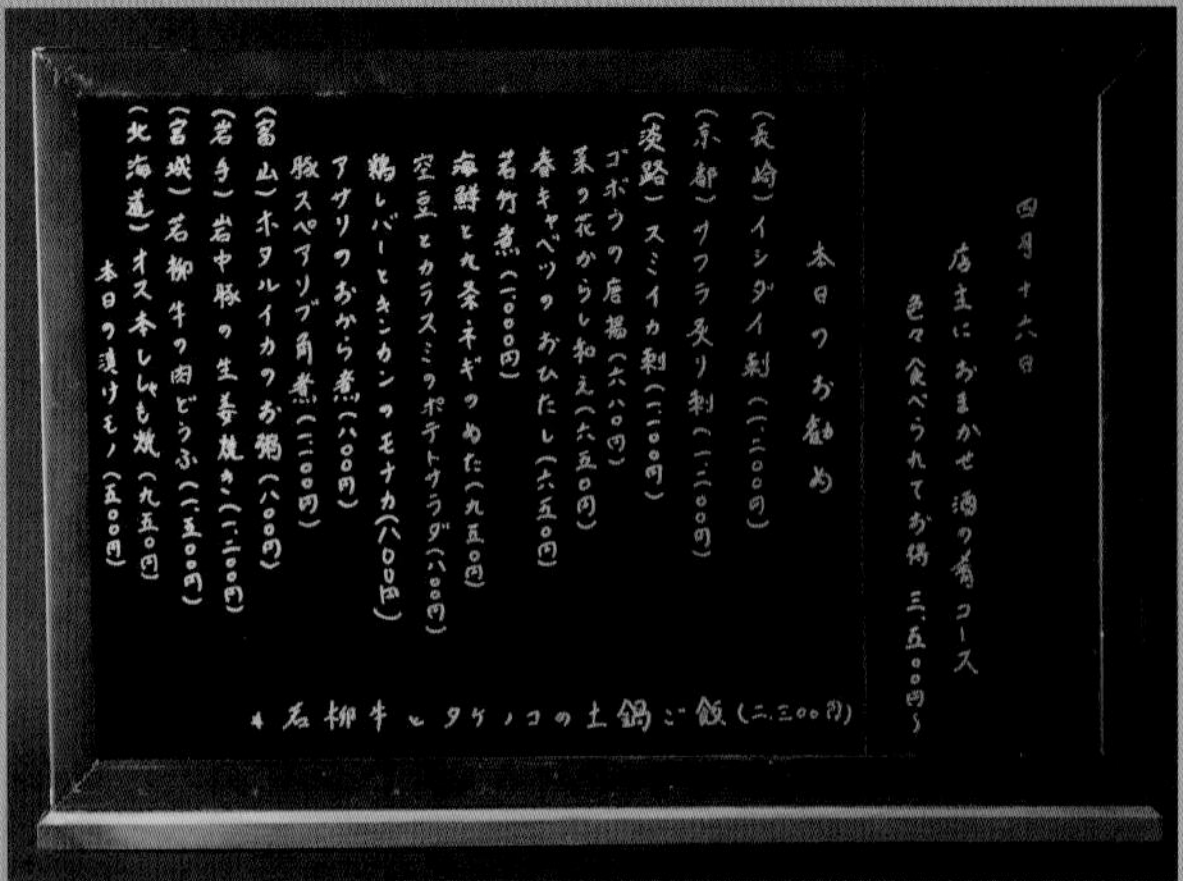

鈴しろ　料理

お通し

菜の花と海苔の温かいおひたし

秋口から春先にかけての寒い時期は温かいおひたしをお通しに。まず温かいだしで暖まっていただきたいので、コースの1品目としても提供している。温かい汁物を出すこともある。　料理解説234頁

本日のお勧め

焼きナスとミョウガのお浸し

野菜のお浸しは、野菜から水分が出て味が薄まるため、途中で地を新しく変えて浸けるとよい。　料理解説234頁

本日のお勧め

鳥レバーと金柑の最中

レバーペーストのくせをさわやかな香りのキンカンで和らげた。完全に火を入れれば3〜4日間の保存が可能。

料理解説234頁

本日のお勧め

赤貝と新ワカメのヌタ和え

アカ貝は弾力のある食感を生かすために、食べたときに分厚さを感じられるように切り分ける。九条ネギは中に水分が入り込んでいるので、しっかりと抜くこと。

料理解説235頁

本日のお勧め

イチジクとホワイトアスパラの白和え

隠し味にマスカルポーネチーズを加えた白和え。衣に少し甘みをつけると、果物の甘さによく合うようになる。料理解説235頁

本日のお勧め

ホタルイカのお粥

椀物がわりに用意したお粥。黒コショウを効かせて、ホタルイカのクセを和らげた。料理解説235頁

本日のお勧め

とうもろこしのすり流し椀

トウモロコシのすり流しに、相性のよいホタテ貝を組み合わせた。粒と一緒に芯の部分をだしで煮てトウモロコシらしさをより一層強めている。

料理解説236頁

本日のお勧め

ミンククジラのユッケ

ユッケには赤身肉が合うので、ミンククジラの背肉を使った。イワシクジラも入荷するが、こちらの肉は少し脂っぽいのでミンクのほうが合う。タレとよく混ぜて食べるようにすすめる。

料理解説236頁

本日のお勧め

真鯵の梅なめろう

味噌のかわりに梅干で味をつけた「なめろう」は、暑い夏にぴったりの、酸味がきいた一品。

料理解説236頁

本日のお勧め

焼き胡麻豆腐とウニ

本葛粉でつくる胡麻豆腐は、時間がたつとかたくなってしまうが、提供時にサッと焼くと柔らかさが戻る。生ウニを添え、温かい銀餡をかけて。

料理解説237頁

本日のお勧め

豚肩ロースと春キャベツの生姜焼き

分厚く切った豚肉のコクに春キャベツの甘みがよく合う。キャベツはサッとゆでると柔らかくなり、さらに甘みが増して食べやすくなる。料理解説237頁

本日のお勧め

鶏モモ肉の炙り焼き 夏野菜おろし

鶏モモ肉の塩焼きに、赤、白、緑と色合いの美しい野菜を混ぜた大根おろしをたっぷりのせた。大根おろしはオクラの粘り気でまとまりやすくなる。ポン酢を別に添える。 料理解説238頁

本日のお勧め

鳥唐揚げ二種 カレー風味と塩昆布

鶏手羽先とモモ肉でつくるカレー味と塩昆布味の唐揚げ。唐揚げの2種食べ比べが人気で、違いがわかりやすい「豚トロ」と「豚ヒレ」といった部位違いも好評。 料理解説238頁

本日のお勧め

鯖の燻製とじゃが芋の揚げ春巻き

燻製の香りが特徴の揚げ春巻き。塩サバを使えば、燻製前に塩をあてる必要はないので、燻煙のみですむ。ジャガイモを蒸す工程はポテトサラダやマッシュポテトの仕込みと共通で、これを利用して春巻きに展開した。

料理解説238頁

本日のお勧め

アサリのおから煮

アサリの旨みを味わってもらうために、だしをたっぷり含ませ、しっとり仕上げた。酒肴にも向く。

料理解説239頁

本日のお勧め

豚スペアリブの角煮

スペアリブは骨から肉がはずれないように、あらかじめ表面を焼き固めてから煮込むとよい。つけ合せのマッシュポテトはだしでのばして和風仕立てにした。

料理解説239頁

土鍋ごはん

三種のとうもろこしと カルピスバターの土鍋ごはん

白、黄色、淡黄色と色の違う3種類のトウモロコシを用意。トウモロコシと相性のよい発酵バターを加えた夏の土鍋ご飯は、冷めてもおいしいので、お土産にも向く。 料理解説２４０頁

本日の土鍋ごはん

和牛とタケノコの土鍋ごはん

牛肉は炊き上がったのち、蒸らしの途中で上にのせると、ちょうどよく火が入る。牛肉との相性がよい醤油の地でご飯をこうばしく炊き上げた。

料理解説２４０頁

本日のお勧め

レンズ豆のお汁粉

時間をかけず手軽にできる重宝な甘味。あつあつのお汁粉に、バターを溶かし込んでコクをつけた。レンズ豆は緑色の皮をむくと、中は黄色やオレンジ色のあざやかな色になる。ここでは皮なしの黄色いレンズ豆を使用。 料理解説240頁

本日のお勧め

牛乳とスイカのプリン

赤と白が美しい、冷たい甘味。牛乳プリンは粉ゼラチンをぎりぎりまで減らして、とろけるように柔らかくする。スイカのソースは甘みを加えずミキサーにかけるのみ。 料理解説241頁

一品料理

こだわりだしの春おでん

おでんは、お酒の合間にだしでのどを潤していただくための、炊合せと椀物の中間くらいの位置づけ。時季によって替わるおでん種はすべて自家製。このほかに飛龍頭やツミレなども。

料理解説２４１頁

一品料理

こだわりだしの夏おでん

定番の大根と玉子は共通。夏の素材ハモは葛を打って湯引きをするのみ。おでん種にはサンショウをきかせた鶏つくねが加わる。

料理解説２４２頁

鈴しろ　料理解説

＊鈴しろでは、だし1リットルに、塩3・5g、淡口醤油5ccを加えて味をつけておく。これがベースのだしとなる。文中だしとあるのは、このベースのだしを指す。

お通し

菜の花と海苔の温かいおひたし

菜ノ花、浸し地（だし300cc、塩1つまみ、淡口醤油15cc、味醂15cc）
焼海苔

〔仕込み〕
1　菜ノ花は、熱湯でかためにゆでて冷水にとる。水気をきって冷蔵庫で保管する。

〔提供時〕
1　浸し地を合わせて火にかけて温め、食べやすく切った菜ノ花を入れて温める。
2　菜ノ花を器に盛り、熱い浸し地をかけて焼海苔を散らす。

本日のお勧め

焼きナスとミョウガのお浸し

ナス、ミョウガ、浸し地（だし500cc、塩1つまみ、淡口醤油10cc、濃口醤油5cc、味醂15cc）
削りカツオ

〔仕込み〕
1　ナスは全面を網で焼いて冷水にとって薄く皮をむく。ミョウガは縦に薄切りにする。
2　浸し地を合わせて一煮立ちさせ、冷ましておく。
3　1を2の浸し地に1時間浸ける。浸し地を一度捨てて、新しい浸し地に浸けて冷蔵庫で保管する。

〔提供時〕
1　ナスとミョウガを器に盛りつけ、削りカツオを天に盛る。

本日のお勧め

鳥レバーと金柑の最中

鶏レバー1kg、牛乳適量
玉ネギ（薄切り）1個、ニンニク（薄切り）2片
サラダ油、塩
ポートワイン180cc、日本酒180cc
バター250g
キンカン、モナカの皮

〔仕込み〕
1　鶏レバーはスジと血を取り除く。バットなどに入れて牛乳に1晩浸けてくさみを抜く。
2　玉ネギとニンニクをサラダ油でしんなりするまで炒める。
3　ここに牛乳から取り出した1の鶏レバー、塩を入れる。レバーの表面が白っぽくなって全体に油が回ったら、ポートワインと日本酒を加える。沸騰したら火を弱めて、しばらく煮て完全に火を入れる。
4　バターを湯煎にかけて液状に溶かす。
5　3をフードプロセッサーに移し、少しずつ4のバターを加えながら攪拌する。容器に流し入れて冷蔵庫で保管する。

［提供時］
1　キンカンは細かく刻む。
2　モナカの皮に鳥レバーをスプーンで詰め、刻んだキンカンと輪切りのキンカンを添える。

本日のお勧め
赤貝と新ワカメのヌタ和え

アカ貝、九条ネギ、ワカメ（ボイル）
芥子酢味噌（西京味噌500g、練り芥子20g、砂糖50g、酢180cc、淡口醬油50cc）
紅タデ

［仕込み］
1　アカ貝は殻をはずし、ヒモと身に分ける。身は半分にそいで、中のワタを取り除いて掃除する。乾燥しないようにラップフィルムをかけて冷蔵庫で保管する。
2　九条ネギは熱湯でゆで、すりこぎでしごいて粘り気を取り除く。
3　ワカメは熱湯でゆでて冷水にとり、サッと色が変わったら細かく刻んで冷蔵庫で保管する。
4　芥子酢味噌の材料をすべて合わせて火にかける。一煮立ちしたら、火を止めて冷ます。密封容器に移して、冷蔵庫で保管する。

［提供時］
1　アカ貝は厚みを出すように切り分ける。九条ネギは2～3cmに切る。アカ貝、九条ネギ、ワカメを合わせて、芥子酢味噌で和える。
2　器に盛りつけ、紅タデを添える。

本日のお勧め
イチジクとホワイトアスパラの白和え

イチジク、ホワイトアスパラガス
白和え衣（絹漉し豆腐2丁、マスカルポーネチーズ大さじ2、淡口醬油15cc、ハチミツ大さじ1、砂糖大さじ1、塩1つまみ、だし適量）
ピーナッツ（砕く）

［仕込み］
1　白和え衣をつくる。絹漉し豆腐は重しをして1時間おいて水きりをする。裏漉しをして、そのほかの材料をすべて入れてよく混ぜる。密封容器に移して冷蔵庫で保管する。
2　ホワイトアスパラガスは皮をむいて熱湯でゆでる。

［提供時］
1　イチジクの皮をむいて一口大に切る。ホワイトアスパラガスも食べやすい長さに切る。
2　イチジクとホワイトアスパラガスを盛りつける。白和え衣はよく混ぜてなめらかにし、上からかける。白和え衣は必要ならばだしで割る。ピーナッツを散らす。

本日のお勧め
ホタルイカのお粥

ホタルイカ（ボイル）
米1合、玉ネギ（みじん切り）2/3個、ニンニク（みじん切り）1片、太白胡麻油15cc、だし1・5合、塩1つまみ、味噌15g、濃口醬油15cc、味醂適量
黒コショウ、芽ネギ

［仕込み］
1　ホタルイカは目、口、軟骨を取り除く。
2　お粥を仕込む。鍋に太白胡麻油をひいて、玉ネギ、ニンニクを弱火で炒める。しんなりしたら、米を洗わずそのまま入れて炒める。油が全体に回ったら、だしを入れて強火で炊く。

3　米の芯が少し残る程度まで炊いたら、塩、味噌、濃口醤油、味醂を入れて味を調える。

［提供時］

1　ホタルイカ30gを包丁で叩く。

2　お粥を1人前70ccほど取り分けて温め、叩いた1のホタルイカを混ぜる。

3　器に盛り、黒コショウの粗挽きをふり、切りそろえた芽ネギを添える。

本日のお勧め

とうもろこしのすり流し椀

トウモロコシ、だし、塩
ホタテ貝柱、ベビーコーン、エダマメ、花穂紫蘇

［仕込み］

1　トウモロコシは皮をむいて、粒を包丁ではずす。残った芯はとっておく。

2　だしでトウモロコシの粒と芯を10分間ほど煮る。芯を取り除いて、粒をミキサーにかける。

3　塩で味を調え、すり流しとする。冷めたら冷蔵庫で保管する。

4　エダマメは水からでゆでて、サヤをはずして薄皮をむく。ベビーコーンは熱湯でゆでておく。ホタテ貝柱は熱湯でサッと霜降りして冷水にとる。それぞれ密封容器に移して冷蔵庫で保管する。

［提供時］

1　お椀に食べやすく切り分けたホタテ貝柱を盛り、トウモロコシのすり流しを流し、エダマメ、ベビーコーン、ほぐした花穂紫蘇を散らす。

本日のお勧め

ミンククジラのユッケ

クジラ背肉（ブロック）、ユッケのタレ（甜麺醤大さじ2、濃口醤油15cc、味醂7・5cc、砂糖大さじ1、胡麻油30cc）
キュウリ（細切り）、万能ネギ（小口切り）、ウズラの卵

［仕込み］

1　ユッケのタレを仕込む。材料をすべて合わせて混ぜる。

2　クジラ肉は掃除し、塊のままキッチンペーパーに包んで冷蔵庫で保管する。

［提供時］

1　クジラ肉は薄切りにする。

2　器にキュウリを敷き、クジラ肉80～100gを盛る。ユッケのタレをかけ、ウズラの卵を落とす。万能ネギを添える。

本日のお勧め

真鯵の梅なめろう

アジ4尾（200～300g）、梅干2粒、淡口醤油5cc、日本酒少量、大葉（みじん切り）4枚、ワケギ（小口切り）5g
白胡麻、大葉

［仕込み］

1　アジは三枚におろして皮を引く。

2　バットにキッチンペーパーを敷いてアジを並べ、ラップフィルムをかけて冷蔵庫で保管する。

［提供時］

1　アジを粗みじんに切って、叩いた梅干の果肉、淡口醤油、日本酒、大葉、ワケギとともに、包丁でさらに叩く。

2　器に大葉(分量外)を敷き、1を盛り、白胡麻をふる。

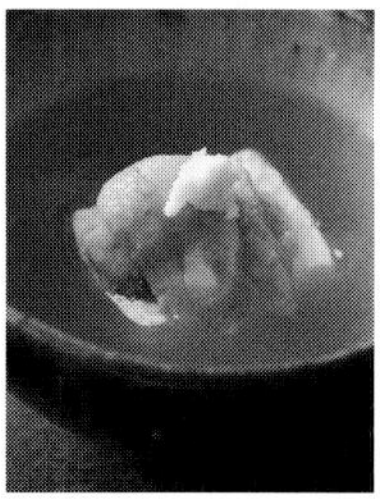

本日のお勧め

焼き胡麻豆腐とウニ

みがき胡麻500g、昆布だし(水1750cc、昆布10cm角2枚、日本酒250cc、塩15g)、本葛粉140g、片栗粉

ウニ、銀餡(だし、味醂、本葛粉)、ワサビ

[仕込み]

1　胡麻豆腐を仕込む。みがき胡麻を1晩水に浸けてふやかしておく。

2　昆布だしをとる。鍋に昆布を入れて、水を注ぎ、火にかける。60～70℃を保って1時間加熱したのち昆布を引き上げる。日本酒と塩を加えて味を調える。

3　ミキサーに1の胡麻と2の昆布だしを入れて回し、サラシで漉す。

4　3を鍋に移し、本葛粉を入れて溶かし、中火にかける。木ベラで10分間ほど練り、流し缶に流し入れて冷やし固める。冷蔵庫で保管する。

5　銀餡を仕込む。だしに味醂を少量加えて火にかける。一煮立ちしたら、水で溶いた本葛粉を入れてとろみをつける。

[提供時]

1　胡麻豆腐を切り出し、片栗粉をまぶして、天火で焼く。

2　銀餡は取り分けて温める。

3　器に焼いた胡麻豆腐を盛り、上にウニをのせる。上から温めた銀餡をかけ、ワサビを添える。

本日のお勧め

豚肩ロースと春キャベツの生姜焼き

◎生姜焼き

豚肩ロース(1cm厚さ)1枚、塩

焼きダレ(濃口醤油200cc、日本酒200cc、味醂200cc、おろし玉ネギ1個、おろしニンジン1本、おろしニンニク2片)

おろしショウガ大さじ2

◎つけ合せ

春キャベツ

ミョウガ(せん切り)、芽ネギ

[仕込み]

◎生姜焼き

1　焼きダレを仕込む。材料をすべて合わせて火にかける。沸騰したら弱火で30分間加熱し、火を止める直前におろしショウガを加える。

2　豚肩ロース肉を1cm厚さに切っておく。

[提供時]

◎生姜焼き

1　豚肩ロース肉に薄塩をあてて、サラマンダー(上火)で焼く。途中で裏返して8割程度まで火を入れる。

2　食べやすいように一口大に切り、フライパンに移して焼きダレをからめる。

◎つけ合せ

1　キャベツをゆでて水気をしっかりきり、食べやすく切る。

2　キャベツを器に盛り、上に生姜焼きを盛り合わせる。芽ネギとミョウガを天に盛る。

本日のお勧め

鶏モモ肉の炙り焼き 夏野菜おろし

鶏モモ肉1枚、塩
夏野菜おろし（大根おろし、オクラ、プチトマト、芽ネギ、レモン果汁）
ポン酢

［仕込み］

1　野菜を準備する。ダイコンをおろしてきつめに絞っておく。オクラを熱湯でサッとゆでる。プチトマトを4等分に切る。それぞれを別に密封容器に入れて冷蔵庫で保管する。

［提供時］

1　鶏モモ肉はスジを切り、塩をふってサラマンダーで焼く。まず皮側から焼き始める。

2　裏を返して身側を焼く。何度か裏返して火を通す。

3　夏野菜おろしをつくる。大根おろしに輪切りのオクラ、プチトマト、レモン果汁を混ぜる。

4　鶏モモ肉を一口大に切り、器に盛る。上に夏野菜おろしをのせて提供する。

本日のお勧め

鳥唐揚げ二種 カレー風味と塩昆布

◎カレー風味
鶏手羽先1kg、浸け地（日本酒100cc、濃口醤油60cc、ニンニクすりおろし1片、ショウガすりおろし小さじ2）
カレー粉10g、クミンパウダー15g

◎塩昆布
鶏モモ肉1kg、浸け地（日本酒90cc、淡口醤油15cc）
塩昆布
片栗粉、揚げ油
スダチ

［仕込み］

◎カレー風味

1　合わせた浸け地を鶏手羽先にすり込んで、30分間おいて取り出す。

◎塩昆布

1　食べやすく切った鶏モモ肉は浸け地をからませて半日おく。

［提供時］

◎カレー風味

1　カレー粉とクミンパウダーを仕込んでおいた手羽先にまぶし、最後に片栗粉をまぶして170℃の揚げ油で揚げる。

◎塩昆布

1　鶏モモ肉に塩昆布をまぶしつけ、最後に片栗粉をまぶして170℃の揚げ油で揚げる。

2　2種を盛り合わせて、スダチを添える。

本日のお勧め

鯖の燻製とじゃが芋の揚げ春巻き

塩サバ2尾、ジャガイモ5～6個、塩少量、牛乳適量、大葉
春巻きの皮、揚げ油

［仕込み］

1　塩サバは骨を取り除いて皮をむく。中華鍋にアルミホイルを敷いて桜のチップとザラメ糖を少量入れて網をかけ、塩サバをのせて、汚れないようにアルミホイルでおおったボウルなどで蓋をする。

2　コンロの強火で加熱する。煙がたってきたら弱火〜中火に落として6〜7分間燻す。
3　塩サバを取り出して冷まし、身をほぐす。
4　ジャガイモを丸ごと蒸し器で蒸し、皮をむいてざっくりとつぶす。塩少量を加え、牛乳で好みのかたさにのばす。
5　春巻きの皮に4のジャガイモ、3の塩サバ、大葉を1枚のせて包む。密封容器に入れて乾燥しないように冷蔵庫で保管する。

［提供時］
1　春巻きを180℃に熱した油で揚げる。油をきって盛りつける。

本日のお勧め
豚スペアリブの角煮

◎角煮
豚スペアリブ1kg、煮汁（水1400cc、濃口醤油180cc、日本酒180cc、砂糖50g、ザラメ糖20g、味噌大さじ1、昆布10cm角1枚）、香味野菜（長ネギの青い部分、ニンニク3片、ショウガ1片、赤唐辛子1／2本）

◎マッシュポテト
ジャガイモ5〜6個、無塩バター20g、牛乳500cc、塩5g、だし適量
黒コショウ、万能ネギ（小口切り）

［仕込み］
◎角煮
1　スペアリブは熱したフライパンで脂身側から強火で焼く。全面に焼き色をつける。
2　鍋にスペアリブ、煮汁、香味野菜を入れて強火にかける。沸いたら火を弱め、適宜アクをひきながら2時間煮る。
3　スペアリブを取り出す。香味野菜を取り除いた煮汁にスペアリブを戻して冷蔵庫で保管する。

◎マッシュポテト
1　ジャガイモを丸ごと蒸し器で蒸し、皮をむいて裏漉しする。
2　鍋に牛乳を入れて沸かし、バターを溶かす。ここに1のジャガイモを入れ塩で味を調える。弱火〜中火にかけて木ベラで練る。あまり練りすぎると粘りが出てしまうので、ほどほどに。

［提供時］
1　スペアリブと煮汁を鍋に取り分けて火にかけて温める。
2　マッシュポテトは適量を小鍋に取り分けて火にかけ、だしでのばす。
3　マッシュポテトを器に敷いて、スペアリブを盛る。黒コショウを挽きかけ、万能ネギを散らす。

本日のお勧め
アサリのおから煮

アサリ（殻つき）200g、昆布
オカラ300g
コンニャク（細切り）、ニンジン（細切り）
太白胡麻油15cc、淡口醤油、味醂、白胡麻

［仕込み］
1　アサリだしをとる。鍋に砂抜きしたアサリ、昆布、浸るくらいの水を入れて火にかける。殻が開いたら身を取り出して、煮汁を裏漉ししてとっておく。
2　太白胡麻油を鍋にひき、コンニャク、ニンジンを炒める。油が回ったら、オカラを合わせる。均等に混ざったら1の煮汁を全体が浸るくらいまで注ぎ、中火に落として木ベラで練る。淡口醤油と味醂で味を調える。
3　煮汁はオカラにジワッとにじみ出す程度残す。火を止める直前にアサリを加えて一煮立ちさせる。粗熱がとれたら冷蔵庫で保管する。3〜4日間は保存可能。

［提供時］
1　器に盛り、白胡麻をふる。

土鍋ごはん

三種のとうもろこしとカルピスバターの土鍋ごはん

トウモロコシ
米1・5合、炊き地（だし270cc、濃口醤油15cc、淡口醤油15cc、日本酒5cc）
発酵バター（有塩）5g

〔仕込み〕
1　米を研いで30分間水に浸け、ザルに上げて水気をきっておく。冷蔵庫で保管する。
2　トウモロコシは粒をはずしておく。

〔提供時〕
1　土鍋に米を入れ、上にトウモロコシをのせる。炊き地を注いで蓋をして、強火にかける。
2　そのまま4分間炊く。吹きこぼれたら弱火にして12分間炊いて火を止める。3分間蒸らしたのち、バターをのせて、さらに5分間蒸らす。
3　客席に炊き上がりを見せ、さっくりと混ぜて茶碗によそう。

本日の土鍋ごはん

和牛とタケノコの土鍋ごはん

牛ミスジ肉（薄切り）30g
タケノコ（アク抜き済・1cm角切り）45g
米1・5合、炊き地（だし270cc、濃口醤油15cc、淡口醤油15cc、日本酒5cc）
木ノ芽

〔仕込み〕
1　米を研いで水に30分間浸け、ザルに上げて水をきっておく。冷蔵庫で保管。
2　タケノコは米ヌカと赤唐辛子を入れて柔らかくなるまでゆでて、アクを抜く。1cm角に切って冷蔵庫で保管。

〔提供時〕
1　土鍋に米を入れ、上にタケノコを散らす。炊き地を注いで蓋をし、強火にかける。
2　そのまま4分間炊く。吹きこぼれたら弱火にして12分間炊き、火を止める。3分間蒸らしたのち牛肉をのせてさらに5分間蒸らす。
3　木ノ芽を盛り、客席で炊き上がりを見せ、さっくりと混ぜて茶碗によそう。

本日のお勧め

レンズ豆のお汁粉

黄レンズ豆（皮なし）100g、砂糖30g、塩3g
水1リットル
白玉団子（白玉粉30g、水25cc）
黒コショウ、発酵バター（有塩）3g

〔仕込み〕
1　黄レンズ豆を鍋に入れ、浸るくらいの水を注いで火にかけ、ゆでこぼす。湯を捨てたらもう一度同じようにゆでこぼす。
2　豆を鍋に戻して水1リットルを注ぎ、火にかける。沸いたら弱火にして、レンズ豆が柔らかくなるまでゆでる。
3　柔らかくなったら、砂糖と塩を加える。

〔提供時〕
1　白玉団子をつくる。白玉粉と水を合わせて手でよく練る。湯を沸かし、練った白玉粉を丸めて落とす。浮いてきたら取り出す。
2　人数分のお汁粉を取り分けて温める。
3　器に盛り、ゆでた白玉団子2個とバターを加え、黒コショウを挽く。

本日のお勧め

牛乳とスイカのプリン

◎牛乳プリン
牛乳500cc、砂糖大さじ3、ハチミツ大さじ1、粉ゼラチン5g

◎スイカのソース
スイカ1／4カット
ミントの葉

［仕込み］

◎牛乳プリン
1　牛乳に砂糖とハチミツを加えて温める。ここに粉ゼラチンを加えて溶かす。
2　粗熱をとり、グラスに流して冷やし固める。

◎スイカのソース
1　スイカは皮をはずし、種を抜いてミキサーにかけて、密封容器に移して冷蔵庫で冷やしておく。

［提供時］
1　牛乳プリンの上にスイカのソースを流し、ミントの葉をあしらう。

一品料理

こだわりだしの春おでん

◎ダイコン
ダイコン、煮汁（だし、塩、淡口醤油、味醂）

◎タケノコ
タケノコ、米ヌカ、赤唐辛子

◎玉子
卵、浸け地（水300cc、濃口醤油100cc、味醂100cc、たまり醤油15cc）

◎芝海老糝薯
芝エビ300g、白身すり身500g、卵白1個、ヤマトイモ20g、塩少量

◎だし
だし、塩、淡口醤油、味醂
とろろ昆布
三ツ葉、柚子

［仕込み］

◎ダイコン
1　ダイコンは2cm厚さの輪切りにして皮をむき、面取りをする。米の研ぎ汁で串がスッと通るまで下ゆでする。
2　だしに塩、淡口醤油、味醂を加えて、やや濃いめの吸い地程度に味をつけ、ダイコンを煮る。沸いたら弱火で1時間ほど煮含め、鍋のまま冷まし、容器に移して冷蔵庫で保管する。

◎タケノコ
1　タケノコは1つかみの米ヌカと赤唐辛子を入れた水でゆでる。串がスッと通るくらい柔らかくなったら火を止めて、そのまま冷ます。
2　冷めたら水洗いして米ヌカを落とし、水をはって冷蔵庫で保管する。

◎玉子
1　卵を鍋に入れ、水をたっぷり注いで火にかけ、13分間ゆでる。
2　浸け地を合わせ、殻をむいた卵を1晩浸けて味をしみ込ませる。そのまま冷蔵庫で保管する。

◎芝海老糝薯
1　すり身、卵白、塩、ヤマトイモをすり鉢ですり合わせる。
2　芝エビは殻をむいて背ワタを抜き、食感が残るように包丁で軽く叩いておく。
3　1に2の叩いた芝エビをさっくり混ぜて、流し缶に詰める。蒸し器の蓋を少しずらして中火で

15分間蒸す。取り出して冷まし、冷蔵庫で保管。

◎だし

1　だしに塩、淡口醤油、味醂を加えて吸い物地くらいの味に調える。

［提供時］

1　芝海老糝薯は大きめの角に切り出す。おのおのをだしで温め、盛りつける。上にとろろ昆布と三ツ葉、柚子を添える。

一品料理

こだわりだしの夏おでん

◎ハモ

ハモ、片栗粉

◎山椒入り鶏つみれ

鶏胸挽肉1kg、鶏軟骨（やげん）250g、卵1個、ヤマトイモ10g、長ネギ（みじん切り）1本、玉ネギ1個、シイタケ（みじん切り）3枚、味噌大さじ1、濃口醤油50cc、日本酒10cc、粉サンショウ大さじ2、片栗粉大さじ1、二番だし＊

＊一番だしのだしがらに水を注いで火にかける。沸いたらカツオ節を足して二番だしをとって漉す。

◎大根・玉子・だし↓241頁・春おでん

とろろ昆布

木ノ芽

［仕込み］

◎ハモ

1　ハモをおろし、骨切りをする。約30gに切り落とす。

2　水気をきって容器に移し、冷蔵庫で保管する。

◎山椒入り鶏つみれ

1　玉ネギ、ヤマトイモはフードプロセッサーですりおろす。軟骨もフードプロセッサーで細かく砕く。

2　すべての材料をボウルに入れて、よくこねる。

3　二番だしを沸かし、2を丸めながら落としてゆでる。中まで完全に火が通るまで（15～20分間程度）ゆでる。

4　火が通ったら取り出して冷まし、密封容器に入れて冷蔵庫で保管する。

［提供時］

1　ハモに刷毛で片栗粉をまぶし、熱湯にくぐらせる。サッと包丁目が開いたら取り出しておか上げする。

2　だしを取り分け、つみれ、大根、玉子をそれぞれ別に温める。大根は食べやすいように4等分に切り、玉子は半分に切って盛りつける。

3　ハモを添えて、とろろ昆布を盛り、木ノ芽をあしらう。

“立地がすべて”の時代から販促重視の時代へ

飲食店は立地がすべて、とよくいわれる。どういう場所に店があるかによって、お客さまにとって来店しやすい店かどうかが決まる。また、お客さまが店の存在を認知しやすい立地であることが重要。この立地戦略を間違えると、いくら商品やサービスがよくても勝負にならない——。こういう考え方に基づく“立地至上主義”が、これまでの外食業界では主流になっていた。

ところがいま、この考え方が揺らぎつつある。従来の外食業の常識では考えられない悪立地に店を出し、しっかり固定客を集める事例が出てきているからだ。そうした場所は当然、家賃も安い。一般的に売上げに占める家賃比率は10％以下が適正とされているが、中には5％を下回るという例もある。飲食店にとって、立地がすべてとは言えない状況が生まれているのだ。

その要因は、口コミサイトやソーシャル・ネットワーキング・サービス（SNS）の普及である。これによって、店の情報がスピーディに、しかもきわめて広範囲に伝わるようになった。以前はある程度時間をかけて店の存在をお客さまに知ってもらう必要があり、だからこそ立地が重要だったわけだが、その必要がなくなったのである。

もちろん、立地をまったく考慮しなくていいというわけではない。ファストフードやコーヒーショップなど利便性が重要視される業態では、不特定多数の人が利用しやすい場所を選ぶ必要がある。また、落ち着いて食事をしたいお客さまをターゲットにするなら繁華街は適さないなど、周囲の環境も含めて立地を考えるのは当然だ。

しかし、従来ほどに“立地の良し悪し”を考慮しなくていい時代になったことは確かである。飲食店にとっては立地選択の幅が広がり、結果として家賃もおさえられる。その分を原価に投じるなどで、店の価値を高めていくことが可能だ。

一方で、重要になっているのが販売促進である。これを、先述したIT化の進展を踏まえて考えていく必要がある。あらゆる情報をインターネットから得るのがネット社会であり、この現実に対応した情報発信をしていくことが求められる。そのことが、日本を訪れる外国人旅行客などの新しいお客を取り込むことにもつながってくる。

店のホームページは、デザインや機能に凝る必要はないが、ブログなども含めて情報発信の頻度を上げていく必要がある。また、フェイスブックやインスタグラムといったSNSの活用もファンづくりには有効だろう。店や料理についての情報だけでなく、食材の生産者や酒蔵を訪ねたさいのトピックなど、お客さまの興味をかきたてるような情報を発信したい。

もう一つ欠かせないのが顧客管理だ。本書の例でいえば、顧客にメールマガジンを配信している「竹政」。その日に仕入れた鮮魚の情報などを流すことで来店動機を喚起している。こうしたITツールを活用したきめ細かな対応もこれからは必要になってくるだろう。

「ゆき椿」

店名／ゆき椿
店主／市川鉄平
住所／東京都杉並区
天沼3-12-1 2階
電話／03-6279-9850
営業時間／18：00～24：30
定休日／日

開店年／2014年5月
店舗規模（坪）／約14坪
客席数／20席（カウンター8席、テーブル12席）
従業員数／1名（厨房兼サービス）
料理価格／350～1900円
酒／日本酒40種、スペインワイン20種、焼酎50種
客単価／5000円
食材原価率／35％
ドリンク比率／50％
酒の価格の決め方／日本酒は原価の3倍。原価が高い酒は仕入れないが、販売価格は上限を決めてお値打ち感を出している。スペインワインはそれよりも安めに、焼酎はやや高めに設定している。

ツーオーダーのメニューを取り入れる

さくさくと手早く野菜を刻み、サッと火を通して盛りつける。刺身を除いて50品以上あるメニューの4割以上の料理は仕込みをせずに、注文を受けたら一からつくる「ツーオーダー」。「ゆき椿」で、事前に調理し盛りつけるだけの料理は、ほんの2～3品ほどである。

手間が大変そうに思えるが、実はこれこそ食材のロスを極力出さずにすむようなメニュー構成なのである。仕込んでおいたり、一つの素材を複数の料理に流用するといった手法ではなく、注文を受けてから短時間で提供できるメニューを多くそろえているということだ。

しかもメニューには和食だけでなく、中華風や洋風の料理も並ぶ。メニューを見ると、ついつい注文数が増えてしまう、

入口から見た店内。左手がカウンター席で右手がテーブル席。客席の通路はゆったりととっている。

くいしんぼうの心をくすぐるような多彩なラインアップだ。

「手伝ってくれていた父が引退し、今は私1人なので、これからは品数を少し減らし、惣菜風の盛るだけのメニューを増やそうと思ってはいるのですが…」と店主の市川鉄平氏。市川氏は現在、調理からドリンク、サービスまで、すべて1人で20席の店を切り盛りしている。

「ゆき椿」というと東京・中野の新潟郷土料理店「雪椿」を思い出される方もいるかもしれないが、「ゆき椿」はその流れをくむ店。「雪椿」は2代目である市川氏の父親の代で閉店したのだが、その店名を受け継いで2014年5月、中央線沿線の荻窪に開店したのがこの店なのだ。最初の3年間は父親も手伝ってくれた。

少人数に対応した店づくり

中央線の荻窪駅北口から徒歩7〜8分。青梅街道沿いの環状8号線にぶつかる手前にある築50年という建物の2階が「ゆき椿」である。はじめて訪れる人は見逃してしまうかもしれない。看板もなく、茶色の外壁に白い文字で小さく「ゆき椿」とさりげなく表示されているだけ。見上げなければ気づかない。

急な外階段を上がり、外扉から中に入ると、右手に店内に通じる扉がある。ベージュを基調とした落ち着いた雰囲気の店内である。

「塗り壁の凹凸に間接照明があたって、柔らかな影をつくってくれます」と市川氏。厨房だけは注文をつけたが、店の外装と内装のデザインはすべてデザイナーにまかせたという。もともとここは住居だったのでスケルトンからの設計となった。

「客席をゆったりとったら、その分カウンター内の厨房は狭くなりました。カウンター内ではすれ違えないほどですが、

向かって左側に食品の冷蔵庫やガスコンロなどの加熱調理の設備が集約されている。右側は刺身などを引くコールドテーブルとドリンクのサービスコーナーとなっている。

焼酎50種は壁面に4段の棚を設置し、常温で保存している。このほかにスペインワインを20種用意。

それはそれでいいとしました。大人数で店をやっていくつもりはありませんでしたから」

1人で調理を担当するので、コンパクトにまとまっていて、複数の調理を並行してできることを優先させたという。カウンターは両側から出入りができる。カウンターに向かって左半分までが市川氏の守備範囲で、火を使う煮炊きものはここで行なう。右側はこれまで父親が担当していた刺身を引く板場とドリンク類のサービスコーナーだ。

1人で切り盛りしている今は、この左側はデッドスペースとなっている。「早くサービスの人員を確保したいのですが、人がいなくて」と市川氏。

修業先で鍛えられた「考える力」

市川氏はサラリーマンからの転身だ。3年間会社勤めをしたあと、1年間ヨーロッパを放浪。スペイン好きが高じて帰国後28歳で、東京・銀座のスペイン料理店に入社した。はじめての料理修業だった。ここで3年間働いたあと、恵比寿の和食割烹店、赤坂の「まるしげ夢葉家」で和食の仕事を経験する。

「まるしげ」は70席ある大型居酒屋で、夜7時のピーク時には厨房の各担当者に50品以上の注文が入る大繁盛店。のろのろしてはいられない。ここで5年間仕事をし、手の速さが鍛えられたという。

同店は魚介中心の和食をベースにした創作料理に力を入れていて、従業員が考えたメニューが店の商品となる。考案した従業員が販売価格まで決めて、どれだけ売れるかが試される。価格や原価率の上限はなく、かなり自由に任されたという。この店では技術はもちろん、自分で考える力が身についた。

「まるしげ」で料理の考え方や酒の知識を蓄積し、焼物、揚物、煮物といった火まわりの仕事を3年間務め、独立を考えて2013年12月に店を辞めた。

固定費を低く抑える

中央線沿線で店を出すことは決めていた。昔からなじみの深い地域であり、自宅からもそれほど離れていない。近隣の居住者を主な客層に想定した。

中野はかつて「雪椿」があったし、家賃も高かったので、ここはまず選択外。となり駅の高円寺は客単価の低い店が多く、自分で思い描く店をやっていくには難しいと判断した。西荻窪は競合店が多く、最終的に荻窪に決定。

そのときは、荻窪がもっとも可能性が高い場所に思えた。しかし店を出してはじめて荻窪は中央線をはさんで南北が完全に分断された地域であるということがわかった。南口が拠点の人たちは北口にはあまりやってこないのだ。これは思惑とは違ったマイナスの要素だった。

プラスの要素は、駅から距離があり、築年数が50年の物件なので家賃がかなり低く抑えられたことだ。

開店当初は中野の「雪椿」時代の常連客が父親の料理を目当てに来てくれたが、最近では当初の狙い通り、近隣の住民が客層の大半を占める。

店主の市川鉄平氏。あっという間に料理を仕上げるスピード感が魅力。できたての料理は割烹ならではの味。

目立った看板はなく、青梅街道に面した茶色の外壁に小さく店名が。

青梅街道から1本入った路地に急な外階段があり、これを上がって店に入る。

来店頻度を上げるには、日常使いをしてもらわなければならない。そのためには純和食ではなく、和食をベースにしながら二面性も三面性もあるメニューが必要だと考えた。しかも価格は抑えたい。当初は原価率を30％に設定したが、どうしても料理が貧弱になるので35％まで上げることにした。これができるのも人件費や家賃などの固定費が低く抑えられたからだ。

2人客にはボリュームたっぷり、4人連れではちょっと少ないというのが1皿の分量である。

手頃な価格でおいしいものを提供するために

1人で切り盛りして、ロスを出さずに、多様性のある料理をそろえるために市川氏が取り入れているのは、ツーオーダー調理を中心にすることに加えて、冷凍やコンフィなどの上手な保存方法である。

冷凍はおもに揚物に使う。コロッケやメンチの種などは、まとめて仕込んで、1日分の使用量に分けて冷凍する。ただし成形と衣づけは注文を受けてから。

牛カツレツやアジフライなどは、ポーションに切り分けたり、背開きにしておくと短時間で冷凍でき、また解凍もスピーディ。注文を受けてからでも充分間に合うのでロスは出ないという。薄くして冷凍すれば素材もいい状態を保てる。衣までつけて冷凍すると、衣もはげ落ちるし、中まで温まるまでに時間がかかるので、種や素材のまま冷凍するのがコツだという。

イカなどは冷凍すると甘みが増すそうで、寄生

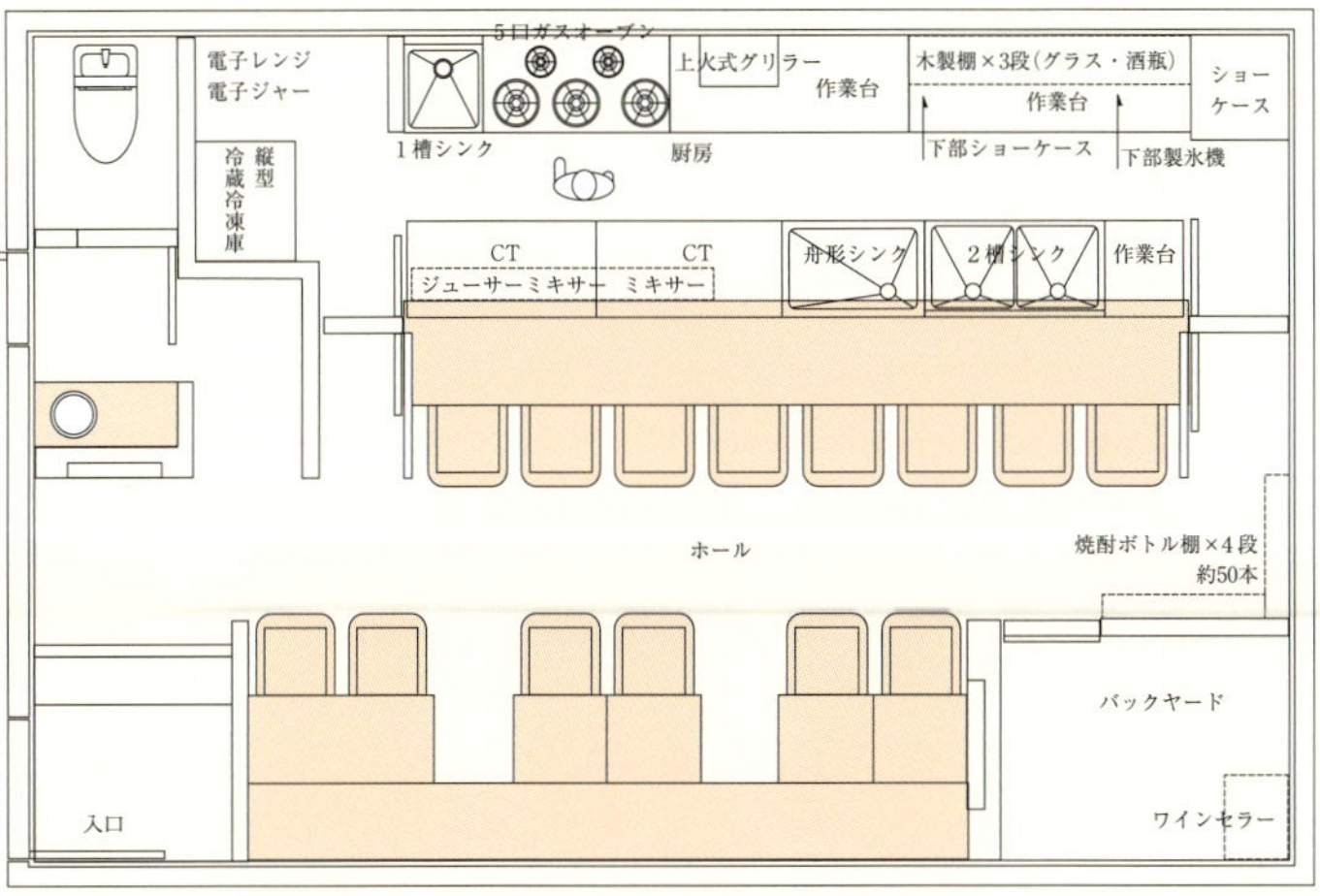

青梅街道に面した建物の2階は元住居で、スケルトンからの設計となった。店内はカウンター席8席とテーブル席12席の構成で、カウンターの両側の出入口からテーブル席への出入りができる。カウンターに向かって左側に調理を担当する市川氏がスタンバイ。1人で調理を担当する前提なので、カウンター内の通路は狭くてもよしとし、その分客席はゆったりとスペースをとった。右側はおもにドリンク類のサービスをするエリア。

客席の奥にはつくりつけの焼酎専用の4段棚があり、約50本の焼酎が並ぶ。バックヤードのワインセラーではスペインワインを保管。日本酒はカウンター内の冷蔵庫に保管。

虫のアニサキスが死滅するため安全対策にもなるという。

低温の油で煮ておくコンフィも肉料理に取り入れている。「仕込んでおけば日持ちしますし、提供時にカリッと焼くので、こうばしさも人気です」

大人数の予約客には、料理料金（4000円以上）を決めてもらって料理をあらかじめ用意し、営業中の作業負担を減らしている。また予約なしのグループ客には、お待たせしないですむように「前菜三種盛り」などから3～4品用意させていただく旨、最初にお願いしている。

品質を損なわずに仕込んでおける保存方法を随所に取り入れたり、ロスを減らすことで、多彩なメニューを手頃な価格で、しかもおいしく提供しているのが、「ゆき椿」が地元で愛され、人気を集めている理由なのだろう。

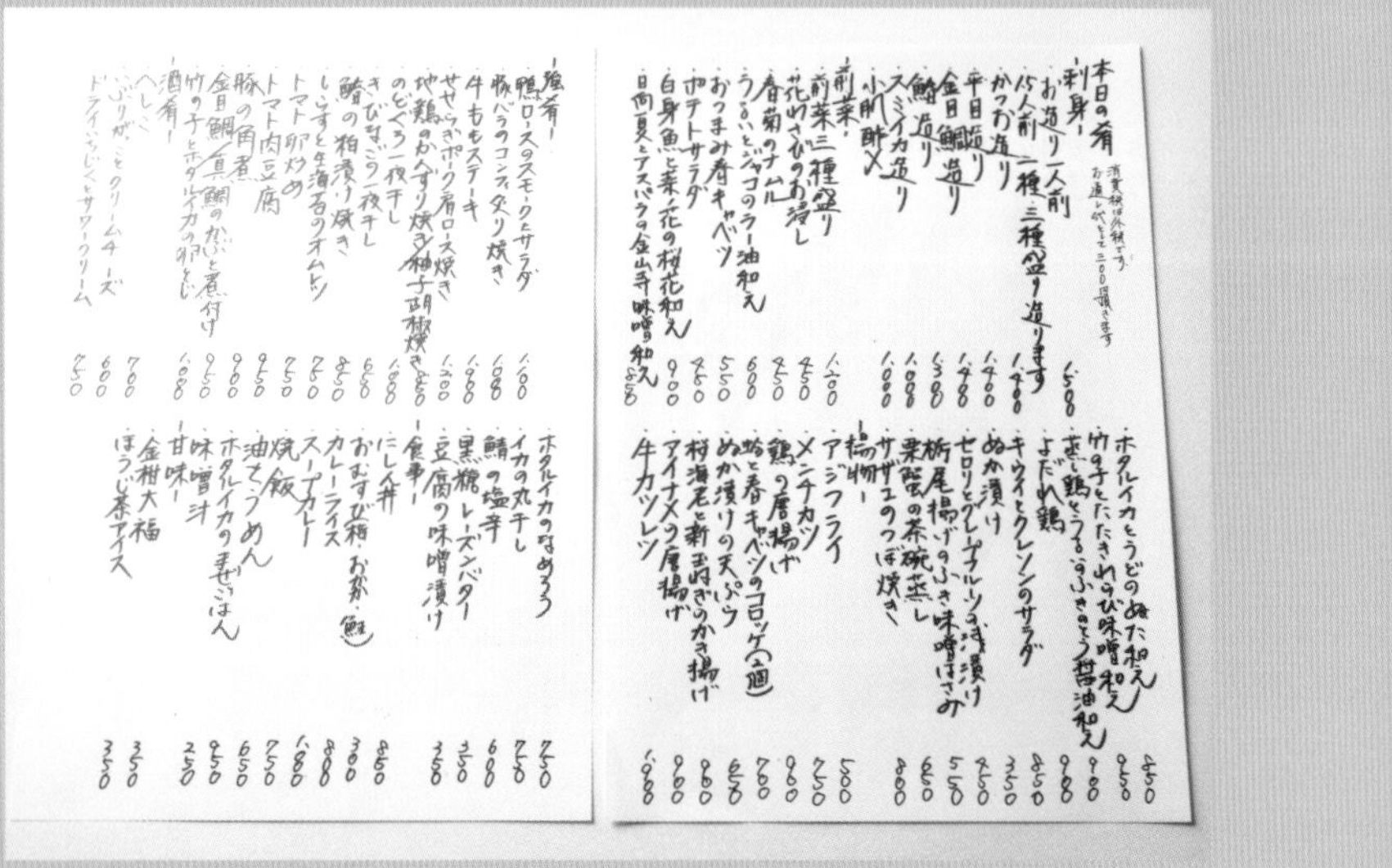

写真上段左：ゆき椿のメニュー表（料理）と冊子（ドリンク）。
写真上段右：料理のメニューはクリアファイルの両面で一覧できるようにしている。
写真下段：ドリンクメニューは冊子で用意。日本酒、スペインワインのほか、焼酎の頁も充実。

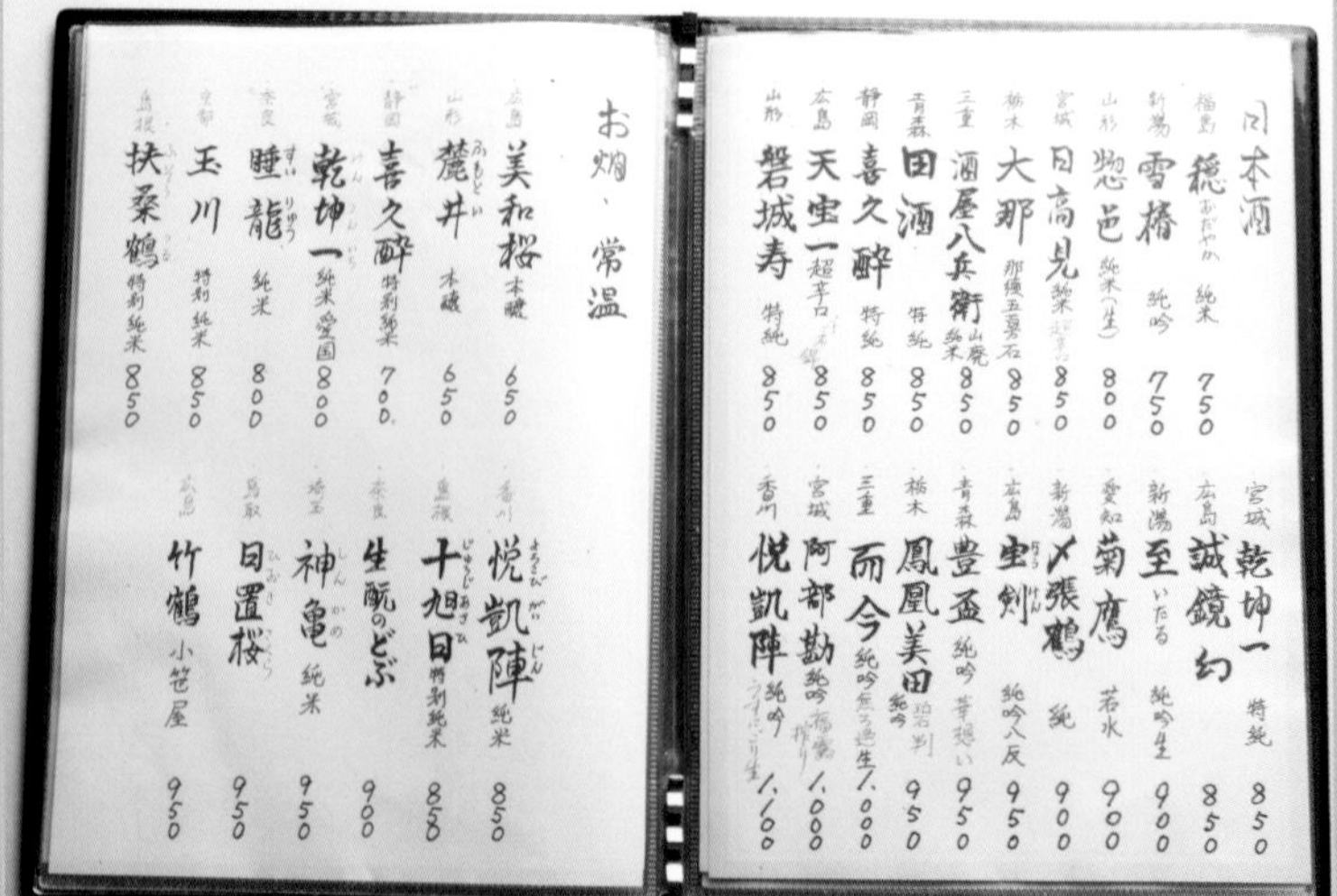

ゆき椿　料理

お通し

なまり節と万願寺唐辛子　7月

カツオの刺身がメニューにのぼる季節のお通し。刺身の端の身などを利用する。カツオを蒸したのち甘辛に煮て、焼いた万願寺唐辛子を合わせたもの。　料理解説260頁

前菜

キウイとクレソンのサラダ

緑っぽい香りとさわやかな苦みが持ち味のクレソンは、甘酸っぱいキウイと一緒に食べると倍おいしくなるベストマッチのサラダ。　料理解説260頁

前菜

うるいとジャコのラー油和え

生のウルイの歯応えを生かしたサラダ風の和え物。辛みだけでなく複雑な香りが際立つラー油は自家製で、まとめて仕込んでいる。ピリッと辛みが効く程度に加えているが、少しずつ足して好みの辛さに調整するとよい。　料理解説260頁

前菜

前菜三種盛り

お客さまが選んだ前菜を1品加えてつくる三種盛り。そのほかの注文の品々とのバランスをとって、残りの2品を選んで提供。 料理解説261頁

桜花和え衣。写真上の「白身魚と菜の花の桜花和え」の和え衣。桜色がヒラメに映える。

前菜

日向夏とアスパラの金山時味噌和え

旬のフルーツを使った和え物は、季節感を表現できる一品。フレッシュな甘みを加えることもできる。モモやブドウなど甘みのあるフルーツは、白和えにもよく合う。 料理解説262頁

前菜

たことコリンキーの黒糖そら豆和え

サッと湯引きしたタコと、カリカリとした食感がさわやかなコリンキーの組合せ。豆菓子の黒糖ソラマメを砕いてほんのり甘い和え衣とした。

料理解説262頁

前菜

プラムとクレソンの白和え

旬のフルーツでつくる白和えはゆき椿の定番。白和えの甘さはできるだけおさえて胡麻の風味を立てて、フルーツの甘さを生かすのがコツ。

料理解説262頁

前菜

たたきモロヘイヤと山芋

暑い夏にぴったりの前菜。冷やしただしをたっぷり使って、スッと飲んでいただけるような仕立てにした。モロヘイヤは叩いてから冷凍しておくと、色があせない。料理解説２６３頁

前菜

冬瓜の桜海老あんかけ

トウガンは表皮をむいたあと重曹をすり込んで煮ると、緑色をきれいに残すことができる。白味噌で甘さとコクを出した煮汁で味を含ませた冷たい料理。料理解説２６３頁

前菜

よだれ鶏

前菜はなるべく時間をかけずに提供できる料理をそろえている。このよだれ鶏も提供時に最後の味つけのみで出せるメニュー。料理解説２６３頁

揚物

蛤と春キャベツのコロッケ

ハマグリの殻に種を詰めてカラリと揚げたコロッケ。ハマグリの旨みを十分溶かし込んだクリームがこの料理のポイントなので、食感は多少おちてもハマグリはしっかり蒸し煮をして旨みを抽出すること。牡蠣のコロッケや、アメリケーヌ風にエビの殻を炒めてクリームに旨みを加えたコロッケも好評。

料理解説264頁

揚物

ぬか漬けの天ぷら

ニューヨークではピクルスをフライにする。これを日本のぬか漬けで再現してみた。ぬか漬けにした野菜ならば何でも応用できるが、酒肴にするならよく漬かった古漬けのほうが合う。　料理解説２６４頁

揚物

イカとニラの春巻き

刺身に使ったイカのゲソを利用。仕込んだ春巻きは冷凍して保管する。オーダーが入ったら凍ったまま揚げるので、低温の油でこがさないようにじっくり中まで熱くなるように火を入れる。　料理解説２６４頁

揚物

とうもろこしとゴーヤのかき揚げ

トウモロコシにほろ苦いゴーヤを混ぜてアクセントをつけたかき揚げ。夏ならではの一品。カリッと強めに揚げて水分をとばし、こうばしさを強調する。 料理解説265頁

揚物

カツオの竜田揚げ

カツオ出盛りの時期の一品を紹介。浸け地に浸けておけば1週間ほど使える重宝なメニュー。切り身は1㎝厚さに切るので、短時間で提供できる。 料理解説265頁

揚物

へしこのクリームコロッケ

へしこはサバのぬか漬け。塩味が強いので、ベシャメルの味つけはとくに必要ない。足りなければ補う程度で十分である。コロッケの種は冷凍保存するが、使用時は解凍してから成形して衣をつけると、中心まで時間をかけずに熱くなる。

料理解説266頁

強肴

トマト玉子炒め

見た目は中国料理でおなじみのトマト玉子炒めだが、味は和風。だし巻き玉子味の手軽な一品を紹介。だし巻きのように時間がかからず、仕込みいらずで、短時間で提供できるので重宝する。かつおだしを濃いめにとるのがポイント。

料理解説266頁

強肴

トマト肉豆腐

トマトは旨み成分グルタミン酸をたっぷり含んだ野菜。加熱するとその旨みは倍増するといわれている。ここでは牛肉とともに煮て、双方の旨みを引き出した。

料理解説267頁

強肴

豚バラのコンフィ　炙り焼き

豚バラ肉を低温長時間加熱したコンフィ。油は継ぎ足しながら使うので、バラ肉からラードが溶け出して香りがつく。バラ肉と相性のよいマスタードやピクルスなどの酸味を添えるとよい。

料理解説266頁

酒肴

ほたるいかのなめろう

柚子コショウの香りとさわやかな辛さが効いているなめろうは、叩いたホタルイカのワタの旨みで全体をうまくまとめた酒肴にぴったりの一品。柚子コショウ、田舎味噌の分量は好みで。

料理解説267頁

酒肴

稚鮎のパテ

稚アユを低温のオリーブ油で煮てコンフィにし、丸ごとバターとともにミキサーにかけて冷やし固めたパテ。アユのほろ苦さとバターの風味がよく合う肴。

料理解説267頁

食事

すだち素麺

薄い輪切りのスダチをたっぷり浮かべて、スダチのさわやかな香りと酸味で素麺を食べていただく盛夏のメニュー。仕込みは調味だしをつくっておくだけ。冷やしておくのがコツ。

料理解説268頁

食事

スープカレー

野菜の甘みと鶏スープのコクに合うように調合したスパイスを加えたスープカレー。具材の野菜はそのときどきで変えている。

料理解説268頁

甘味

金柑大福

キンカン以外にもイチゴやブドウなどを種にしてつくる人気の定番フルーツ大福。白玉は熱湯でゆでないと、溶け出して形がくずれてしまうので注意したい。

料理解説268頁

お通し

なまり節と万願寺唐辛子　7月

カツオ、日本酒、塩
煮汁（だし、ショウガ汁、濃口醤油、味醂）
万願寺唐辛子

［仕込み］

1　サク取りしたカツオに日本酒をふり、塩をふって強火で30分間蒸す。取り出して身をほぐす。

2　沸かしただしで1のカツオを煮て、ショウガ汁、濃口醤油、味醂で濃いめに味をつける。一煮立ちしたら火を止めて、鍋を氷水に浸けて冷やす。

3　万願寺唐辛子は、串で穴を何カ所か空けてサラマンダーで焼く。ヘタを落として半分に切る。2の煮汁に入れて味をなじませる。

［提供時］

1　カツオと万願寺唐辛子を盛り、煮汁を少量注ぐ。

前菜

キウイとクレソンのサラダ

キウイ、クレソン、クルミ
赤ワインヴィネガードレッシング（赤ワイン酢50cc、オリーブ油１００cc、サラダ油50cc、塩大さじ1）

［仕込み］

1　クレソンは洗って水気をきっておく。保存容器に入れて冷蔵庫で保管する。

2　赤ワインヴィネガードレッシングの材料をすべて合わせて攪拌し、容器に入れて冷蔵庫で保管する。

［提供時］

1　キウイは皮をむいて半月切り、クレソンは食べやすく切る。

2　1とクルミを赤ワインヴィネガードレッシングで和えて盛りつける。

前菜

うるいとジャコのラー油和え

ウルイ（せん切り）、ジャコ、胡麻油
ラー油（長ネギの青い部分3～4本分、ショウガの皮50g、サラダ油1リットル、花椒ホール20g、韓国粗挽き唐辛子60g）
白胡麻

［仕込み］

1　ウルイは洗って冷蔵庫で保管する。

2　ジャコは鍋に胡麻油をひいて、弱火でカリカリに炒めて密封容器で保管する。

3　ラー油を仕込む。中華鍋にサラダ油を入れてぶつ切りにした長ネギとショウガの皮を入れて、弱火にかけてゆっくり加熱する。

4　香りが油に移ったら、花椒を入れる。花椒の香りがたったら漉す。

5　漉した油を中華鍋に戻して火にかけ、韓国唐辛子を入れて強火で熱する。こげる寸前で火を止めてすぐに漉す。

6　保存容器に移して常温保存する。長期保存可能。

[提供時]

1　ウルイをせん切りにし、ジャコを合わせる。ラー油を少しずつ好みの辛さまで加えて和える。

2　器に盛り、白胡麻を散らす。

前菜

前菜三種盛り

◎白身魚と菜の花の桜花和え

ヒラメ、塩
菜ノ花、塩
桜花和え衣（桜花塩漬け、オリーブ油）

[仕込み]

1　ヒラメは五枚におろしてサク取りし、薄塩をあてて1時間ほどおいて水分を抜いたのち、リードペーパーとラップフィルムで包んで冷蔵庫で保管する。

2　菜ノ花は軸を切り、縦に2つに割る。塩をまぶして30分間ほどおいてなじませ、熱湯でサッとゆでる。冷水にとって水気を絞り、冷蔵庫で保管する。

3　桜花和え衣をつくる。桜花塩漬けをたっぷりの水にさらして1時間ほどおき、ほどよく塩抜きをする。

4　3の水気を絞り、花びらをミキサーに入れ、オリーブ油を入れて攪拌する。オリーブ油の分量の目安は花びらと同量程度。桜花はガクを入れると色がくすむので花びらのみを使用。

[提供時]

1　ヒラメをそぎ切りにする。菜ノ花は食べやすい長さに切りそろえる。

2　1をボウルに入れて、桜花和え衣適量で和えて盛りつける。

◎竹の子と叩き蕨味噌和え

タケノコ、米ヌカ
煮汁（だし、塩、日本酒、淡口醤油、味醂）
蕨和え衣（ワラビ、重曹、田舎味噌）

[仕込み]

1　タケノコは米ヌカを1つかみ入れた水でゆでる。柔らかくなったら火を止めてそのまま1日おいたのち、水洗いして米ヌカを落とし、水に浸けておく。

2　煮汁を合わせて薄味に調え、1のタケノコを煮る。味醂は甘さをつけるためではないので、全体の味がまろやかになる程度の量を加える。鍋のまま冷まし、保存容器に移して冷蔵庫で保管する。

3　蕨和え衣のワラビはアク抜きをする。ワラビを深めのバットに入れて、重曹を溶かした熱湯を、ワラビが浸るくらいたっぷり注いで冷ます。このまま1晩おく。水洗いして保存容器に入れて水をはって冷蔵庫保管。

[提供時]

1　タケノコは水気をふいて、食べやすい大きさに切る。

2　ワラビは2本程度取り出して包丁で刃叩きし、田舎味噌を加えてさらに叩いて、全体に薄めの味をつけて衣とする。

3　1のタケノコを2の蕨和え衣で和える。

◎花山葵お浸し

花ワサビ、塩
削りガツオ

[仕込み]

1　花ワサビは洗って3cmほどの長さに切りそろえる。ボウルに入れてたっぷりの塩をまぶし、30分間そのままおく。

2　たっぷりの熱湯をかけてザルで水気をきる。熱いうちにボウルに戻してラップフィルムをかけ、よくふって辛みを出す。このまま常温まで冷まし、密封容器に移して冷蔵庫で保管。2日間たつと辛みが出てくる。1週間ほど日持ちする。

[提供時]

1　盛りつけて、削りガツオを添える。

前菜

日向夏とアスパラの金山時味噌和え

日向夏2／3個
グリーンアスパラガス（細いもの）3〜4本、浸し地（昆布、塩、日本酒）
味噌和え衣（金山時味噌大さじ1、味醂適量）

［仕込み］

1 グリーンアスパラガスは熱湯でゆでて冷水にとる。

2 昆布を水に浸けて、塩と煮きった日本酒を入れた浸し地（吸い地程度の塩分濃度）をつくり、1のアスパラガスを浸けておく。

［提供時］

1 日向夏は黄色い皮をむいて（白いワタは残したまま）、食べやすいように切って種を取り除く。

2 アスパラガスは2〜3cmの長さに切りそろえる。

3 金山時味噌を味醂で少しのばし、日向夏とアスパラガスを和えて盛りつける。

前菜

たことコリンキーの黒糖そら豆和え

タコの脚、コリンキー（薄切り）
和え衣（黒糖ソラマメ100g、日本酒45cc、塩2つまみ、味醂10cc）

［仕込み］

1 タコの脚は塩でもんで汚れを落としたのち、水洗いする。

2 熱湯を沸かし、1のタコの脚を入れてレアに火を入れて取り出す（押してみた弾力で判断する）。冷水にとって粗熱をとり、水分をふいて冷蔵庫で保管する。

3 コリンキーは4等分に切って、中の種を取り除いて冷蔵庫で保管する。

4 和え衣を仕込む。黒糖ソラマメをミキサーにかけて粉末状にする。ここに日本酒、塩、味醂を加えて混ぜておく。容器に移して冷蔵庫で保管する。

［提供時］

1 タコとコリンキーは薄切りにする。

2 タコに和え衣を適量加えて和える。和え衣がかたくなっていたら、日本酒適量を加えてのばす。コリンキーをさっくりと合わせて盛りつける。

前菜

プラムとクレソンの白和え

プラム（乱切り）1・5個
クレソン（2cm長さ）3本
白和え衣（木綿豆腐1丁、白練り胡麻大さじ2、淡口醤油5cc、塩適量、日本酒・味醂各少量）

［仕込み］

1 白和え衣を仕込む。木綿豆腐は水きりをする。ミキサーに豆腐、塩、白練り胡麻、淡口醤油、日本酒、味醂を入れて回す。

2 ビニール袋に入れて密封して冷蔵庫で保管する。

［提供時］

1 プラムとクレソンを切ってボウルに入れる。白和え衣の袋の端を切って、大さじ2〜3の白和え衣を絞り出して和える。

2 器に盛って提供する。

前菜

たたきモロヘイヤと山芋

モロヘイヤの葉(叩いたもの)50g、ナガイモ(細切り)150g
調味だし(だし7：淡口醤油1：味醂1：日本酒1)

[仕込み]

1　モロヘイヤは葉をちぎり、熱湯でゆでる。冷水にとって、包丁で細かく叩く。100gずつラップフィルムに小分けして冷凍しておく。

2　調味だしを用意する。材料をすべて合わせてサッと一煮立ちさせ、冷やして冷蔵庫で保管する。

[提供時]

1　ナガイモを短めの細切りにする。モロヘイヤを湯煎で解凍する。温めないように注意する。少し凍っているくらいでよい。

2　ナガイモを器に盛り、冷やした調味だしを注ぎ、上にモロヘイヤを流す。

前菜

冬瓜の桜海老あんかけ

トウガン、重曹、煮汁(だし10：日本酒1：淡口醤油1：白味噌1)
桜海老餡(だし540cc、乾燥サクラエビ50g、塩・淡口醤油・日本酒各適量、水溶き葛粉適量)

[仕込み]

1　トウガンを食べやすい大きさに切り分け、かたい表皮を薄くそぎ取って、重曹をすり込む。

2　鍋にたっぷりの水を注いで、1のトウガンを入れて柔らかく下ゆでする。火が通ったら取り出して、煮汁で30分間弱火で煮る。

3　トウガンを取り出して、煮汁と別々に冷ます。冷めたらトウガンを煮汁に戻して冷蔵庫で保管する。

4　桜海老餡を仕込む。だしにサクラエビを入れて火にかけ、塩、淡口醤油、日本酒を入れて沸かし、水で溶いた葛粉でとろみをつける。容器に移して冷蔵庫で保管する。

[提供時]

1　トウガンを煮汁から取り出し、桜海老餡をかける。

前菜

よだれ鶏

鶏モモ肉、鶏だし(水適量、ショウガ薄切り2〜3枚、長ネギの青い部分適量、塩・日本酒各少量)
タレ(濃口醤油30cc、味醂20cc、中華黒酢30cc、自家製ラー油*60cc、すり胡麻適量、中華粉サンショウ2つまみ)
香菜(みじん切り)、長ネギ(みじん切り)
*自家製ラー油→260頁・うるいとジャコのラー油和え

[仕込み]

1　鶏だしの材料(水の量は鶏モモ肉が泳ぐくらいたっぷり)を鍋に入れて沸かす。沸いたら鶏モモ肉を入れて弱火で30分間加熱する。

2　鶏モモ肉を取り出し、氷水に落として冷ます。モモ肉を手でちぎって容器に入れる。1の鶏だしに濃口醤油(分量外)を加えて、容器に注ぎ、冷蔵庫で保管。残った鶏だしも冷まして冷蔵庫で保管し、ほかの料理に使う。

[提供時]

1　ボウルに1人分のゆでた鶏モモ肉140gを

取り分け、合わせたタレ適量で和えて味を調える。

2　香菜、長ネギを混ぜて盛りつける。

揚物

蛤と春キャベツのコロッケ

ハマグリ（殻つき）1kg、日本酒600cc
キャベツ1／2個
ハマグリの蒸し汁＋牛乳合計500g、塩、黒コショウ
無塩バター150g、薄力粉150g
薄力粉、卵、生パン粉
揚げ油

［仕込み］

1　ハマグリは鍋に入れてたっぷりの日本酒を入れて蓋をして蒸し煮にする。弱火で20分間ほどが目安。旨みをしっかり抽出する。身を取り出して5mm角に切っておく。蒸し汁はとっておく。

2　キャベツは1／4のくし形に切って蒸し器で蒸したのち、1cm角に切りそろえておく。

3　ハマグリの蒸し汁と牛乳を合わせて火にかけ、沸騰寸前で塩、黒コショウを加える。

4　別鍋で無塩バターを鍋に入れて火にかけ、溶けたらハマグリの身とキャベツを入れて炒め、薄力粉を加えてからませて、粉気がとぶまで十分炒める。ここに温かい3を加えて、ホワイトソースの要領で木ベラで練り上げる。密封容器に移して、冷蔵庫に保管する。

［提供時］

1　ハマグリの殻にコロッケの種をこんもりと詰めて、薄力粉をまぶし、溶き卵にくぐらせて、生パン粉をつける。

2　170℃の揚げ油で揚げる。中まで温まって衣がサクッと揚がったら、油をきって盛りつける。

揚物

ぬか漬けの天ぷら

ぬか漬け（ぬか床、キュウリ、ニンジン、カブ）
天ぷら衣（薄力粉、水、卵）
揚げ油

［仕込み］

1　ぬか床にキュウリ、ニンジン、カブを漬ける。

2　天ぷら衣の卵をよく溶きほぐして密封容器に入れて冷蔵庫で保管する。溶き卵はまとめて仕込んで、ほかの揚げものなどにも使う。

［提供時］

1　ぬか床からキュウリ、ニンジン、カブを取り出し、ぬかを洗い流して水気をふく。おのおの薄切りにする。

2　天ぷら衣をつくる。仕込んでおいた溶き卵に同量の水を加え卵水をつくり、薄力粉をさっくりと合わせる。

3　1に薄力粉をまぶし、2の天ぷら衣にくぐらせて、170～180℃の揚げ油で揚げる。衣に火が通ったら取り出して、油をきる。

4　いろどりよく盛り合わせる。

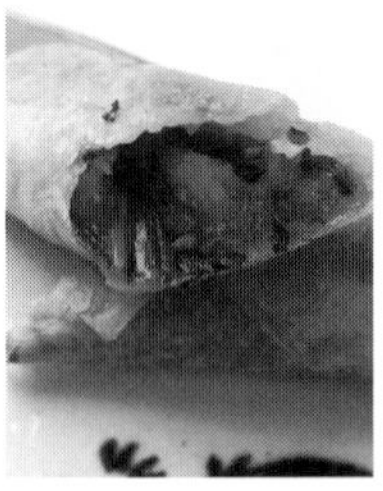

揚物

イカとニラの春巻き

スミイカゲソ（5mm角）600g
ニラ（4cm長さ）6束、胡麻油
玉ネギ（薄切り）1個、ショウガ（みじん切り）50g、サラダ油、鶏だし（→263頁・よだれ鶏）1リットル、塩、水溶き片栗粉
春巻きの皮、揚げ油
練り芥子

［仕込み］

1　ニラは胡麻油で炒める。

2　フライパンにサラダ油をひき、ショウガを弱火で炒める。香りが出たら、玉ネギを入れて炒める。玉ネギがしんなりしたらスミイカのゲソを入れてニラを戻し、鶏だしを注ぐ。塩で味を調え、水溶き片栗粉で濃いめにとろみをつける。

3　2が冷えたら、春巻きの皮で巻いて水溶き片栗粉で端をとめる。バットに並べて冷凍する。かたく凍ったら、ビニール袋などに移して冷凍保存する。

［提供時］

1　春巻きを取り出し、凍ったまま130℃程度の低温の油で6分間ほど揚げる。最後は温度を上げて油ぎれをよくする。

2　器に盛り、練り芥子を添える。

揚物

とうもろこしとゴーヤのかき揚げ

◎かき揚げ

トウモロコシ、ゴーヤ（1cm角）

薄力粉、天ぷら衣（薄力粉、溶き卵、水）、揚げ油

◎天つゆムース

だし360cc、日本酒45cc、味醂45cc、淡口醤油45cc、粉ゼラチン10g

［仕込み］

◎かき揚げ

1　トウモロコシの皮をむき、粒をばらす。ゴーヤは縦半分に切って種を抜き、1cm角に切る。ともに冷蔵庫で保管する。

2　天ぷら衣の卵を溶いて冷蔵庫で保管する。

◎天つゆムース

1　粉ゼラチン以外の材料を合わせて沸かす。火を止めてから粉ゼラチンを加えて溶かす。

2　1をボウルに移し、周りに氷水をあてて泡立て器で攪拌しながら冷やすと泡立ちながら固まってくる。これを密封容器に移して冷やし固める。

［提供時］

1　トウモロコシとゴーヤをボウルに5対1くらいの割で合わせ、薄力粉を少量加えてまぶす。

2　仕込んでおいた溶き卵に水を加え、薄力粉を加えてザッと混ぜ、かための衣をつくる。1に加えてからめる。

3　150℃の揚げ油にスプーンなどで丸くすくって入れ、カリッと揚げる。

4　器に盛り、切り出した天つゆムースと塩（分量外）を別に添える。

揚物

カツオの竜田揚げ

カツオ、浸け地（日本酒1：濃口醤油1：味醂1）

片栗粉、揚げ油

レモン、一味唐辛子

［仕込み］

1　カツオは節におろし、皮を引く。1cmほどの厚さに切り、浸け地に浸ける。

［提供時］

1　5分間以上浸けたのち（1週間浸けたままでも十分おいしく食べられる）、取り出して水気をふいて片栗粉をまぶす。

2　180℃に熱した揚げ油で揚げる。中までしっかり火を通す。

3　油をきって盛りつけ、レモンと一味唐辛子を添える。

揚物

へしこのクリームコロッケ

サバのへしこ1枚(半身)、オリーブ油
煮汁(牛乳500cc、だし500cc、塩少量)
無塩バター150g、薄力粉150g
衣(薄力粉、溶き卵、生パン粉)、揚げ油

［仕込み］

1　へしこは水洗いして骨を抜き、5㎜角に切る。オリーブ油をひいた鍋で炒め、火が通ったら牛乳、だしを入れて、沸騰させないような火加減で10分間ほど煮る。足りなければ塩で味を補う。

2　別の鍋で無塩バターを溶かし、薄力粉を入れて炒める。サラサラしてきたら、1を入れて、へしこ入りのベシャメルソースをつくる。

3　コロッケがまとまる程度まで濃度がついたら、粗熱をとり、1日分の分量に分けて冷凍して保管する。冷凍せずに使ってもよい。

［提供時］

1　種を解凍し、俵型に成形する。薄力粉をまぶして溶き卵にくぐらせ、生パン粉をつける。

2　150～160℃の揚げ油でキツネ色にこうばしく揚げる。油をきって盛りつける。

強肴

豚バラのコンフィ　炙り焼き

◎コンフィ
豚バラ肉(2㎝の厚切り)100g、塩
オリーブ油1：サラダ油1、黒コショウ

◎サラダ
クレソン、ルッコラ、クルミ
ヴィネグレット(白ワイン酢50cc、オリーブ油100cc、サラダ油50cc、塩大さじ1)、塩、コショウ
フレンチマスタード

［仕込み］

◎コンフィ

1　豚バラ肉に塩を多めにふって1晩冷蔵庫におく。

2　翌日オリーブ油とサラダ油を半々ずつ鍋に入れて、前回残った油を足して火にかける。肉が泳ぐくらいたっぷりの量が必要。80℃になったら、豚バラ肉の塩を洗い落として水気をきり、油に入れて、80℃を保って2時間加熱する。

3　油ごと密封容器に移し、粗熱がとれたら冷蔵庫で保管する。

◎サラダ

1　野菜類を洗って掃除する。

2　ヴィネグレットの材料を合わせてよく攪拌して容器に入れ、冷蔵庫で保管する。

［提供時］

◎コンフィ

1　豚バラ肉を油の中から取り出し、サラマンダー(上火)で両面をこうばしく焼く。

2　食べやすく切り分けて盛りつけ、黒コショウを挽く。フレンチマスタードを添える。

◎サラダ

1　クレソン、ルッコラを食べやすく切り、クルミを加え、塩、コショウ、ヴィネグレットで和える。コンフィに添える。

強肴

トマト玉子炒め

卵液(卵3個、だし90cc、塩・淡口醬油・味醂各少量)、
トマト(1㎝角切り)中1個、塩、サラダ油

［提供時］

1　卵液をつくる。卵を溶きほぐし、冷たいだし

を入れて、塩、淡口醤油、味醂を加えて混ぜる。油を多く使うので、味つけは薄くしないこと。

2　中華鍋に多めにサラダ油を入れて熱し、1の卵液を入れて強火でサッと炒める。フワフワと半熟程度まで火が入ったらボウルに取り出す。

3　同じ中華鍋にサラダ油を少量入れて、皮つきのトマトを弱火でじっくり炒める。軽く火が通ったら塩をふり、2の卵を戻してあおって合わせる。火の入れすぎに注意。器に盛って提供する。

強肴

トマト肉豆腐

牛コマ切れ肉80g、トマト中1個、木綿豆腐1／3丁、玉ネギ（薄切り）1／2個

だし180cc、返し（水50cc、ザラメ糖100g、濃口醤油500cc、味醂100cc）45cc

ワケギ（青い部分）

［仕込み］

1　返しを仕込む。ザラメ糖に水を合わせて火にかけて煮溶かす。溶けたら濃口醤油、味醂を入れてアルコール分を煮きる。冷めたら密封容器に移して常温で保管する。2〜3ヵ月は保存できる。

［提供時］

1　鍋に玉ネギ、8等分に切った木綿豆腐、ざく切りにしたトマトを入れて、だしを注いで火にかける。

2　トマトに火が入って酸味が出たら、返しを加え、牛コマ切れ肉を入れる。最後に味を確認し、足りなかったら濃口醤油と味醂で調整する。

3　器に盛り、小口切りのワケギをたっぷり盛る。

強肴

ほたるいかのなめろう

ホタルイカ（ボイル）10杯

長ネギ（みじん切り）、大葉（みじん切り）

柚子コショウ、田舎味噌

［仕込み］

1　ホタルイカの目、口、軟骨を取り除いて塩水で洗い、冷蔵庫で保管する。

［提供時］

1　ホタルイカ、長ネギ、大葉、柚子コショウ、田舎味噌をまな板の上で合わせて、包丁で叩く。

2　ホタルイカのワタが均等に混ざったらでき上がり。器に盛りつけて提供。

強肴

稚鮎のパテ

稚アユ30尾、オリーブ油、塩

無塩バター100g

バゲット

［仕込み］

1　稚アユを水洗いして水気をふく。

2　鍋にオリーブ油をたっぷり注ぎ、塩少量を加えて火にかけて温める。70℃になったら、この温度をキープして1のアユを2時間煮る。

3　フライパンにバターを入れて溶かし、2のアユを取り出してボロボロになるまで炒める。

4　3をミキサーにかけて容器に流し、冷やし固める。冷蔵庫で保管する。

［提供時］

1　パテを切り出し、バゲットを添える。

食事
すだち素麺

素麺1・5束
調味だし（だし7：淡口醤油1：味醂1：日本酒1）
スダチ（薄い輪切り）1・5個

［仕込み］
1 調味だしを仕込む。材料を合わせて一煮立ちさせて冷まし、容器に移して冷蔵庫で保管する。

［提供時］
1 素麺を熱湯でゆでて、冷水で洗ってヌメリをおとして締める。
2 素麺を器に盛り、冷たい調味だしを注ぐ。液面が隠れるくらいたっぷりのスダチを乗せる。

食事
スープカレー

◎スープカレー
玉ネギ（みじん切り）2・5個、ニンジン（みじん切り）2本、ジャガイモ（みじん切り）中1個、トマトケチャップ大さじ1、トマト缶（ダイスカット）400g、オリーブ油
鶏だし（→263頁・よだれ鶏）2リットル、粉末スパイス（ターメリック・クミン・カルダモン・コリアンダー各10g、黒コショウ5g、カイエンヌペッパー2g）、塩
◎具材・ご飯
ナス、カブ、ブロッコリー、揚げ油、塩
ご飯

［仕込み］
◎スープカレー
1 玉ネギとニンジンをたっぷりのオリーブ油で炒める。しんなりしてきたら、ジャガイモを入れて強火で5分間ほど炒める。
2 ここにトマトケチャップ、トマト缶を入れて、水気がなくなるまで煮詰める。
3 鶏だしを入れ、沸いたら弱火にして2時間煮込んだのち、粉末スパイスを加えて5分間ほど煮る。塩で味を調えて、火を止めて漉す。しっかりと押して旨みを漉し取る。スープカレーを保存容器に入れて冷蔵庫で保管する。

［提供時］
1 具材のナスは縦半分に切り、斜めに細かく包丁目を入れる。カブはくし形切りに、ブロッコリーは小房に分ける。
2 180℃の揚げ油で1の野菜を素揚げして、取り出したら塩をふる。
3 スープを取り分けて（1人前200cc）温め、2の野菜を入れて、ご飯とともに提供する。

甘味
金柑大福

餅（白玉粉大さじ3強、水適量）
キンカン1個、小豆粒あん
きな粉

［提供時］
1 キンカンを半分に切って種を取り除き、みじん切りにする。
2 餅をつくる。白玉粉に水を加えて耳たぶくらいのかたさに練る。ラップフィルムの上に白玉をのばし、上に小豆粒あんを広げてキンカンをのせ、ラップフィルムで茶巾に絞る。
3 ラップフィルムをはずして、熱湯で6分間ゆでて取り出し、水気をきる。
4 器に大福を盛ってきな粉をかける。

店主の経験が店の「幅と奥行き」を広げる

店を持つに至るプロセスは人によってさまざまである。若い頃から飲食店に勤め、下積みからはじめて修業の王道を歩んで独立する人もいれば、修業の経験はほとんどなく料理は独学という人もいる。また、飲食店とは畑違いの分野で働いていた人が一念発起して独立開業するケースもある。飲食店にさまざまなスタイルがあるのと同じで、店主の経歴も多種多様だ。

だから、独立するためにはこういう経験を積むべき、と決めつけることはできない。ただ一つ言えることは、さまざまな経験を通じて身につけたことをうまく生かせば、店の魅力は確実に高まるということだ。

あたりまえのことだが、店を経営していくために必要なのは調理技術だけではない。人を雇用する場合は労務管理やマネジメントのノウハウが必要になってくるし、計数管理など経営全般にかかわる知識も欠かせない。もちろん、おいしい料理をつくることは必要条件であるが、それで十分というわけではないのである。

だからこそ、独立に至るまでにさまざまな経験を積んでおくことがのちに効いてくるのだ。飲食店に勤めること一つとっても、業態や店舗規模、営業形態の異なる複数の店を経験していれば、身につけられることも多くなる。小規模店での経験は小人数での運営技術を学ぶことになるし、規模が大きく多くの人を雇用する店では人のマネジメントについて学べる、といった具合だ。

調理に関しても、仕込みや調理をすべて一人でこなす場合と複数人数で分業する場合とでは、その段取りのしかた一つとっても変わってくる。そして、これは実地に体験していなければ決して身につけられないことである。

さらにいえば、料理を学ぶことについても、いろいろな経験をしておくことは独立してからも必ず役に立つ。それは、本書で紹介した割烹のような業態ではとくにいえることだ。

オーソドックスな日本料理店にはない割烹のよさは「なんでもある」という柔軟さである。それは店主に柔軟な考え方があってこそであり、多彩な体験がその思考を育むことにつながる。

本書で紹介している「星火」の店主、眞形賢吾氏はその好例だろう。大のラーメン好きだったことと、カウンターサービスを学ぶことを目的に2年間ラーメン店で修業を積み、独立後もその経験を生かしてラーメンを人気メニューの一つに育てている。店の設計の段階でスープ用のレンジの位置を決めておくなど、当初からラーメンを商品の柱として位置づけていた。「ちょっとスペシャルで、食べたいものがそろっている」という店のコンセプトを象徴するメニューにもなっている。

店主の多彩な経験は、経営する店の「幅と奥行き」を広げることにつながるのである。お客さまの嗜好が多様化し、求めるもののレベルも高くなっている昨今だからこそ、さまざまな経験を積んでおくことが重要なのだ。

「根津 たけもと」

店名／根津 たけもと
店主／竹本勝慶
住所／東京都文京区根津2-14-10 B1階
電話／03-6753-1943
営業時間（L.O.）／平日17：00～22：30（L.O.22：00）
土16：00～22：30（L.O.22：00）
定休日／日、月

開店年／2015年12月
店舗規模（坪）／16坪
客席数／18席（カウンター8席、テーブル10席）
従業員数／厨房1名、サービス1名、店内清掃1名
料理価格／580～1850円
酒／日本酒（冷酒16種、燗・常温4種）、ワイン
＊季節により多少の増減あり。
客単価／8000円
食材原価率／42～44％
ドリンク比率／35％
酒の価格の決め方／原価の2・7倍（高い酒は少し安めに）

なじみのある「谷根千」に出店

谷中、根津、千駄木界隈は地名の頭文字をとって「谷根千」と呼ばれている、風情ある古い街並が残る東京の下町として人気があるエリアだ。このあたりにも、日本酒の品揃えを売りものにする店が少しずつ増えてきた。

この「谷根千」の一角に2015年12月「根津 たけもと」がオープンした。人通りはターミナル駅などの繁華街には

テーブル席。背後の壁はスペースをとって下から照明をあてて奥行き感を出している。

及びもつかないが、雑多な客層が混在していないところが、このエリアのいいところだと店主の竹本勝慶氏。

「お酒を飲みに根津に行こう、と思っていただけるような街になってくれたらいいですね」

かつて働いていた「こなから」（現在閉店）があった東京・大塚は、銘酒居酒屋が集まる街として有名だが、根津もそんなエリアになってくれたらという。

東京・国立のエコール辻東京を卒業し、帝国ホテルの「東京吉兆」に入社。そののち、エコール辻東京の先生の紹介で、大塚の「こなから」に移る。吉兆の修業では経験できなかった、お客さまの顔を直接見ることのできる仕事だった。「こなから」の主人がエコール辻東京の卒業生で、そのつてで竹本氏に声がかかったのだ。

その後19年間、カウンターに立ち、料理をつくり続けた。後半の8年間は1人で店を任されたおかげで、1人で店をやっていける客数、メニュー数などの限界がわかったことが収穫だった。

辞める1年前にオーナーにその旨を伝え、いよいよ独立に向かって準備を開始。

竹本氏はなじみのあるエリアである根津で物件を探した。1階か地下1階で、厨房も客席も広くとれる16坪程度のスケルトンが条件だった。

しかし根津という下町エリアではなかなかこの条件に合う物件は見つからず、やむを得ず1年半借り手がつかなかった元フレンチレストランをまずスケルトンにし、一から店づくりを行なった。

家賃は坪2万円。「家賃は高めでもいいので、これ以降値上げをしないという条件で借りました」という。

高級感を出しすぎず、カジュアルすぎない

階段を降り、重たい木の扉を押して一歩中に入ると、そこは異空間。店内は暗めだがカウンターとテーブルは明るく照らされている。温かみのある木と石の素材で店内を統一。冷たい印象のステンレスが極力見えないように設計してもらった。「高級感を出しすぎず、しかしカジュアルすぎない」というのが店づくりのコンセプトだ。長年働いて培ってきた「勘」と、考えつくした絶妙なバランス感覚が随所に生かされている。

厨房の壁面は「たけもと」の竹をイメージし、竹本氏が好きな織部のような深い青とベージュの2種類のタイルを不規則に並べて印象的な図柄にした。フランスのボーヌで見かけた修道院のパッチワークのような屋根瓦からヒントを得たという。

テーブル席の壁には、細木を組んで仕切られた床の間風のスペースをとっている。下からの間接照明によって奥行きが出て、壁の圧迫感は感じられない。

カウンター脇のドリンク用の背の低い冷蔵庫の天板にはざっくりと割ったような分厚い御影石が使われている。冷蔵庫の周りのステンレスには黒のフィルムを貼った。

この石の上ではディッシュアップ（調理と盛りつけが終わった料理をサービス担当に渡す）を行なう。ここをあえて石にしたのは、「そっと置いてそっと持ち運ぶ」というていねいな仕事を忘れないようにしようという意味が込められている。ちなみに化粧室の洗面所にも同じような御影石を配して統一感を出した。

上段はスパークリングワインと白ワイン、下段は日本酒用。冷蔵庫のステンレスには黒のフィルムを貼って、天板はざっくりと割った御影石。

店内全景。全体の照明を落として間接照明で壁を照らし出す。テーブルとカウンターの上は料理が映えるようにライトをあてている。

最近カウンターはフラットなタイプが人気だが、お客さまに緊張感を与えないように、低めのつけ台をつけて、カウンター内の仕事を「見えるけど見えすぎない」ようにしたという。こういったところに「高級すぎず」という意図が見受けられる。つけ台のみがかれた銅板にカウンターの上の料理が映り、華やかな雰囲気を与えてくれる。

「ここでずっとやっていくつもりですから、店舗にはお金をかけました。その結果、ほぼ思い通りの店をつくることができました」

地下1階の制約

もともと竹本氏は自分とサービススタッフの2名体制でやっていくつもりだったので、どこからでも客席の様子がよく見えるように、影になるスペースをつくらないように設計した。

「このあたりは大学病院なども多いため、わりに接待需要もあるのですが、個室をつくると人手が足りなくなるので避けました」

調理は自分1人なので、うしろに人が通れなくてもいいという前提で設計した。うしろ側は加熱調理、前側はコールドテーブルである。

厨房で唯一思うようにいかなかったのが、うしろ側のガスコンロと焼き台の位置だ。

本来ならば一番右に配置したパンシンク（フライパン、鍋用のシンク）に、使用後の鍋やフライパンなどを下げやすくするために、焼き台とガスコンロの位置は逆であるべきだった。つまり向かって左側に焼き台、右側にガスコンロ5口と揚げ鍋用ガスコンロを配置したかったのだが、床下

に汚水層があるため、点検のために1年に1度蓋を開けなければならず、この位置にガスコンロを設置することができなかった。これは地下1階の物件であるがゆえの制約である。

ロスを減らすカウンタートーク

店で使う魚介は自ら毎日早朝に築地に出かけて仕入れている。「最初にトロ箱を開けて、まだだれも触っていない魚を選びたいので、4時半には家を出ます」と竹本氏。バイクで築地まで通っている。

1品あたり6～8人前を想定して仕入れるが、1日しかもたない魚は3人前にし、売りきれたら別の魚をすすめる。

「必ず注文していただける話し方ってあるんですね。これができるのがカウンターのよいところ。魚介のロスも少なくなりますし、売りたい酒も出ます」

身近な魚であればスーパーなどに並ぶ前の走りの時期に出し、名残の時期には「これが今年最後ですよ」とすすめる。

この先天候が荒れそうな日が続くときは、ねかせるとおいしくなる魚を仕入れたりもする。魚介類は別の料理に再利用はしないので、上手に魚を選び、上手にお客さまにすすめて、できる限りロスを減らす努力をしている。

たけもとのアレンジ

「たけもと」の料理の魅力は、他店で味わえな

店主の竹本勝慶氏。毎日早朝築地に通い、自ら納得のいく魚介類を仕入れている。

カウンター内の厨房。左からガスコンロ、揚げ鍋、焼き台、パンシンク。本来ならば、焼き台は一番左側に配置したかった。

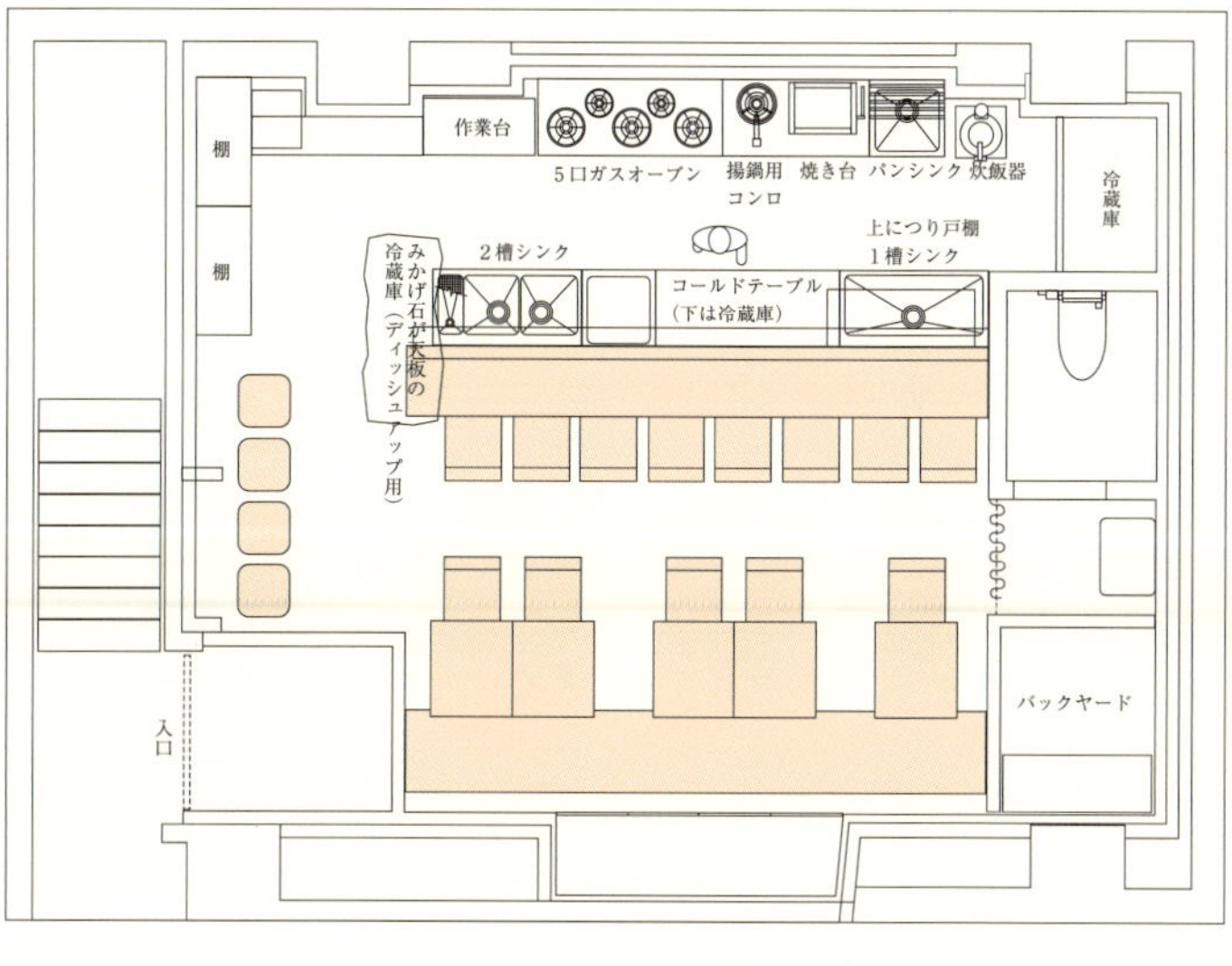

地下1階の店舗。重みのある入口の木の扉、厨房の壁に貼った深い色のタイル、冷たいイメージのあるステンレスを極力見せない工夫、冷蔵庫の天板と化粧室の洗面台に使用した御影石など「高級感を出しすぎず、カジュアルすぎない」というコンセプトのもとで、温かさのある店づくりを心がけた。カウンター内の仕事が見えそうで見えないの高さのつけ台を設置。細部まで考え尽くした設計と内装である。
火口は大小5口のガスコンロと、揚鍋用コンロの計6口と焼き台。この規模の店ならば充分な数を確保した。

い工夫がなされた味と仕立て。奇抜なアイデア料理は出さないが、ベースとなる料理の味つけや食感などを変えることが多いという。

　たとえば、もつ煮込みなら、ベースの仕込みは変わらないが、今日は中華風に花椒を効かせたら、あくる日はビーフシチューに近い味わいにアレンジするといった具合だ。さすがに毎日来店するお客さまはいないが、週に2度ほど来てくれる常連客はいるので、味を少し変えると、もう一度同じものを注文してくれるという。

　洋食や中華など異業種のレストランに食事にいくことも刺激になるという。和食では思いもつかないような火の入れ方などを勉強できるからだ。

「たとえばタコ。和食では生で食べるか、柔らかく加熱することが多いですが、イタリアンでは、サッと2分間強火で蒸すといった火入れをすることもあるようです」

　また市場で仲買に「まとめて持っていって」と頼まれることがある。こんなときはどうやって使いきろうかと考えるので、普段では出さないような新しい料理が生まれたりするという。

　竹本氏は言う。「頭で考える訓練をすることは、料理をつくる上でとても大切ではないでしょうか」

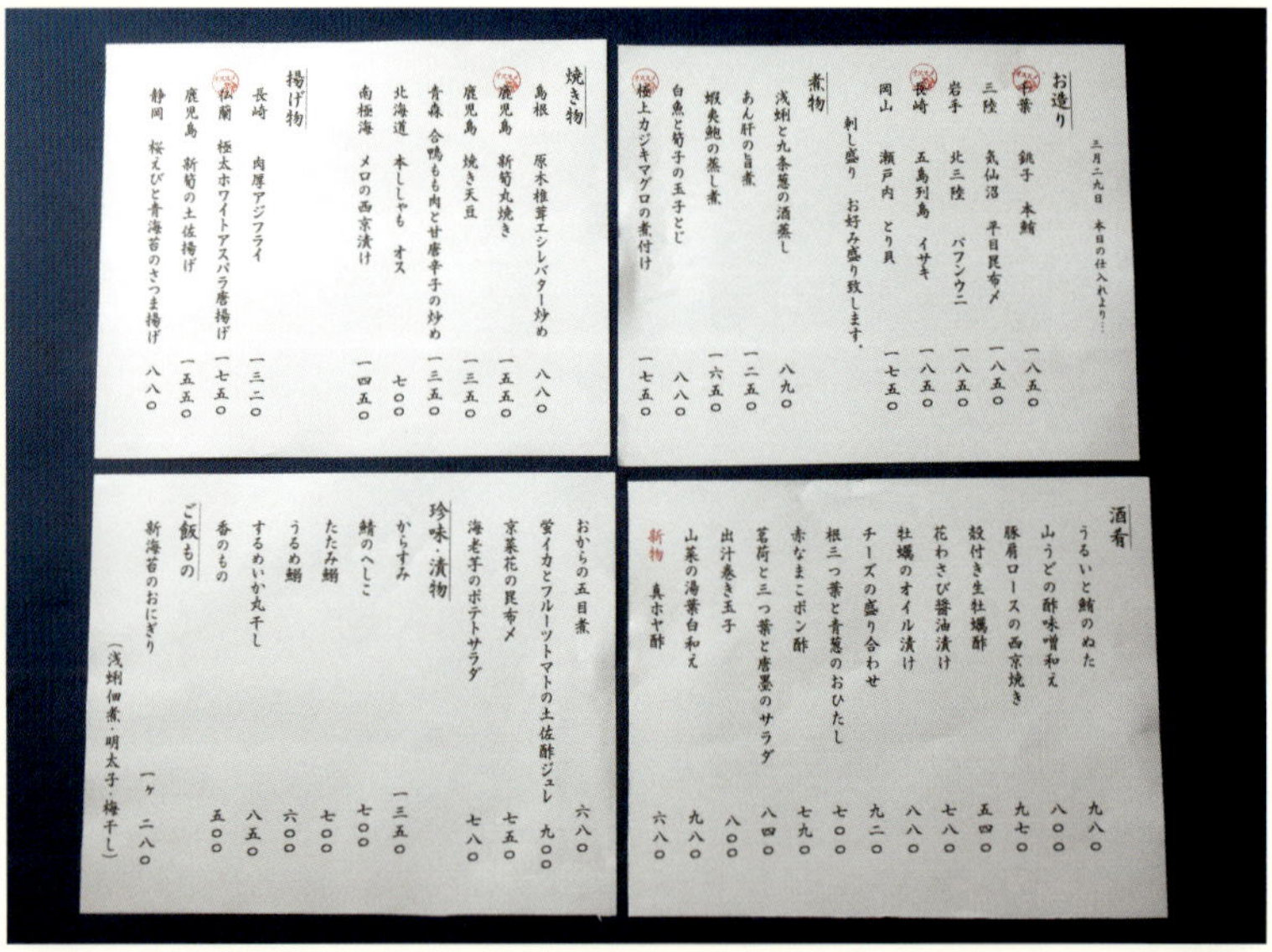

写真上段左：料理のメニューとワインは冊子。日本酒は横長のクリアファイルに納めて、まず席について目につくように立てて置いている。
写真上段右：料理は種類別に分けて並べている。
写真下段：ドリンクは日本酒とワインが中心。日本酒の銘柄の上には蔵元の所在県名を表示している。冷酒は８勺がベース。ワインは別途収載している。

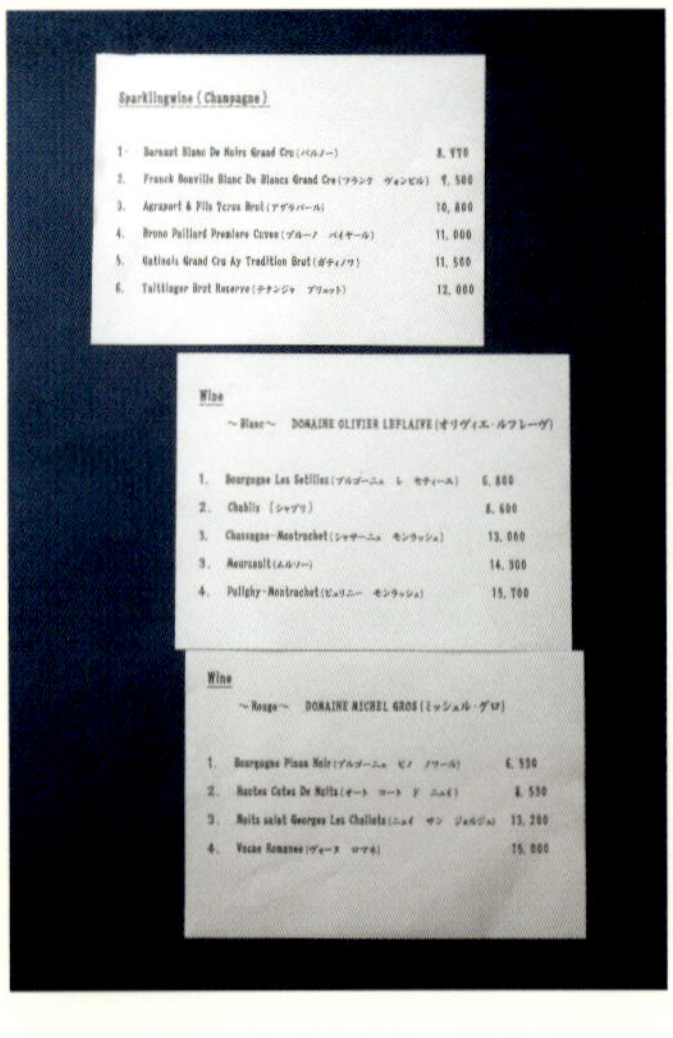

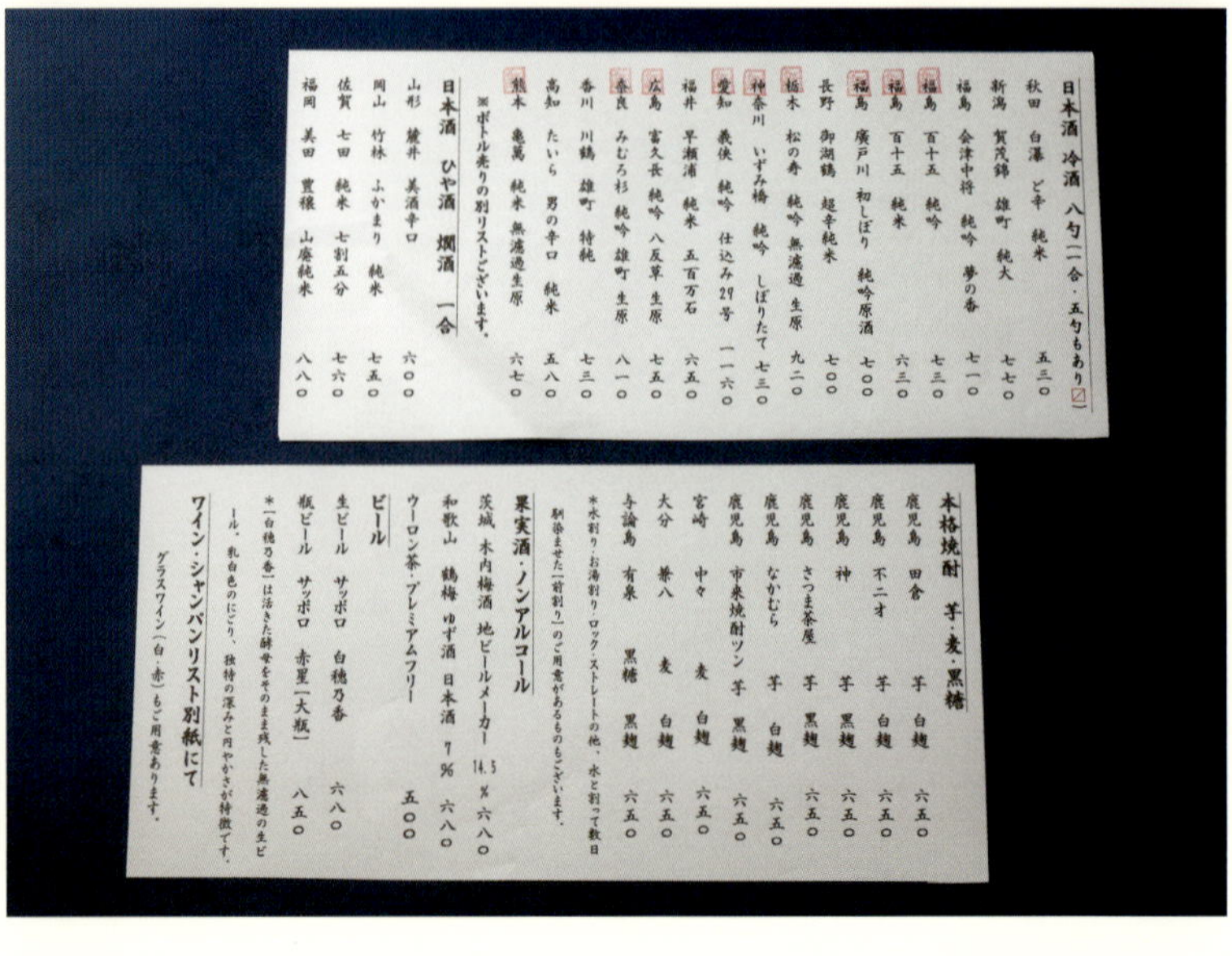

根津 たけもと 料理

酒肴

根三つ葉と九条葱のおひたし

マグロ節と昆布でとったおだやかな香りのだしで、野菜の香りを生かしたお浸し。根三ツ葉のシャキシャキした食感がさわやか。

料理解説285頁

酒肴

山菜の湯葉白和え

さまざまな個性的な味と香りのある山菜を、まろやかな湯葉で和えて、一つにまとめた白和え。

料理解説285頁

酒肴

鮪とうるいのぬた

本マグロは、赤身を多くして、トロの脂っぽさをやわらげる。芥子酢味噌にはマヨネーズを加えて油分をおぎない、まろやかな仕上がりに。

料理解説286頁

酒肴

蛍烏賊とフルーツトマトの土佐酢ジュレ

しっかりした果肉と凝縮した甘みのある長崎産のフルーツトマトに、濃厚な味のホタルイカとウニを合わせて、ジュレ仕立ての土佐酢でさわやかにまとめた。

料理解説286頁

酒肴

枝豆のすり流し

素材の味がそのままおいしさにつながるシンプルな料理なので、枝豆は香りのよいものを、そして牛乳は乳脂肪分が高めの濃厚な味わいのものを選びたい。

料理解説286頁

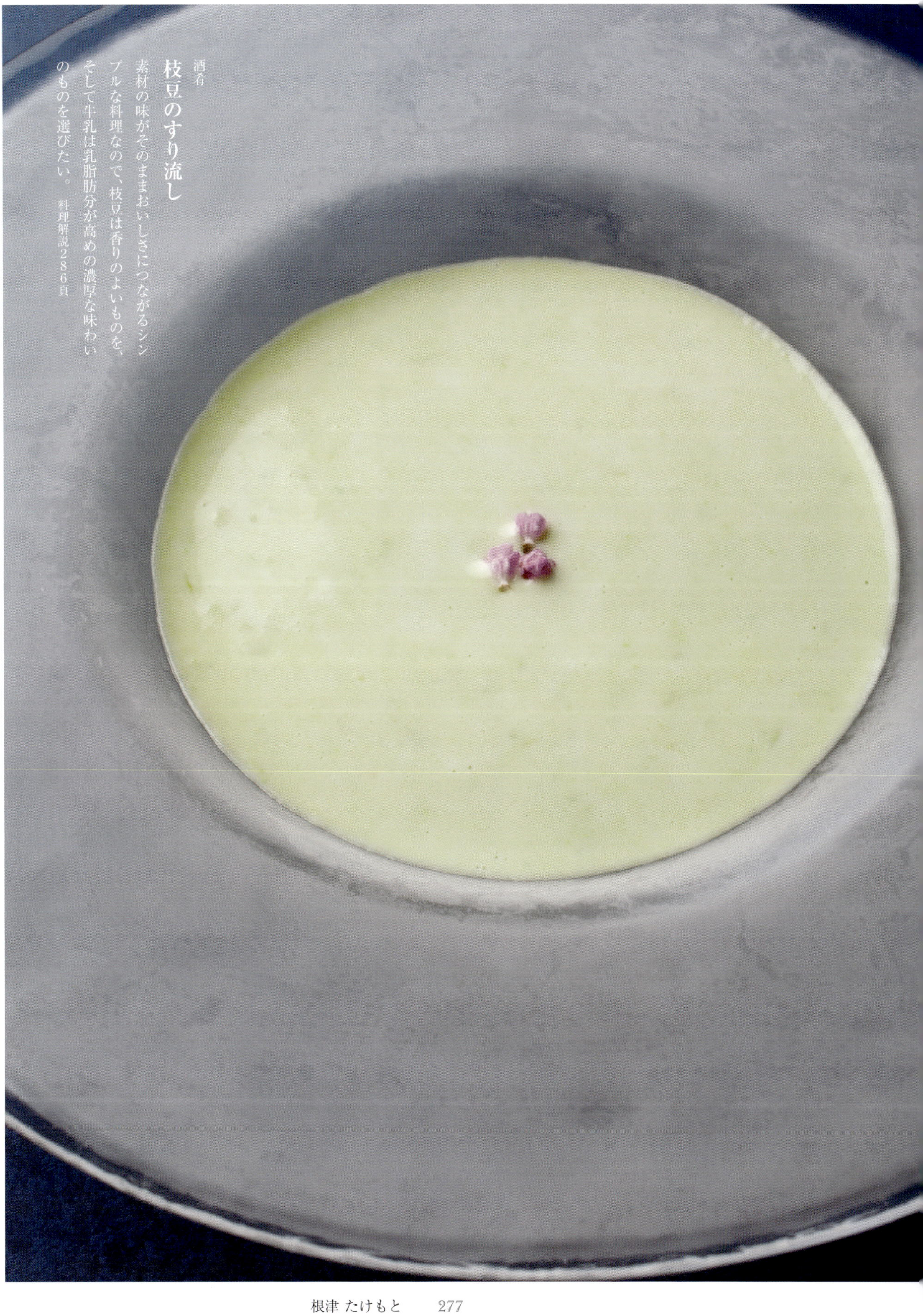

酒肴

汲み上げ湯葉の香味ジュレ

アクセントになる薬味などは、添えて盛ることがほとんどだが、このようにジュレに混ぜれば、一緒にバランスよく味わっていただくことができる。 料理解説287頁

酒肴

バフンウニの泡醤油

ウニは柔らかくくずれやすいので、食べやすいように、醤油をつけるのではなく、泡状に仕立て、ウニの下に敷いてみた。 料理解説287頁

焼き物

岩牡蠣の田楽焼き

仕込み作業なしの一品。カキは殻つきで冷蔵しておいて、提供直前に殻をはずしたほうが、鮮度が保てるし、ロスにならない。大きなカキなので、切り分けておくと食べやすい。 料理解説287頁

焼き物

鮎の焼き浸し

アユは遠火でじっくりと水分をとばしながら焼いて、じんわりと浸し地がしみ込んだところを食べていただく。 料理解説288頁

焼き物

鴨モモ肉のガリネギ焼き

和食では胸肉を使うことが多い鴨だが、モモ肉は肉汁をたっぷり含み歯応えもよく、焼物に向く部位である。しかも胸肉よりも価格が安く使いやすい。

料理解説288頁

揚げ物
筍の土佐揚げ
アク抜きしたタケノコはサッと醤油をくぐらせて揚げ、揚げてから糸がきマグロ節をまぶした。下味を煮含めず、タケノコ本来の味を生かした土佐揚げ。

料理解説288頁

揚げ物
桜海老と青海苔の薩摩揚げ
揚げたての丸く膨らんださつま揚げは、30秒ほどでしぼんでくるので、すぐに提供して、しぼむ前にまずあつあつの香りと形を楽しんでいただく。少し冷めてくると本来の味が味わえる。

料理解説289頁

揚げ物

鱧と夏野菜のフリットカレーの香り

夏の食材をフリッター衣をつけてさっくりと揚げた。とろけるように柔らかく火が入った賀茂ナス、しっかりめに揚げたハモに、夏らしくスパイシーなカレー風味の塩をふってすすめる。

料理解説289頁

煮物

飯蛸の桜煮

冬から春に産卵期を迎えるイイダコを艶やかに柔らかく煮たイイダコ。イイダコは長時間煮ると味が抜けてしまう。

料理解説290頁

煮物

蕨と帆立の卵とじ

お椀にたっぷり盛った煮物は、椀物がわりにもなるので、割下は飲めるくらいの味つけにする。2人客の場合は、食べやすいように2皿に分けて盛りつけて提供する。

料理解説２９０頁

煮物

おからの炊いたん

提供直前にカリカリの揚げ玉を混ぜて、食感のアクセントをつけたおから。ほんの一工夫で、定番のお惣菜が個性的な酒肴に。

料理解説２９０頁

ご飯もの

バフンウニの炊き込みご飯

ウニをたっぷりのせて炊いた土鍋ご飯。炊き上がりを客席で見せてから、さっくり混ぜて茶碗によそって提供する。

料理解説２９１頁

珍味

ボタン海老の大吟醸漬け ふり柚子

お酒のあてにぴったりの大吟醸に浸けた濃厚なボタンエビ。タレに浸けて水分を抜くと、ねっとりとした絶妙な食感と旨みが生まれる。浸けてから4～5日間はおいしく食べられる。

料理解説291頁

珍味

ばくらい

赤ホヤはマボヤと違って表面にイボ状の突起がないつるりとした赤い色をしている。マボヤは天然と養殖があるが、養殖ものは天然ものより味がマイルド。赤ホヤはより味がおだやか。

料理解説291頁

根津 たけもと　料理解説

＊「たけもと」の一番だしは、マグロ節、利尻昆布でとっただしに追いマグロ節をした濃いめのだし。「たけもと」ではすべての料理にこのだしを使用している。

酒肴

根三つ葉と九条葱のおひたし

根三ツ葉、九条ネギ
八方地（一番だし＊8：淡口醤油0・2：味醂1、水塩少量）
白胡麻

[仕込み]

1　八方地をつくる。一番だしに、淡口醤油、味醂、水塩を加えて一旦沸かしたのち、冷やしておく。
2　根三ツ葉と九条ネギをそれぞれ別に熱湯でゆでて、冷水にとって色止めする。
3　根三ツ葉と九条ネギの水分をよく絞り、八方地に浸ける。

[提供時]

1　根三ツ葉と九条ネギを2〜3cm長さに切りそろえる。器に盛り、八方地を少しかけ、白胡麻をふる。

酒肴

山菜の湯葉白和え

タラの芽、コシアブラ、コゴミ、フキノトウ、庄内ネギ（アサツキ）
八方地（一番だし8：淡口醤油0・2：味醂1、水塩少量）
白和え衣（汲み上げ湯葉500g、白胡麻＊50g、砂糖・水塩・淡口醤油各適量）
紅タデ

＊すり胡麻に練り胡麻大さじ1を加えた分量。練り胡麻は和え衣をかためてくれる。

[仕込み]

1　タラの芽、コシアブラ、コゴミ、フキノトウ、庄内ネギをそれぞれ別に下ゆでし、冷水にとって色止めをする。
2　八方地をつくる。一番だしに淡口醤油、味醂、水塩を加えて一煮立ちさせたのち、冷ます。
3　1の山菜類を冷たい2の八方地に浸ける。冷蔵庫で保管する。
4　白和え衣をつくる。汲み上げ湯葉はザルで水分（豆乳）をよくきっておく。白胡麻はすり鉢で油が出るまでよくすりつぶし、水分をよく抜いた汲み上げ湯葉を入れて、ともになめらかになるまでよくすり合わせる。砂糖、水塩、淡口醤油で衣の味を調える。冷蔵庫で保管する。

[提供時]

1　山菜の水分をしっかり絞り、2cm程度に切りそろえる。
2　冷やしておいた白和え衣で山菜を和えて盛りつける。紅タデをあしらう。

酒肴

鮪とうるいのぬた

本マグロ、ウルイ
芥子酢味噌（白玉味噌＊100g、酢15〜22・5cc、練り芥子小さじ1、マヨネーズ大さじ1）
紅タデ
＊白味噌100g、卵黄1個、砂糖15g、味醂15cc、日本酒100ccを合わせて火にかけて練る。

［仕込み］

1 白玉味噌に練り芥子、酢、マヨネーズを加えて芥子酢味噌をつくる。
2 ウルイは歯ざわりに留意しながら熱湯でサッと下ゆでをし、冷水に浸けて色止めをして冷蔵庫で保管しておく。

［提供時］

1 本マグロは赤身と赤身の2割ほどの中トロを使用。マグロを一口大に切って合わせる。2〜3cmに切りそろえたウルイを加えて、芥子酢味噌で和える。
2 器に重ねるように盛りつけて、提供する。

酒肴

蛍烏賊とフルーツトマトの土佐酢ジュレ

ホタルイカ（ボイル）、フルーツトマト（角切り）、ウニ（エゾバフンウニ）
土佐酢（一番だし350cc、日本酒100cc、煮きり味醂100cc、濃口醤油・淡口醤油各50cc、酢150cc、マグロ節50g）300cc、板ゼラチン7g
紫芽

［仕込み］

1 一番だしに日本酒、味醂、砂糖、濃口醤油、淡口醤油、塩、酢を加えて火にかけて温め、土佐酢をつくる。火からおろし、土佐酢300ccに水で戻した7gの板ゼラチンを溶かして密封容器に移し、冷やしてジュレをつくる。
2 ホタルイカは目、口、軟骨を取り除いて掃除し、冷蔵庫で保管する。

［提供時］

1 ホタルイカと角に切ったフルーツトマトを器に盛り、くずした土佐酢ジュレをかけ、ウニと紫芽をあしらう。

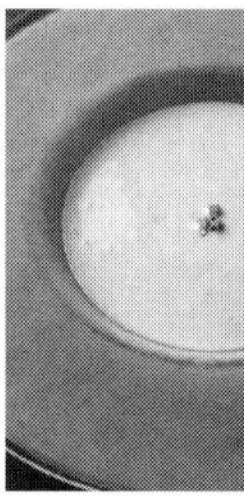

酒肴

枝豆のすり流し

エダマメ（サヤつき）1kg、塩
牛乳1リットル
水塩、黒コショウ、花穂紫蘇

［仕込み］

1 エダマメは熱湯でやや柔らかめにゆで、熱いうちにサヤをはずす。
2 1つまみの塩とともに薄皮ごとすり鉢ですりつぶし、冷蔵庫で十分冷やす。
3 冷えたら、牛乳を少しずつ加えながらすり鉢の中ですり合わせる。水塩で味を調えて冷蔵庫で保管する。
4 器を冷蔵庫でよく冷やしておく。

［提供時］

1 よく冷やした器によく混ぜたすり流しを注ぐ。黒コショウをふり、ほぐした花穂紫蘇を添えて提供。

酒肴

汲み上げ湯葉の香味ジュレ

汲み上げ湯葉
ジュレ（一番だし300cc、淡口醤油少量、味醂少量、水塩少量、板ゼラチン7g）
紫芽、赤芽、青芽、青柚子

[仕込み]

1 ジュレをつくる。一番だしに淡口醤油、味醂、水塩を加えて火にかけ、沸いたら火を止めて、水で戻した板ゼラチンを入れて溶かす。
2 密封容器に移して粗熱をとり、冷蔵庫で冷やし固める。冷蔵庫で保管する。
3 器を冷やしておく。

[提供時]

1 ジュレをざっくりとくずして、紫芽、赤芽、青芽を混ぜる。
2 冷やした器に汲み上げ湯葉を盛り、1のジュレをたっぷりとかけて、ふり柚子をする。

酒肴

バフンウニの泡醤油

ウニ（エゾバフンウニ）
泡醤油（濃口醤油100cc、一番だし200cc、板ゼラチン5g、卵白1個分）
青芽、赤芽、花穂紫蘇
ワサビ

[仕込み]

1 泡醤油をつくる。板ゼラチンを水に浸けて戻しておく。濃口醤油を一番だしで割って火にかけ、戻した板ゼラチンを溶かす。鍋ごと氷水にあてて冷やす。
2 卵白を泡立て器で泡立てて、かためのメレンゲにし、冷えた割醤油と合わせる。氷をかませた二重ボウルで外側を冷やしながら、泡をつぶさないようにビーターで攪拌しながら冷やし固める。密封容器に移して冷蔵庫で保管する。
3 器を冷蔵庫で冷やしておく。青芽、赤芽、花穂紫蘇を掃除して水気をきり、密封容器に入れて冷蔵庫で保管する。

[提供時]

1 冷えた器にムース状の泡醤油をスプーンですくって敷き、その上にバフンウニを盛って、青芽、赤芽、花穂紫蘇、ワサビを添えて提供する。

焼き物

岩牡蠣の田楽焼き

岩ガキ
白玉味噌（→286頁・鮪とうるいのぬた）、シュレッドチーズ
黒コショウ、芽ネギ

[提供時]

1 岩ガキは殻をはずして水気をふく。殻はきれいに洗う。
2 カキの身を一口大に切り分けて殻に戻す。上火のグリルでカキに6割ほど火を通してから、上に白玉味噌をぬって、表面が乾く程度まで軽く焼く。乾いていないと溶けたチーズが落ちてしまう。
3 白玉味噌の上にシュレッドチーズを盛って、こげめがつくまで焼く。
4 仕上げに黒コショウをふり、切りそろえた芽ネギを添える。

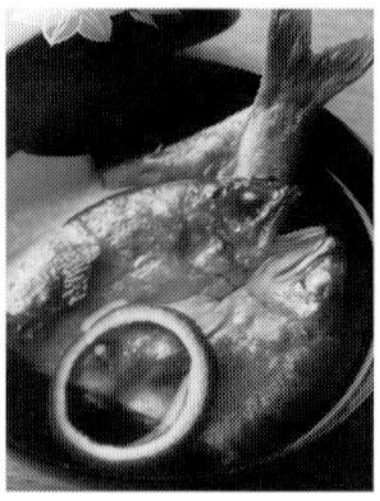

焼き物

鮎の焼き浸し

アユ、塩水（塩分濃度3％）
浸し地（一番だし、淡口醤油、味醂、水塩）
青柚子

［仕込み］

1　アユは背開きにして、3％濃度の塩水に1時間浸ける。取り出して半日から1日程度、風のあたるところに下げて表面を乾かす。

2　ラップフィルムに包んで冷蔵庫で1晩おいて味をなじませる。翌日使う。

［提供時］

1　表面を乾かすようにして遠火で両面を焼き、2等分に切ってお椀に盛りつける。

2　浸し地（アユからも塩分が出るので薄い吸い地加減に調える）を温め、1のお椀に注ぐ。果肉をくり抜いた青柚子を添える。

焼き物

鴨モモ肉のガリネギ焼き

鴨モモ肉、塩
新生姜甘酢漬け（新ショウガ、塩、甘酢＊）
長ネギ（白い部分）、黒コショウ

＊酢1：水1：砂糖0・3の割で合わせて一旦沸かして冷ましておく。

［仕込み］

1　鴨モモ肉は骨の上に包丁を入れて、関節を切って骨を2本はずして身を開く。鮮度保持シートで包んで冷蔵庫で保管する。

2　新生姜の甘酢漬けを仕込む。新ショウガは赤い部分をはずして包丁で薄くへぐ。熱湯にくぐらせて盆ザルに広げ、薄塩をあてて冷ます。甘さ控えめの甘酢に新ショウガを浸けて1晩仮漬けをする。翌日同じ配合の甘酢に浸けかえて3日間本漬けをする。

3　新生姜甘酢漬けをかたく絞っておく。長ネギは斜めに薄く切り、冷水にさらしてから水分をきって密封容器に入れる。それぞれ冷蔵庫で保管する。

［提供時］

1　鴨モモ肉は両面に塩をあてて、上火のグリルで皮目から焼き始め、3割程度火を通す。裏返して裏面からも3割程度火を通す。再び皮目に火をあてて、表面の水分をとばすようなイメージで焼き上げる。

2　取り出して余熱で火を入れる。芯温が70℃程度に下がっておちついたら、大きめの一口大に切って盛りつける。

3　鴨の上に長ネギと新生姜甘酢漬けを盛り、黒コショウをふる。

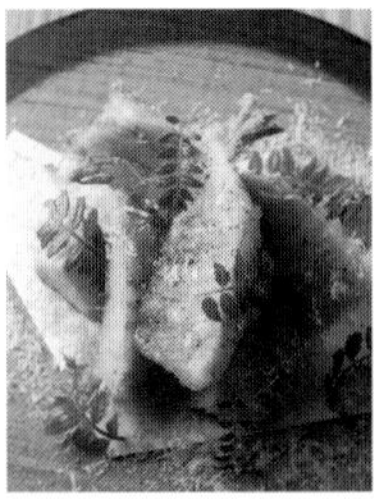

揚げ物

筍の土佐揚げ

タケノコ、米ヌカ
濃口醤油、片栗粉、揚げ油
塩、糸がきマグロ節
木ノ芽

［仕込み］

1　タケノコは穂先を切り落とし、米ヌカを1つかみ入れた水でゆでる。そのまま冷ましてアクを抜く。

［提供時］

1　タケノコは皮をむき、穂先はくし形に切り、根元は一口大に切って、濃口醤油を少量たらしていきわたらせる。

2　片栗粉をまぶし、１８０℃の油で揚げる。油をきり、塩をふる。糸がきカツオをまぶして盛りつけ、木ノ芽をあしらう。

揚げ物

桜海老と青海苔の薩摩揚げ

乾燥サクラエビ、乾燥青海苔（四万十産）、すり身（ハモ、グチ）、塩、淡口醤油、卵

揚げ油、糸がきマグロ節

［仕込み］

1　ハモとグチのすり身（すり身の魚種はその時々で変えている）をすり鉢に入れて、塩を加えてすり混ぜて粘りを十分出す。

2　淡口醤油、卵を加えてさらによくすり混ぜる。密封容器に移して冷蔵庫で保管。

［提供時］

1　仕込んだすり身を取り分け、乾燥サクラエビ、乾燥青海苔を加えてよく混ぜ、種をつくる。

2　種を丸めて、１６０℃の中低温の油でゆっくりと揚げる。

3　油をきって器に盛りつけ、糸がきマグロ節をあしらう。

揚げ物

鱧と夏野菜のフリット　カレーの香り

ハモ、塩

賀茂ナス、万願寺唐辛子

フリッター衣（強力粉、ビール）

塩、カレー粉、揚げ油

［仕込み］

1　ハモはおろしたのち骨切りをし、薄塩をあてて一口大に切る。

2　塩とカレー粉少量を軽く混ぜ合わせてカレー塩をつくる。

［提供時］

1　フリッター衣をつくる。強力粉をビールでざっくりと溶いて、かための衣をつくる。天ぷら衣よりも重めで、とろりと流れ落ちないくらいに溶く。ナスを揚げるので、水分を減らしてカリカリ感を出す。

2　半分に切った万願寺唐辛子と、大きめに切った賀茂ナスに薄く強力粉をまぶして、フリッター衣をつけて、１７０℃の揚げ油で揚げる。油温は１７０℃以下にしない。

3　ハモは薄力粉を刷毛で打って、1のフリッター衣をつけて１８０℃の揚げ油で揚げる。やや強すぎるくらいまでしっかりめに揚げて油をきる。

4　野菜とハモを器に盛り、カレー塩をふりかける。

煮物

飯蛸の桜煮

イイダコ（雌）、煮汁（一番だし12：濃口醤油1：味醂1、日本酒・塩各適量、梅干し）
木ノ芽

［仕込み］

1 イイダコは墨袋を取り除いて塩もみし、熱湯にくぐらせて霜降りしておく。

2 イイダコを鍋に入れ、たっぷりの煮汁を注いで火にかける。沸いたら弱火にして10分間ほどかけてゆっくりと炊く。火を止め、そのままおいて余熱で火を入れ、一昼夜浸け込み、色を定着させる。

［提供時］

1 イイダコを食べやすく一口大に切って盛り、天に木ノ芽をあしらう。

煮物

蕨と帆立の卵とじ

ワラビ、重曹、ホタテ貝柱
割下（一番だし10：淡口醤油1：味醂1、砂糖少量、水塩微量）、卵
木ノ芽

［仕込み］

1 ワラビはバットなどに広げて並べ、重曹少量をふる。上から熱湯を注いで蓋をし、そのまま冷めるまでおいてアク抜きをする。

2 ホタテ貝柱は掃除しておく。

［提供時］

1 ワラビを水洗いして3cmに切りそろえる。鍋に一番だしを入れてワラビを煮る。沸いたら淡口醤油、味醂、砂糖、水塩で味を調える。

2 再度沸いたら4等分に切ったホタテ貝柱を加え、軽く火を通して、溶き卵を回し入れる。

3 お椀に盛り、天に木ノ芽を添える。

煮物

おからの炊いたん

オカラ、牛挽肉
チクワ、コンニャク、ナルト巻き（各粗みじん切り）
乾燥エビ（中華食材）
胡麻油
一番だし、砂糖、塩、濃口醤油、淡口醤油
長ネギ（白い部分を粗みじん切り）
揚げ玉

［仕込み］

1 胡麻油をひいたフライパンで牛挽肉、チクワ、コンニャク、ナルト巻き、乾燥エビを炒める。

2 火が入って油が回ったら一番だしを加え、砂糖、塩、濃口醤油、淡口醤油で薄味をつける。

3 オカラを別鍋でこがさないように注意しながら空煎りし、2を加えて中～弱火でゆっくり煮詰める。

4 味を確認し、淡口醤油、砂糖、塩で味を調える。炊き上がって火を止めたのち、長ネギを加え香りづけの胡麻油をかけ回して、全体をザックリと混ぜ合わせる。

[提供時]
1　カリカリの食感をつけるために器に盛る直前に揚げ玉を混ぜて提供する。

ご飯もの
バフンウニの炊き込みご飯

ウニ（エゾバフンウニ）
米2合、炊き地（一番だし360cc、淡口醤油・味醂・水塩各少量）
ワサビ

[仕込み]
1　米を研いで30分間程吸水させたのち、ザルに上げて水気をきり、冷蔵庫で保管する。

[提供時]
1　土鍋に米を入れ、淡口醤油、味醂、水塩で味を調えた一番だしを注ぎ、ウニをのせて強火にかける。沸いたら弱火にして10～12分間加熱し、火を止めて15～20分間蒸らす。
2　炊き上がったら、土鍋の状態でお客さまに見せてから茶碗によそい、ワサビを添える。1膳目は軽く混ぜて盛り、2膳目はしっかり混ぜておこげとともに盛りつける。

珍味
ボタン海老の大吟醸漬け　ふり柚子

ボタンエビ（特大）
浸け地（日本酒＊10：濃口醤油1：味醂1）
柚子
＊京都の酒、富翁の大吟醸を使用。

[仕込み]
1　日本酒、濃口醤油、味醂を合わせて、やや甘めの浸け地をつくる。
2　ボタンエビは殻をむいて、背ワタを抜く。1の浸け地に、殻をむいたボタンエビが浮かないように落としラップをするか、リードペーパーを落とす。エビが空気が触れないようにして1昼夜浸け込む。

[提供時]
1　ボタンエビを浸け地から取り出し、器に盛ってふり柚子をする。

珍味
ばくらい

赤ホヤ（北海道産）、塩2％、昆布、煮きり酒少量
海鼠腸の塩漬け（ナマコの腸、塩3％）
青柚子

[仕込み]
1　赤ホヤの殻をむいてさばき、細切りにする。ホヤに2％の塩と昆布と湿るくらいの煮きり酒を加えて混ぜ、2、3日間冷蔵庫でねかせる。
2　ナマコの腸を掃除し、3％の塩をまぶして容器に入れ、3日間ほどおいて塩漬けをつくる（コノワタ）。
3　塩漬けにしておいたナマコの腸を包丁で細かく叩き、1の赤ホヤと合わせて密封容器に移し、半日ほど冷蔵庫でねかせる。

[提供時]
1　器に盛り、ふり柚子をして提供。

料理別材料別さくいん

◎お通し

前菜盛り合わせ 茄子素麺（蔵四季） 113
ずんだすり流し ピータン豆腐 6月（あまてらす） 139
長いも素麺 さくらんぼのラム酒漬け 6月（日なた） 169
胡麻豆腐 2月（待つ宵） 195
水無月豆腐 6月（待つ宵） 195
菜の花と海苔の温かいおひたし（鈴しろ） 223
なまり節と万願寺唐辛子 7月（ゆき椿） 249

◎刺身盛合せ

お造り盛合せ（竹政） 10
おすすめ刺盛（蔵四季） 11
刺盛り（おわん） 12
刺身五点盛り（星火） 13
御造り（あまてらす） 14
お造り3種盛り合わせ（日なた） 15
お造り盛り合わせ（待つ宵） 16・17
刺身盛り合わせ（鈴しろ） 18
お造り（ゆき椿） 19
季節の刺身盛り合わせ（たけもと） 20

◎刺身・向付

［ウニ］
バフンウニの泡醤油（たけもと） 278
［カツオ］
初鰹の藁炙り 土佐塩造り 35
鰹のにんにく醤油（蔵四季） 116
［クジラ］
ミンククジラのユッケ（鈴しろ） 226

◎サラダ

［イチゴ］
イチゴと煎り胡麻のサラダ（日なた） 172
［キウイ］
キウイとクレソンのサラダ（ゆき椿） 249
［キンカン］
蛍いかと金柑 京水菜のサラダ仕立て（竹政） 35
［クレソン］
和風ローストビーフとクレソンのサラダ（おわん） 62
［トリニク］
キウイとクレソンのサラダ（ゆき椿） 249
蒸鶏とトマトのサラダ 黒オリーブドレッシング（待つ宵） 199
［トマト］
蒸鶏とトマトのサラダ 黒オリーブドレッシング（待つ宵） 199
［ナス］
泉州水茄子の生ハム巻き 塩レモン（竹政） 38
［ブタニク］
豚しゃぶサラダ 黒酢ドレッシング（待つ宵） 200
［ホタルイカ］
蛍いかと金柑 京水菜のサラダ仕立て（竹政） 35
［モモ］
桃と朝どりレタスと塩昆布のサラダ（日なた） 173
［レタス］
桃と朝どりレタスと塩昆布のサラダ（日なた） 173

◎ポテトサラダ

海老とそらまめのポテトサラダ（おわん） 21
北あかりのポテトサラダ（蔵四季） 22
いぶりがっこポテトサラダ（星火） 23
ソーセージの吟醸粕漬け ポテトサラダ添え（竹政） 24
ポテトサラダ（ゆき椿） 25
そら豆とカラスミのポテトサラダ（鈴しろ） 26
海老芋のポテトサラダ（たけもと） 27
ポテトサラダ（あまてらす） 28

◎和え物・お浸し

［アカガイ］
赤貝と新ワカメのヌタ和え（鈴しろ） 224
［アサリ］
浅蜊と九条葱の芥子酢味噌和え（竹政） 37
［アサツキ］
ホッキ貝と山あさつきのぬた（おわん） 59
［アスパラガス］
鳥貝とアスパラの酢味噌和え（待つ宵） 197
イチジクとホワイトアスパラの白和え（鈴しろ） 225
日向夏とアスパラの金山時味噌和え（ゆき椿） 250
［アボカド］
アボカド焼海苔酒盗和え（日なた） 172
［イチジク］
イチジクとホワイトアスパラの白和え（鈴しろ） 225
［ウナギ］
鰻ざく（おわん） 59
［ウニ］
ずわい蟹と雲丹の湯葉刺し（蔵四季） 117
［ウルイ］
うるいとジャコのラー油和え（ゆき椿） 249
鮪とうるいのぬた（たけもと） 276
［カキ］
牡蠣と白菜、せりの冬のおひたし（蔵四季） 118
［カニ］
ずわい蟹と雲丹の湯葉刺し（蔵四季） 117
毛蟹と蓴菜の酢の物（蔵四季） 117
［カモ］
かもわさ（日なた） 171
［ギュウニク］
牛しゃぶと島らっきょうの銀餡（日なた） 177
［クジョウネギ］
根三つ葉と九条葱のおひたし（たけもと） 275
［クルミ］
湯葉とくるみの白和え（星火） 88
［クレソン］
プラムとクレソンの白和え（ゆき椿） 251
［コリンキー］
たことコリンキーの黒糖そら豆和え（ゆき椿） 251
［サバ］
鯖と茗荷の胡麻よごし（蔵四季） 117
［スミイカ］
墨烏賊と筍の木の芽味噌和え（竹政） 36
［ズワイガニ］
ずわい蟹と雲丹の湯葉刺し（蔵四季） 117
［シマラッキョウ］
牛しゃぶと島らっきょうの銀餡（日なた） 177
［ジャコ］
うるいとジャコのラー油和え（ゆき椿） 249
［ジュンサイ］
毛蟹と蓴菜の酢の物（蔵四季） 117
［シロウリ］
蛸と白瓜の湯葉梅和え（あまてらす） 140
［セリ］
牡蠣と白菜、せりの冬のおひたし（蔵四季） 118
［タケノコ］
墨烏賊と筍の木の芽味噌和え（竹政） 36
［タコ］
蛸と白瓜の湯葉梅和え（あまてらす） 140
たことコリンキーの黒糖そら豆和え（ゆき椿） 251
［ツブガイ］
真つぶ貝と焼き葱の辛子酢味噌（日なた） 171
［トマト］
初夏トマトの冷製だし（蔵四季） 114
蛍烏賊とフルーツトマトの土佐酢ジュレ（たけもと） 276
［トリガイ］
鳥貝とアスパラの酢味噌和え（待つ宵） 197
［トリニク］
よだれ鶏（ゆき椿） 252
［ナス］
焼きナスとミョウガのお浸し（鈴しろ） 223
［ナノハナ］
帆立貝と菜の花の芥子和え（竹政） 36
［ネギ］
真つぶ貝と焼き葱の辛子酢味噌（日なた） 171
根三つ葉と九条葱のおひたし（たけもと） 275
［ノリ］
アボカド焼海苔酒盗和え（日なた） 172
［ハクサイ］
牡蠣と白菜、せりの冬のおひたし（蔵四季） 118
［ハマグリ］
地蛤と春野菜のポン酢がけ（日なた） 170
［ヒュウガナツ］
日向夏とアスパラの金山時味噌和え（ゆき椿） 250
［プラム］
プラムとクレソンの白和え（ゆき椿） 251
［ホタテガイ］
帆立貝と菜の花の芥子和え（竹政） 36

［ホタルイカ］
螢烏賊とフルーツトマトの土佐酢ジュレ
（たけもと） 276
［ホッキガイ］
ホッキ貝と山あさつきのぬた
（おわん） 59
［ホワイトアスパラガス］
イチジクとホワイトアスパラの白和え
（鈴しろ） 225
［マグロ］
鮪とうるいのぬた（たけもと） 276
［ミツバ］
根三つ葉と九条葱のおひたし
（たけもと） 275
［ミョウガ］
鯖と茗荷の胡麻よごし（蔵四季） 117
焼きナスとミョウガのお浸し
（鈴しろ） 223
［モズク］
もずくの酢の物（星火） 87
［ユバ］
湯葉とくるみの白和え（星火） 88
蛸と白瓜の湯葉梅和え（あまてらす） 140
山菜の湯葉白和え（たけもと） 275
汲み上げ湯葉の香味ジュレ
（たけもと） 278
［ラッキョウ］
蛸と白瓜の湯葉梅和え（あまてらす） 140
牛しゃぶと島らっきょうの銀餡
（日なた） 177
［ワカメ］
赤貝と新ワカメのヌタ和え（鈴しろ） 224
［複数素材］
旬菜の盛り合わせ 2月（おわん） 60
旬菜の盛り合わせ 6月（おわん） 61
夏野菜の土佐酢ジュレ（星火） 88
地蛤と春野菜のポン酢がけ（日なた） 170
前菜三種盛り（ゆき椿） 250
山菜の湯葉白和え（たけもと） 275

◎椀物・蒸物・汁物

［アイナメ］
百合根と愛魚女の桜餅 椀もの
（竹政） 38
［エダマメ］
枝豆のすり流し（たけもと） 277
［エンドウマメ］
青豆豆腐とかますのお椀（おわん） 67
［カブ］
金目鯛のかぶら蒸し（おわん） 68
真鯛の蕪蒸し（星火） 93
［カマス］
青豆豆腐とかますのお椀（おわん） 67
［ギュウニク］
牛しゃぶと島らっきょうの銀餡
（日なた） 177
［キンメダイ］
金目鯛のかぶら蒸し（おわん） 68
［シマラッキョウ］
牛しゃぶと島らっきょうの銀餡
（日なた） 177
［ソラマメ］
鶏せせりとそら豆の茶碗蒸し
（日なた） 177
［タイ］
真鯛の蕪蒸し（星火） 93
天然真鯛の柚庵とろろ蒸し
（蔵四季） 122
［タケノコ］
京筍と蛤の出汁蒸し（竹政） 42
［タマゴ］
鶏せせりとそら豆の茶碗蒸し
（日なた） 177
蕨と帆立の卵とじ（たけもと） 283
［トウモロコシ］
とうもろこしのすり流し椀
（鈴しろ） 226
［トリニク］
鶏せせりとそら豆の茶碗蒸し
（日なた） 177
［ハマグリ］
京筍と蛤の出汁蒸し（竹政） 42
［ホタテガイ］
蕨と帆立の卵とじ（たけもと） 283
［ホタルイカ］
螢烏賊と若布の玉子とじ（日なた） 174
［モロヘイヤ］
たたきモロヘイヤと山芋（ゆき椿） 252
［ヤマイモ］
たたきモロヘイヤと山芋（ゆき椿） 252
［ラッキョウ］
牛しゃぶと島らっきょうの銀餡
（日なた） 177
［ワカメ］
螢烏賊と若布の玉子とじ（日なた） 174
［ワラビ］
蕨と帆立の卵とじ（たけもと） 283
［複数素材］
温野菜の味噌チーズ（おわん） 63

◎焼物

［アサリ］
三河湾直送大あさりの醤油焼き
（おわん） 64
［アボカド］
アボカドの西京焼き（おわん） 65
［アマダイ］
甘鯛唐墨焼き（待つ宵） 202
［アユ］
稚鮎と蕪の香草バター焼き（待つ宵） 202
鮎一夜干し（待つ宵） 203
鮎の焼き浸し（たけもと） 279
［イワガキ］
岩牡蠣の田楽焼き（たけもと） 279
［カキ］
大根と牡蠣のステーキ 白菜味噌ソース
（待つ宵） 196
岩牡蠣の田楽焼き（たけもと） 279
［カニ］
ずわい蟹と三つ葉の玉子焼き
（おわん） 62
［カブ］
稚鮎と蕪の香草バター焼き（待つ宵） 202
［カモ］
ロースト鴨と葱の冷製（待つ宵） 198
鴨モモ肉のガリネギ焼き（たけもと） 280
［カラスミ］
甘鯛唐墨焼き（待つ宵） 202
［キャベツ］
豚肩ロースと春キャベツの生姜焼き
（鈴しろ） 227
［ギュウニク］
黒毛和牛シャトーブリアンの叩き
生海胆包み（竹政） 39
黒毛和牛の炭焼き（おわん） 66
山形牛いちぼ肉焼き（日なた） 175
［ギンダラ］
ぎんだら西京焼き（日なた） 174
［キンメダイ］
地金目のソテー 下仁田葱のクリーム仕
立て（竹政） 41
［サワラ］
鰆の瞬間燻製 岩塩焼き（おわん） 63
［ジャガイモ］
新じゃがとズッキーニの塩辛焼
（待つ宵） 201
［ショウガ］
鴨モモ肉のガリネギ焼き（たけもと） 280
［シラス］
シラスのオムレツ（あまてらす） 142
［ズワイガニ］
ずわい蟹と三つ葉の玉子焼き
（おわん） 62
［ズッキーニ］
新じゃがとズッキーニの塩辛焼
（待つ宵） 201
［タイ］
マダイ兜香草バター焼き（星火） 89
天然真鯛の焼き浸し（蔵四季） 118
［ダイコン］
大根と牡蠣のステーキ 白菜味噌ソース
（待つ宵） 196
［タケノコ］
国産たけのこ炭焼き（おわん） 64
姫竹の炭焼き（おわん） 64
［タマゴ］
シラスのオムレツ（あまてらす） 142
出汁炊き玉子（あまてらす） 143
ずわい蟹と三つ葉の玉子焼き
（おわん） 62
［トリニク］
鶏手羽先の西京焼き（竹政） 40
鶏モモ肉の黒胡椒焼き（あまてらす） 142
鶏モモ肉の炙り焼き 夏野菜おろし
（鈴しろ） 228
［ナス］
大長茄子 炭火焼き（おわん） 65
［ネギ］
地金目のソテー 下仁田葱のクリーム仕
立て（竹政） 41
ロースト鴨と葱の冷製（待つ宵） 198
［ヒメタケ］
姫竹の炭焼き（おわん） 64
［ブタニク］
豚バラ肉香味焼き（あまてらす） 141
豚肩ロースと春キャベツの生姜焼き
（鈴しろ） 227
豚バラのコンフィ 炙り焼き
（ゆき椿） 257
［ブリ］
寒鰤の照り焼き大根（竹政） 40
［ミツバ］
ずわい蟹と三つ葉の玉子焼き
（おわん） 62

◎炒め物

[ウニ]
粒貝の練ウニ炒め(あまてらす) 144
[クウシンサイ]
空心菜と豚肉の豆鼓炒め(あまてらす) 143
[タマゴ]
トマト玉子炒め(ゆき椿) 256
[ツブガイ]
粒貝の練ウニ炒め(あまてらす) 144
[トマト]
トマト玉子炒め(ゆき椿) 256
[ブタニク]
空心菜と豚肉の豆鼓炒め(あまてらす) 143

◎揚物・揚出し

[アジ]
じんたの南蛮漬け(あまてらす) 140
[アナゴ]
穴子と茄子の湯葉餡かけ(蔵四季) 120
[アユ]
稚鮎の磯辺揚 沢ガニの唐揚(星火) 91
[イカ]
イカとニラの春巻き(ゆき椿) 254
[イチジク]
いちじく変わり揚げ(待つ宵) 201
[エビ]
蚕豆と芝海老すり身の挟み揚げ(竹政) 41
桜エビと三つ葉のかき揚(星火) 90
海老真丈のふわふわ揚げ(待つ宵) 200
桜海老と青海苔の薩摩揚げ(たけもと) 281
[エビイモ]
えび芋唐揚 せりと蟹の餡かけで(蔵四季) 119
[カキ]
殻付き牡蠣の天ぷら ぽん酢、紅葉おろし(竹政) 42
[カツオ]
カツオの竜田揚げ(ゆき椿) 255
[カニ]
稚鮎の磯辺揚 沢ガニの唐揚(星火) 91
[キャベツ]
蛤と春キャベツのコロッケ(ゆき椿) 253
[ギュウニク]
牛かつ なめ茸ソース(あまてらす) 146
[ゴボウ]
堀川牛蒡の唐揚げ(竹政) 43
[ゴマドウフ]
揚げ出し胡麻豆腐(星火) 88
[ゴーヤ]
とうもろこしとゴーヤのかき揚げ(ゆき椿) 255
[サクラエビ]
桜エビと三つ葉のかき揚(星火) 90
桜海老と青海苔の薩摩揚げ(たけもと) 281
[サケ]
銀鮭の唐揚 初夏野菜の餡掛け(蔵四季) 119
[サバ]
鯖の燻製とじゃが芋の揚げ春巻き(鈴しろ) 229
へしこのクリームコロッケ(ゆき椿) 256
[サワガニ]
稚鮎の磯辺揚 沢ガニの唐揚(星火) 91
[シバエビ]
蚕豆と芝海老すり身の挟み揚げ(竹政) 41
[ジャガイモ]
新筍と芝海老のかき揚げ(日なた) 175
鯖の燻製とじゃが芋の揚げ春巻き(鈴しろ) 229
[ソラマメ]
蚕豆と芝海老すり身の挟み揚げ(竹政) 41
[ダイコン]
ホタテ貝と大根のクリームコロッケ(おわん) 66
[タケノコ]
筍の唐揚げ 蕗味噌添え(あまてらす) 145
筍豆腐芹餡かけ(あまてらす) 148
新筍と芝海老のかき揚げ(日なた) 175
筍の土佐揚げ(たけもと) 281
[タラノメ]
ハマグリの天ぷら タラの芽の化粧揚 ホタルイカの磯辺揚(星火) 90
[トウモロコシ]
とうもろこしの天婦羅(おわん) 67
とうもろこしとゴーヤのかき揚げ(ゆき椿) 255
[トリニク]
鳥唐揚げ二種 カレー風味と塩昆布(鈴しろ) 228
[ナス]
穴子と茄子の湯葉餡かけ(蔵四季) 120
茄子揚げ浸し 夏野菜添え(待つ宵) 197
[ハマグリ]
ハマグリの天ぷら タラの芽の化粧揚 ホタルイカの磯辺揚(星火) 90
蛤と春キャベツのコロッケ(ゆき椿) 253
[ハモ]
ハモかつ(日なた) 176
鱧と夏野菜のフリット(たけもと) 282
[ハルマキ]
燻製春巻きコロッケ(あまてらす) 146
[ホタテガイ]
ホタテ貝と大根のクリームコロッケ(おわん) 66
[ホタルイカ]
ハマグリの天ぷら タラの芽の化粧揚 ホタルイカの磯辺揚(星火) 90
[メヒカリ]
目光り南蛮揚(蔵四季) 120
[ヤングコーン]
房付きヤングコーン天ぷら(あまてらす) 145
[複数素材]
ぬか漬けの天ぷら(ゆき椿) 254
鱧と夏野菜のフリット(たけもと) 282

◎煮物

[アサリ]
アサリのおから煮(鈴しろ) 229
[アナゴ]
煮穴子と胡瓜(日なた) 176
[イイダコ]
飯蛸の桜煮(たけもと) 282
[エビ]
冬瓜の桜海老あんかけ(ゆき椿) 252
[オカラ]
アサリのおから煮(鈴しろ) 229
おからの炊いたん(たけもと) 283
[カブ]
鯛蕪(あまてらす) 147
[カモ]
合鴨のロース煮(あまてらす) 147
[キャベツ]
岩中豚と春キャベツの旨塩煮(待つ宵) 204
[ギュウニク]
黒毛和牛の肉じゃが(蔵四季) 121
牛タンと根菜の味噌煮込み(待つ宵) 204
トマト肉豆腐(ゆき椿) 256
[サクラエビ]
冬瓜の桜海老あんかけ(ゆき椿) 252
[ジャガイモ]
黒毛和牛の肉じゃが(蔵四季) 121
[タイ]
鯛蕪(あまてらす) 147
[トウガン]
鱧と冬瓜、夏野菜の冷やし鉢(蔵四季) 115
冬瓜の桜海老あんかけ(ゆき椿) 252
[トウフ]
トマト肉豆腐(ゆき椿) 256
[トマト]
トマトの蜜煮(あまてらす) 139
トマト肉豆腐(ゆき椿) 256
[ニシン]
鰊と春野菜の炊合せ(蔵四季) 120
[ノドグロ]
のどぐろ煮付(星火) 93
[バイガイ]
白バイ貝の煮浸し(蔵四季) 116
[ハモ]
鱧と冬瓜、夏野菜の冷やし鉢(蔵四季) 115
[ブタニク]
岩中豚と春キャベツの旨塩煮(待つ宵) 204
豚スペアリブの角煮(鈴しろ) 230
[複数素材]
夏の煮物(星火) 91
鰊と春野菜の炊合せ(蔵四季) 120
根菜の炊合せ(蔵四季) 121
牛タンと根菜の味噌煮込み(待つ宵) 204
こだわりだしの春おでん(鈴しろ) 233
こだわりだしの夏おでん(鈴しろ) 233

◎小鍋・石焼き

[カキ]
カキのクリーム鍋(星火) 94
[カモ]
鴨のつくねとろろ鍋(星火) 94
京鴨と芹たっぷり小鍋(蔵四季) 122
[ギュウニク]
黒毛和牛の焼きしゃぶ(星火) 92
[セリ]
京鴨と芹たっぷり小鍋(蔵四季) 122

◎酒肴・珍味

[アジ]
真鯵の梅なめろう(鈴しろ) 227
[アスパラガス]
ホワイトアスパラガスの蛍烏賊ディップ(蔵四季) 113

【アマエビ】
甘エビ酒盗和え（あまてらす） 149
【アユ】
稚鮎のパテ（ゆき椿） 258
【アンキモ】
あん肝の旨煮（あまてらす） 149
白子と安肝ポン酢（待つ宵） 198
安肝と鶏そぼろの焼き味噌（待つ宵） 199
【ウニ】
焼き胡麻豆腐とウニ（鈴しろ） 227
【エダマメ】
枝豆の山椒風味（日なた） 169
【エビ】
甘エビ酒盗和え（あまてらす） 149
ボタン海老の大吟醸漬け（たけもと） 284
【カキ】
柿バター（あまてらす） 151
【カラスミ】
自家製唐墨（待つ宵） 195
【キンカン】
鳥レバーと金柑の最中（鈴しろ） 223
【ゴマドウフ】
桜胡麻豆腐（あまてらす） 139
焼き胡麻豆腐とウニ（鈴しろ） 227
【シュトウ】
甘エビ酒盗和え（あまてらす） 149
【スジコ】
筋子の粕漬（あまてらす） 149
【タラ】
白子と安肝ポン酢（待つ宵） 198
【チーズ】
カマンベールもろみ味噌漬け（おわん） 68
【トウフ】
ふき味噌豆腐（蔵四季） 114
【トリニク】
鶏笹身と生麩の蕗味噌なめろう（竹政） 37
レバーパテ（あまてらす） 148
安肝と鶏そぼろの焼き味噌（待つ宵） 199
鳥レバーと金柑の最中（鈴しろ） 223
【ナマコ】
莫久来（竹政） 42
ばくらい（たけもと） 284
【フ】
鶏笹身と生麩の蕗味噌なめろう（竹政） 37
【フキ】
ふき味噌豆腐（蔵四季） 114
【ホタルイカ】
ホタルイカのあひ〜じょ（星火） 92
ホワイトアスパラガスの蛍烏賊ディップ（蔵四季） 113
生ホタルイカ醤油漬け（あまてらす） 148
ほたるいかのお粥（鈴しろ） 225
ほたるいかのなめろう（ゆき椿） 258
【ボタンエビ】
ボタン海老の大吟醸漬け（たけもと） 284
【ホヤ】
莫久来（竹政） 42
ばくらい（たけもと） 284
【複数素材】
燻製の盛り合わせ（星火） 87

◎肉料理

【カモ】
鴨のつくねとろろ鍋（星火） 94
合鴨のロース煮（あまてらす） 147
かもわさ（日なた） 171
ロースト鴨と葱の冷製（待つ宵） 198
鴨モモ肉のガリネギ焼き（たけもと） 280
【ギュウニク】
黒毛和牛シャトーブリアンの叩き 生海胆包み（竹政） 39
和風ローストビーフとクレソンのサラダ（おわん） 62
黒毛和牛の炭焼き（おわん） 66
黒毛和牛の焼きしゃぶ（星火） 92
黒毛和牛の肉じゃが（蔵四季） 121
山形牛いちぼ肉焼き（日なた） 175
牛しゃぶと島らっきょうの銀餡（日なた） 177
牛タンと根菜の味噌煮込み（待つ宵） 204
和牛とタケノコの土鍋ごはん（鈴しろ） 231
【トリニク】
鶏手羽先の西京焼き（竹政） 40
あまてらす風とりわさ（あまてらす） 141
鶏モモ肉の黒胡椒焼き（あまてらす） 142
蒸鶏とトマトのサラダ 黒オリーブドレッシング（待つ宵） 199
鶏モモ肉の炙り焼き 夏野菜おろし（鈴しろ） 228
鳥唐揚げ二種 カレー風味と塩昆布（鈴しろ） 228
よだれ鶏（ゆき椿） 252
【ブタニク】
豚バラ肉香味焼き（あまてらす） 141
豚しゃぶサラダ 黒酢ドレッシング（待つ宵） 200
岩中豚と春キャベツの旨塩煮（待つ宵） 204
豚肩ロースと春キャベツの生姜焼き（鈴しろ） 227
豚バラのコンフィ 炙り焼き（ゆき椿） 257
【ブタニク加工品】
ソーセージの吟醸粕漬け ポテトサラダ添え（竹政） 24
泉州水茄子の生ハム巻き 塩レモン（竹政） 38

◎おしのぎ・食事

【アナゴ】
穴子の棒寿司（あまてらす） 151
【アユ】
焼きアユご飯（日なた） 179
【イクラ】
鮭イクラ土鍋おこわ（星火） 95
【ウナギ】
鰻の倶利伽羅 まんめし（竹政） 44
土用の丑の鰻重（竹政） 44
【ウニ】
バフンウニの炊き込みご飯（たけもと） 283
【エビ】
桜エビと山菜の土鍋御飯（星火） 95
【カツオ】
お茶漬け 塩きり鰹（おわん） 70
【カニ】
香箱かにめし（竹政） 43
【ギュウニク】
和牛とタケノコの土鍋ごはん（鈴しろ） 231
【キンメダイ】
金目鯛と山菜の炊き込みごはん（おわん） 69
【サクラエビ】
桜エビと山菜の土鍋御飯（星火） 95
【サケ】
鮭イクラ土鍋おこわ（星火） 95
【シラス】
しらすと生海苔の炊込ご飯（待つ宵） 205
【タイ】
鯛素麺（日なた） 179
【タケノコ】
和牛とタケノコの土鍋ごはん（鈴しろ） 231
【タチウオ】
太刀魚のばってら（日なた） 177
太刀魚とすり胡麻の冷汁ごはん（待つ宵） 204
【タマゴ】
半熟とろとろオムライス（竹政） 45
【トウモロコシ】
三種のとうもろこしとカルピスバターの土鍋ごはん（鈴しろ） 231
【トリニク】
大山鶏の土鍋リゾット（星火） 95
【ノリ】
しらすと生海苔の炊込ご飯（待つ宵） 205
【フキノトウ】
蕗の薹の炊き込みご飯（日なた） 178
【ブタニク】
チャーシュー丼（おわん） 70
【ホタルイカ】
ホタルイカのお粥（鈴しろ） 225
【マグロ】
赤身と中トロの海苔巻き寿司（日なた） 178
【メン】
星火ラーメン（星火） 96
燎原ラーメン（星火） 96
すだち素麺（ゆき椿） 259
【複数素材】
あまてらす特製漁師丼（あまてらす） 150
スープカレー（ゆき椿） 259

◎甘味

【冷菓】
和三盆プリュレ（日なた） 180
吟醸粕のムース 日本酒ジュレ掛け（待つ宵） 205
牛乳とスイカのプリン（鈴しろ） 232
【氷菓】
自家製キャラメルアイス（日なた） 180
黒豆きな粉のレアチーズケーキ（待つ宵） 205
【温菓】
レンズ豆のお汁粉（鈴しろ） 232
金柑大福（ゆき椿） 259

割烹あらかると
お値打ち和食の一品料理

初版発行２０１７年12月10日
5版発行２０２４年９月10日

著者© 柴田書店

発行者 丸山兼一

発行所 株式会社柴田書店
〒113-8477
東京都文京区湯島3-26-9 イヤサカビル
営業部03-5816-8282（注文・問合せ）
書籍編集部03-5816-8260
URL https://www.shibatashoten.co.jp

印刷・製本 TOPPANクロレ株式会社

ISBN 978-4-388-06277-5